邬锦梅 ｜ 编著

公司法律实务案例指引

股权治理、投融资、破产清算、争议解决

解决公司法律实务问题,防范化解纠纷
梳理裁判要点和实务管理中的法律规则

中国法制出版社
CHINA LEGAL PUBLISHING HOUSE

本书编委会及撰稿人

编著

邬锦梅

主要编委

肖　军　陈　辉　马俊龙　包祖春

其他编委成员

李宝龙　怀向阳　廖江涛

郑中聚　刘晓禾　董珈利

郭树进　江　伟　吕　丛

撰稿人

邬锦梅　张　婕　杨　喆

黄文娟　孙　波　杨　楚

杨　倩　邻红琴　张其元

翁康英　王梓涵　潘建华

部分编委及撰稿人简介

肖　军　2018 年至 2021 年任北京市盈科 (西安) 律师事务律师, 盈科第四届全国公司法律专业委员会副主任。

陈　辉　北京市盈科 (深圳) 律师事务所股权律师, 盈科第五届全国公司法律专业委员会主任。

马俊龙　北京盈科 (沈阳) 律师事务所律师, 盈科第四届全国公司法律专业委员会副主任。

包祖春　北京盈科 (昆明) 律师事务所律师, 盈科第四届全国公司法律专业委员会副主任。

李宝龙　北京市盈科 (呼和浩特) 律师事务所律师。

怀向阳　北京市盈科律师事务所律师。

廖江涛　北京盈科 (成都) 律师事务所律师。

郑中聚　北京市盈科 (郑州) 律师事务所律师。

刘晓禾　北京市盈科 (重庆) 律师事务所律师。

董珈利　北京盈科 (昆明) 律师事务所律师。

郭树进　北京市盈科 (东营) 律师事务所律师。

江　伟　北京市盈科 (郑州) 律师事务所律师。

吕　丛　北京市盈科律师事务所律师。

张　婕　北京市盈科 (西安) 律师事务所律师。

杨　喆　北京盈科 (上海) 律师事务所律师。

黄文娟　北京市盈科 (西安) 律师事务所公司律师。

孙　波　北京市盈科 (西安) 律师事务所律师。

杨　楚　原北京市盈科 (西安) 律师事务所律师。

杨　倩　北京市盈科律师事务所律师。

邹红琴　北京市盈科 (武汉) 律师事务所律师。

张其元　北京市盈科律师事务所律师。

翁康英　原北京市盈科律师事务所律师。

王梓涵　原北京市盈科 (天津) 律师事务所律师。

潘建华　原北京市盈科律师事务所律师。

序

《公司法律实务案例指引》由公司法领域资深律师邬锦梅编著，盈科律师事务所多名专业律师共同参与完成，涵盖了公司从设立到终止各个环节的法律实务问题。本书将公司制度解析与具体案例分析相结合，是一本立足公司法律实务操作的参考书，也是一本着眼提高公司法律师实务技能的"教程"。

本书将理念、方法与专业相结合，以公司法实务案例为基础，总结法院审判思路和案例要点，内容兼具系统性和专门性，涉及公司运行各个环节中各类常见和重点问题，同时书中对难点和新型问题也进行了分析，其中不少案例是作者多年办案经验的梳理和总结，不乏作者独到的分析。本书将法律法规、司法解释与实际案例相结合，聚集争议问题的解释分析，以期帮助公司法领域从业者搭建合理的公司法律知识框架，掌握公司法的法律思维和法律方法，增强应对公司法律业务的能力。不论是想"短平快"地解决某个实务问题，抑或是想系统提升公司纠纷业务处理能力，相信本书都会起到很好的指导和帮助作用。对于企业家、公司法务等，本书也具有很强的参考价值。

公司法经典案例是公司合规经营、防范风险的"警示灯"，研读公司法案例是精通公司法律业务的必由之路。本书选取的案例都是"接地气"的实践案例，聚焦展现公司法律实务中最普遍、最突出的问题，值得广大律师、法律院校师生、公司企业高管与法务人员参考阅读。

施正文

中国政法大学财税法研究中心主任

教授、博士生导师

目　　录

第一章　公司成立

第一节　股东出资方式

 案例1　如何使用房产出资

一、基本案情

2008年12月16日，以某达控股为甲方、某泰公司为乙方、某盈公司为丙方、某达酒店为丁方，四方签订了《增资协议书》，约定：丙方同意成为丁方的新股东，在本次增资过程中，对于丙方认缴的57652000元出资，三方同意丙方以实物出资，即丙方以本协议附件二《房产明细表》所列明的丙方拥有合法产权的某公寓项目房产进行出资，根据某资产评估有限公司出具的评估报告，本协议附件二《房产明细表》所列明的丙方出资房产的评估价值为57652000元，评估基准日为2008年10月31日。本协议签订后，丙方应将本协议附件二《房产明细表》所列明的86套房产转移到丁方名下，以履行丙方的出资义务。为履行上述《增资协议书》，某达酒店与某盈公司签订了《商品房买卖合同》，总价款为57713880.96元，约定：交房日期为2009年8月31日。随后，某达酒店申请工商变更，根据上述《增资协议书》增加注册资本，并将某盈公司增加为股东之一。

备注：涉诉86套房产，均存在逾期办理产权证的情形。某达酒店主张依据《商品房买卖合同》的约定，要求某盈公司履行出资义务，给付逾期交房利息、违约金及逾期办证违约金。且在起诉前，某盈公司仅对涉诉房屋办理预告登记，并未办理产权变更登记至某达酒店名下。

二、争议焦点

1. 以房产进行实物增资的协议是否有效？
2. 对出资房产办理预告登记是否可以视为已经合法出资？

三、事实与解析

1. 以房产进行实物增资的协议是否有效？

法院认为，《增资协议书》系各方当事人真实意思表示，内容不违反法律、法规的强制性规定，合法有效，各方当事人均应当按照协议的约定履行各自义务。依据该

《增资协议书》，某盈公司自愿以涉诉 86 套房屋进行出资，且该房屋已经评估作价，故对于某盈公司的房屋出资金额应当予以确认。

2. 对出资房产办理预告登记是否可以视为已经合法出资？

法院认为，根据《最高人民法院关于适用〈中华人民共和国公司法〉若干问题的规定（三）》（法释〔2014〕2 号）第 10 条的规定，"出资人以房屋、土地使用权或者需要办理权属登记的知识产权等财产出资，已经交付公司使用但未办理权属变更手续，公司、其他股东或者公司债权人主张认定出资人未履行出资义务的，人民法院应当责令当事人在指定的合理期间内办理权属变更手续；在前述期间内办理了权属变更手续的，人民法院应当认定其已经履行了出资义务……"同时根据《公司法》第 28 条的规定，股东以房屋等非货币财产出资的，应当以实际交付并办理产权过户手续作为履行完毕出资义务的条件，某盈公司、某泰公司主张以在房屋管理部门办理预告登记作为履行出资义务的标准，于法无据。

四、律师说法①

1. 以房产进行实物增资是否有效？

根据我国《公司法》第 28 条、《最高人民法院关于适用〈中华人民共和国公司法〉若干问题的规定（三）》第 8 条、第 9 条、第 10 条、第 11 条，出资人可以以房屋等非货币财产进行出资。但需满足以下几个条件。

（1）权属清晰：股东应当以自身合法所有的房屋进行出资。以抵押或有权利负担的房屋出资，将导致出资行为无效。

（2）评估作价：用以出资的土地或房屋应当履行评估程序，明确评估出资金额，若评估金额与出资金额差距过大，应及时要求出资人就差额部分补足货币出资。

（3）交付合法：《公司法》明确规定非货币出资应当办理财产权转移手续，要求股东将房屋既实际交付于目标公司，又办理权属变更于目标公司名下，二者缺一不可。

2. 办理预告登记是否能视为已经以房产进行合法出资？

根据《最高人民法院关于适用〈中华人民共和国公司法〉若干问题的规定（三）》第 10 条，出资人以房屋、土地使用权或者需要办理权属登记的知识产权等财产出资，已经交付公司使用但未办理权属变更手续，公司、其他股东或者公司债权人主张认定出资人未履行出资义务的，人民法院应当责令当事人在指定的合理期间内办理权属变更手续。

因此，以房产进行合法出资要求出资人将涉案房产办理产权变更登记，且实际交付至增资的目标公司。若出资人抗辩仅办理预告登记即视为交付的，不能认定为已合法出资。

五、实务提示

1. 以房产进行出资，应当办理不动产权属变更登记，且交付房屋至目标公司，二

---

① "律师说法""实务提示"部分，均使用现行有效的法条。

者缺一不可。

2. 以房产进行出资，应当履行评估作价、签署《增资协议》等程序，并对未能合法出资的违约责任予以明确。

3. 对于以货币出资的股东而言，要防范以房产出资的股东违约责任，可约定未能合法出资时对股东权利的限制，以及未能以房产出资时补足货币出资的义务。

六、关联法规

（一）《公司法》

第二十七条　股东可以用货币出资，也可以用实物、知识产权、土地使用权等可以用货币估价并可以依法转让的非货币财产作价出资；但是，法律、行政法规规定不得作为出资的财产除外。

对作为出资的非货币财产应当评估作价，核实财产，不得高估或者低估作价。法律、行政法规对评估作价有规定的，从其规定。

第二十八条第一款　股东应当按期足额缴纳公司章程中规定的各自所认缴的出资额……以非货币财产出资的，应当依法办理其财产权的转移手续。

（二）《最高人民法院关于适用〈中华人民共和国公司法〉若干问题的规定（三）》（法释〔2020〕18号）

第八条　出资人以划拨土地使用权出资，或者以设定权利负担的土地使用权出资，公司、其他股东或者公司债权人主张认定出资人未履行出资义务的，人民法院应当责令当事人在指定的合理期间内办理土地变更手续或者解除权利负担；逾期未办理或者未解除的，人民法院应当认定出资人未依法全面履行出资义务。

第九条　出资人以非货币财产出资，未依法评估作价，公司、其他股东或者公司债权人请求认定出资人未履行出资义务的，人民法院应当委托具有合法资格的评估机构对该财产评估作价。评估确定的价额显著低于公司章程所定价额的，人民法院应当认定出资人未依法全面履行出资义务。

第十条　出资人以房屋、土地使用权或者需要办理权属登记的知识产权等财产出资，已经交付公司使用但未办理权属变更手续，公司、其他股东或者公司债权人主张认定出资人未履行出资义务的，人民法院应当责令当事人在指定的合理期间内办理权属变更手续；在前述期间内办理了权属变更手续的，人民法院应当认定其已经履行了出资义务；出资人主张自其实际交付财产给公司使用时享有相应股东权利的，人民法院应予支持。

出资人以前款规定的财产出资，已经办理权属变更手续但未交付给公司使用，公司或者其他股东主张其向公司交付、并在实际交付之前不享有相应股东权利的，人民法院应予支持。

撰稿人：杨喆

案例 2　土地能否出资

一、基本案情

某港公司是于 1993 年 5 月 14 日经批准设立的有限责任公司，股东为：某化工集团、某港（香港）有限公司。化工集团用作出资的土地使用权为位于某市的 21.63 亩国有土地使用权，该土地使用权的登记权属人为化工集团。该 21.63 亩土地使用权的来源为：化工集团为履行出资义务，于 1995 年 4 月与某港公司共同向原国土资源部门申请将化工集团名下的 73.2 亩国有土地使用权进行分割，将分割的 21.63 亩登记在某港公司名下，但因申请人没有缴纳土地出让金，导致国土资源部门只审核同意办理分割登记，分割后的 21.63 亩土地使用权仍登记在化工集团名下。后，某港公司以化工集团未将案涉土地使用权过户至某港公司名下，化工集团未全面履行出资义务为由主张赔偿。

备注：某港公司已于 1995 年 2 月作为借款人向银行贷款，化工集团以包含案涉 21.36 亩土地在内的 73.2 亩国有土地使用权为某港公司借款 250 万港币提供抵押担保，抵押担保的价值远远超过案涉 21.36 亩土地折价的 756000 元。某港公司已于 2001 年被工商行政管理部门①吊销，之后并无实际经营。某港公司认为未能办理案涉土地过户的原因是化工集团未缴纳土地出让金；化工集团认为是因为协助某港公司向银行贷款并用案涉土地作抵押，是某港公司的过错导致无法过户。

二、争议焦点

1. 划拨土地的土地使用权能否用于出资？

2. 请求化工集团全面履行出资义务是否可以得到支持？

三、事实与解析

1. 划拨土地的土地使用权能否用于出资？

法院认为，涉案出资土地系国有划拨用地，依据《土地管理法》等相关法律法规，划拨土地使用权只能用于划拨，不能直接用于出资。出资人欲以划拨土地使用权作为出资，应由国家收回直接作价出资或者将划拨土地使用权变更为出让土地使用权。

2. 请求化工集团全面履行出资义务是否可以得到支持？

法院认为，虽然案涉的 21.63 亩土地使用权未过户转移至某港公司名下，但是，案涉 21.63 亩土地在 1995 年 4 月不能申请办理过户的原因是未依法缴纳土地出让金，而某港公司、化工集团对缴纳土地出让金并未进行约定，亦未通过法律途径予以解决，故该责任并不能完全归咎于化工集团。况且，根据生效法律文书查明的事实，某港公

---

① 2018 年国家机构改革后，不再保留工商行政管理部门，组建国家市场监督管理部门。

司已于 1995 年 2 月作为借款人向银行贷款，化工集团以包含案涉 21.36 亩土地在内的 73.2 亩国有土地使用权为某港公司借款 250 万港币提供抵押担保，抵押担保的价值远远超过案涉 21.36 亩土地折价的 756000 元。在某港公司因案涉土地借款所涉债务未能清偿的情况下，单独在本案中主张化工集团承担未全面履行出资义务的赔偿责任，有失公平。

四、律师说法

1. 划拨土地的土地使用权能否用于出资？

根据我国《土地管理法》及《城镇国有土地使用权出让和转让暂行条例》，划拨土地使用权，不得转让、出租、抵押。本案中，化工集团用以出资的土地使用权系来源于划拨，因此，不能直接用于出资，而应当由国有土地管理部门收回，再审批土地用途。

2. 请求化工集团全面履行出资义务是否可以得到支持？

以土地使用权进行出资，其风险较高，主要系因为我国土地所有权归属于国家和集体，因此，改变土地用途的出资，应由土地行政管理部门予以审批。

本案中，化工集团用以出资的土地使用权系划拨，因此，根本不能用以出资。但考虑到，目标公司已被吊销并不经营状态，且化工集团已经将涉案土地用于目标公司的担保行为，目标公司并无损失，故请求化工集团全面履行出资义务未得到法院支持。若本案中，还存在外部债权人，以化工集团并未履行出资义务为由起诉，笔者认为，化工集团仍需履行出资义务。

五、实务提示

1. 以土地使用权出资实际上是将土地使用权转移至目标公司名下，因此，该出资行为除了应当满足我国《公司法》的相关规定外，还应当满足《土地管理法》等相关法律要求。因此，当无法满足以上要求时，公司请求法院判令股东交付土地使用权不能得到支持，而只能选择其他赔偿措施，通常是货币资金补足。但这往往与股东之间合作目的相悖，如因此导致合作目的的丧失，可以诉请解除合同。

2. 出资人拟以划拨性质土地、工业用地、集体所有土地进行出资前，应当征求土地行政管理部门转让手续的合法性和有效性，合作股东也应当对该事项进行尽职调查，并在合同中明确约定无法办理变更手续导致的违约责任及补偿方式。

3. 实践中，还存在以尚未完全履行土地出让金缴纳手续或存在以其他权利瑕疵的土地使用权进行出资或转让的出资问题，建议通过咨询第三方专业机构来确定采取何种交易模式，尽量降低税负、缩短交易时间、降低交易风险。

六、关联法规

（一）《最高人民法院关于适用〈中华人民共和国公司法〉若干问题的规定（三）》（法释〔2020〕18 号）

第八条　出资人以划拨土地使用权出资，或者以设定权利负担的土地使用权出资，公司、其他股东或者公司债权人主张认定出资人未履行出资义务的，人民法院应当责令当事人在指定的合理期间内办理土地变更手续或者解除权利负担；逾期未办理或者未解除的，人民法院应当认定出资人未依法全面履行出资义务。

第九条　出资人以非货币财产出资，未依法评估作价，公司、其他股东或者公司债权人请求认定出资人未履行出资义务的，人民法院应当委托具有合法资格的评估机构对该财产评估作价。评估确定的价额显著低于公司章程所定价额的，人民法院应当认定出资人未依法全面履行出资义务。

第十条　出资人以房屋、土地使用权或者需要办理权属登记的知识产权等财产出资，已经交付公司使用但未办理权属变更手续，公司、其他股东或者公司债权人主张认定出资人未履行出资义务的，人民法院应当责令当事人在指定的合理期间内办理权属变更手续；在前述期间内办理了权属变更手续的，人民法院应当认定其已经履行了出资义务；出资人主张自其实际交付财产给公司使用时享有相应股东权利的，人民法院应予支持。

出资人以前款规定的财产出资，已经办理权属变更手续但未交付给公司使用，公司或者其他股东主张其向公司交付、并在实际交付之前不享有相应股东权利的，人民法院应予支持。

（二）《土地管理法》

第五十六条　建设单位使用国有土地的，应当按照土地使用权出让等有偿使用合同的约定或者土地使用权划拨批准文件的规定使用土地；确需改变该幅土地建设用途的，应当经有关人民政府土地行政主管部门同意，报原批准用地的人民政府批准。其中，在城市规划区内改变土地用途的，在报批前，应当先经有关城市规划行政主管部门同意。

第六十条　农村集体经济组织使用乡（镇）土地利用总体规划确定的建设用地兴办企业或者与其他单位、个人以土地使用权入股、联营等形式共同举办企业的，应当持有关批准文件，向县级以上地方人民政府土地行政主管部门提出申请，按照省、自治区、直辖市规定的批准权限，由县级以上地方人民政府批准；其中，涉及占用农用地的，依照本法第四十四条的规定办理审批手续。

按照前款规定兴办企业的建设用地，必须严格控制。省、自治区、直辖市可以按照乡镇企业的不同行业和经营规模，分别规定用地标准。

（三）《城镇国有土地使用权出让和转让暂行条例》

第四十四条　划拨土地使用权，除本条例第四十五条规定的情况外，不得转让、出租、抵押。

撰稿人：杨喆

案例3 股权能否出资

——以股权出资的，该股权应当证明已经实际缴纳，
否则应当认定虚假出资

一、基本案情

伊一实业公司2002年3月12日由伊二实业公司和伊三水泥制品厂出资设立，注册资金500万元（工商档案无验资报告）。2006年12月25日，伊一实业公司增加注册资本金至5000万元，其中4895.2万元由伊一实业公司工会委员会认缴（工商档案未见缴纳证明、伊一实业公司亦未提供）。2008年7月22日，伊一实业公司工会委员会将所持有的4895.2万元股权转让给张三（1695.2万元）、李四（650万元）等17人。2009年12月3日，张三等17名自然人股东将货币出资2831万元变更为以持有伊四有限责任公司2831万元股权出资（工商档案无股权价值评估、伊一实业公司亦未提供）。2015年4月17日，伊一实业公司股东变更为张三等。2009年11月20日，伊四有限责任公司增加注册资本金3200万元，由资本公积金转增注册资金。2009年12月3日，张三等17名股东以其持有伊四有限责任公司2831万元的股权认缴伊一实业公司2831万元的股权。伊四有限责任公司于2006年2月9日由伊一实业公司投资设立。其中，2008年12月11日，张三等人曾部分以现金出资，但后来又改为以股权出资，2009年11月13日已退还全部现金出资。

二、争议焦点

1. 股东以其他公司股权出资是否合法？

2. 如不合法，股东是否要对公司债务承担补充赔偿责任？

三、事实与解析

1. 股东以其他公司股权出资是否合法？

法院认为，2009年12月3日，伊一实业公司将张三等17名自然人货币出资2831万元变更为张三等17名自然人以持有伊四有限责任公司2831万元股权出资。故张三等17名自然人以持有伊四有限责任公司2831万元股权原系伊一实业公司持有无偿转让给上述17人的股权以及以原公司资本公积金增资3200万元（且没有证据证明伊四有限责任公司存在资本公积金），因而属于用自己股权认缴自己公司出资，故据此确认张三等17名股东虚假出资2831万元。

2. 如不合法，股东是否要对公司债务承担补充赔偿责任？

法院认为，《最高人民法院关于适用〈中华人民共和国公司法〉若干问题的规定（三）》（法释〔2011〕3号）第13条规定，股东未履行或者未全面履行出资义务，公司或者其他股东请求其向公司依法全面履行出资义务的，人民法院应予支持……股

东在公司增资时未履行或者未全面履行出资义务，依照本条第一款或者第二款提起诉讼的原告，请求未尽《公司法》① 第 148 条第 1 款规定的义务而使出资未缴足的董事、高级管理人员承担相应责任的，人民法院应予支持；董事、高级管理人员承担责任后，可以向被告股东追偿。法院据此确定张三等人承担股权相当的责任。

四、律师说法

1. 股东以其他公司股权出资是否合法？

根据我国《公司法》第 27 条，《最高人民法院关于适用〈中华人民共和国公司法〉若干问题的规定（三）》第 10 条、第 11 条，《商务部关于涉及外商投资企业股权出资的暂行规定》② 第 4 条、第 6 条、第 7 条，《公司注册资本登记管理规定》③ 第 6 条的规定，允许股东以其他非货币资产出资，其中包括中国境内设立的公司的股权，但以股权出资的，应当注意以下几点。

（1）出资股权合法且依法可转让，即，用以出资的股权可依法转让，不存在法律规定的限制转让情形，如有限公司已经获得其他股东优先购买权豁免函，涉及金融、外商投资等特定行业股权履行了法定审核手续。

（2）出资股权无权利瑕疵或权利负担，即，出资股权已履行出资义务，不存在抽逃出资，出资瑕疵或有质押等权利负担情形。

（3）履行了股权转让的法定手续，即，合法交付，用以出资的股权已经履行了股东变更的工商登记手续，涉及国有股权转让的履行了进场交易的程序等。

（4）履行合法评估作价手续，即，作为非货币资产的股权在出资时已履行评估作价手续。

2. 如不合法，股东是否要对公司债务承担补充赔偿责任？

由于本案中，股东以其在其他公司未实缴出资股权进行出资，本身就存在出资瑕疵，根据《最高人民法院关于适用〈中华人民共和国公司法〉若干问题的规定（三）》第 13 条规定，公司债权人请求未履行或者未全面履行出资义务的股东在未出资本息范围内对公司债务不能清偿的部分承担补充赔偿责任的，人民法院应予支持。因此，在股东存在出资瑕疵情况下，股东需要对公司债务承担补充赔偿责任。

五、实务提示

1. 股权出资应当履行依法可转让手续，需要获得其他股东同意对外转让的股东会决议或豁免优先权的通知程序。

2. 用以出资的股权应当实际缴纳出资，2013 年修正的《公司法》将注册资本改

---

① 此处引用的《公司法》已于 2018 年修正，本条内容无修改。

② 我国《外商投资法》施行后，2019 年底商务部废止该规定。

③ 已废止，现参见《市场主体登记管理条例实施细则》（2022 年 2 月 9 日施行）。

为认缴制后，公司需特别注意这一点。

3. 用以出资的股权应当合法、无权利瑕疵或负担。相比于技术出资、货币出资或房产出资，股权出资非常考验该股权的流动性和可变现性。若该股权所属公司本身且价值未予以确定，则该出资被判定有瑕疵的可能性极高。

六、关联法规

（一）《最高人民法院关于适用〈中华人民共和国公司法〉若干问题的规定（三）》

第九条　出资人以非货币财产出资，未依法评估作价，公司、其他股东或者公司债权人请求认定出资人未履行出资义务的，人民法院应当委托具有合法资格的评估机构对该财产评估作价。评估确定的价额显著低于公司章程所定价额的，人民法院应当认定出资人未依法全面履行出资义务。

第十一条　出资人以其他公司股权出资，符合下列条件的，人民法院应当认定出资人已履行出资义务：

（一）出资的股权由出资人合法持有并依法可以转让；

（二）出资的股权无权利瑕疵或者权利负担；

（三）出资人已履行关于股权转让的法定手续；

（四）出资的股权已依法进行了价值评估。

股权出资不符合前款第（一）、（二）、（三）项的规定，公司、其他股东或者公司债权人请求认定出资人未履行出资义务的，人民法院应当责令该出资人在指定的合理期间内采取补正措施，以符合上述条件；逾期未补正的，人民法院应当认定其未依法全面履行出资义务。

股权出资不符合本条第一款第（四）项的规定，公司、其他股东或者公司债权人请求认定出资人未履行出资义务的，人民法院应当按照本规定第九条的规定处理。

（二）《公司法》

第二十七条第二款　对作为出资的非货币财产应当评估作价，核实财产，不得高估或者低估作价。法律、行政法规对评估作价有规定的，从其规定

第二十八条　股东应当按期足额缴纳公司章程中规定的各自所认缴的出资额。股东以货币出资的，应当将货币出资足额存入有限责任公司在银行开设的账户；以非货币财产出资的，应当依法办理其财产权的转移手续。

股东不按照前款规定缴纳出资的，除应当向公司足额缴纳外，还应当向已按期足额缴纳出资的股东承担违约责任。

撰稿人：杨喆

案例 4 债权能否出资

——以债权出资应满足的四大条件

一、基本案情

2006 年 2 月 12 日，某力公司形成股东代表大会决议，决定由董事会成员按照单价 3280 元/千瓦总体承包，承包后电站建设发生的一切风险和意外损失由董事会成员承担。该工程在董事会成员内部开标时，由陈某中标。陈某与某力公司签订了《一号电站整体承包合同》《二号电站整体承包合同》和《三号电站追加投资协议》。2007 年一号电站建成后，陈某认为，结算后其对公司享有 89 万元的债权，此债权在未经过验资评估作价和召开股东代表大会的情况下，由董事会决定全部直接转为股权。2012 年二号电站建成后，陈某认为结算后其对公司享有 413 万元的债权（含垫付税款 13 万元），遂将该债权在某力公司进行分配。综上，被告 6 人（即前文所述的 5 名董事会成员和 1 名监事）对某力公司共进行了 502 万元增资，来源于陈某承包建设一号电站时其对公司的债权 89 万元、承包建设二号电站时其对公司的债权和其为一号电站垫付的工程税款 13 万元。其中陈某新增出资 227 万元，李某等 5 人新增出资每人各 55 万元（共 275 万元）。以上出资以"债权转股金""保证金转股金""设备款转股金""垫付税款"等名义转为公司股金时，未经验资程序，未召开股东代表大会。

二、争议焦点

1. 本案案由为"股东出资纠纷"还是"企业出资人权益确认纠纷"？
2. 陈某等 6 位股东以其对公司债权进行新增股份的增资行为是否有效？

三、事实与解析

1. 本案案由为"股东出资纠纷"还是"企业出资人权益确认纠纷"？

法院认为，企业出资人权益确认纠纷是指企业出资人之间或者企业出资人与企业之间就出资权益是否存在或者持有比例多少发生争议时，出资人（自然人、法人或者其他组织）诉请人民法院确认其享有企业一定出资权益的纠纷。所有有限责任公司、独资企业的投资者均为出资人，但不必然是股东，而本案中陈某等 6 人及王某等 7 人均是某力公司认可并发放股权证的股东，其对之前陈某等 6 人名下的股金并无争议，本案争议焦点是陈某等 6 人 502 万元的新增股份及增资行为是否有效的问题，故而本案案由不适用"企业出资人权益确认纠纷"，而应为"股东出资纠纷"。

2. 陈某等 6 位股东以其对公司债权进行新增股份的增资行为是否有效？

法院认为，公司以债权转股权的形式增加股份，需要符合以下条件方为有效：第一，转股债权需要明确、合法、真实。本案中，陈某等 6 人 502 万元的债权，主要来源是陈某履行 3 个承包合同后产生的利润和垫税款，公司与陈某之间是否经过结算？

陈某是否有利润？该结算过程及其结果是否得到公司全体股东代表的认可？以上事实，某力公司和陈某等 6 人并没有提供相应的证据证明。第二，转股债权须经评估机构评估作价。本案中，陈某等 6 人共计 502 万元的债权在转为股份之前是否经过具有资质的验资机构评估作价，也没有相应的证据证明。第三，公司新增资本须召开股东代表大会表决通过。本案中，公司为陈某等 6 人增加 502 万元的股份时，是否召开过股东代表大会，是否经过股东代表大会具有三分之二表决权的股东通过，没有相应的证据证明。总之，被告某力公司和陈某等 6 名第三人未能提出有效证据证明公司新增出资502 万元的债权来源的合法性、真实性和入账依据，也不能证明其增资程序的合法性，应承担举证不能的诉讼后果。

四、律师说法

1. 本案案由应为"股东出资纠纷"还是"企业出资人权益确认纠纷"？

"股东出资纠纷"解决的是股东出资是否合法有效，若出资瑕疵，股东应承担的法律责任的问题。而"企业出资人权益确认纠纷"解决的是企业出资权益归属的问题，即谁是企业的出资人及出资份额。本案中，由于未涉及企业出资人的问题，争议的焦点为增资部分是否真实、合法、有效，因此，本案案由应为"股东出资纠纷"。

2. 陈某等 6 位股东以其对公司债权进行新增股份的增资行为是否有效？

根据我国《公司法》《市场主体登记管理条例实施细则》的相关条款，股东可以以债权进行出资，但出资仅能用于增资，且该债权需要满足以下条件，出资方为有效。

（1）债权合法：用于出资的债权应明确、真实、合法，包括债权人已经履行完毕所有义务，或经生效判决确认的债权，或人民法院批准的和解债权。

（2）评估作价：该债权应当属于可以货币估价的可转让债权，履行评估手续。

（3）股东批准：由于债转股仅能用于增资，应当符合公司法有关增资的批准流程。

（4）用途限定：仅能用于增资，股东与公司之间借款不可抵消股东的原始出资义务。

五、实务提示

以债转股方式进行增资的，应当符合以下几个条件。

1. 债权明确、真实、合法，符合《市场主体登记管理条例实施细则》第 13 条第 3款规定。

2. 债权经有资质的评估机构评估作价。

3. 增资过程经合法有效的股东会决议通过。

4. 仅能将债权用于股权增资而非原始出资。

以债权增资完成后，应当及时办理工商变更登记，以取得股东权利外观公示效力。

六、关联法规

（一）《市场主体登记管理条例实施细则》

第十三条 申请人申请登记的市场主体注册资本（出资额）应当符合章程或者协

议约定。

市场主体注册资本（出资额）以人民币表示。外商投资企业的注册资本（出资额）可以用可自由兑换的货币表示。

依法以境内公司股权或者债权出资的，应当权属清楚、权能完整，依法可以评估、转让，符合公司章程规定。

（二）《公司法》

第二十七条　股东可以用货币出资，也可以用实物、知识产权、土地使用权等可以用货币估价并可以依法转让的非货币财产作价出资；但是，法律、行政法规规定不得作为出资的财产除外。

对作为出资的非货币财产应当评估作价，核实财产，不得高估或者低估作价。法律、行政法规对评估作价有规定的，从其规定。

第四十三条第二款　股东会会议作出修改公司章程、增加或者减少注册资本的决议，以及公司合并、分立、解散或者变更公司形式的决议，必须经代表三分之二以上表决权的股东通过。

撰稿人：杨喆

 案例5　知识产权能否出资

一、基本案情

某亨公司成立前，某会计师事务所有限公司审验申请设立登记的注册资本实收情况。经审验，会计师事务所有限公司于2006年8月31日出具验资报告，报告显示："贵公司申请设立登记的注册资本为人民币700万元，由赵某、张某、裘某在两年内缴足。第一期出资为货币资金51万元、'某环'的生产工艺技术为180万元。经审验，截至2006年8月30日，贵公司已收到全体股东缴纳的注册资本合计人民币231万元。各股东以货币出资51万元，生产工艺技术出资180万元。"同时，截至2006年8月30日，以生产工艺技术出资的裘某于2006年8月18日已签署《"某环"的生产工艺技术交接协议》，承诺办理交接手续。

备注：该技术出资并未用于投产，后公司申请破产清算。

二、争议焦点

1. 股东是否履行了知识产权的出资义务？

2. 没有履行知识产权出资义务时，是否应以货币形式补足？

三、事实与解析

1. 股东是否履行了知识产权的出资义务？

法院认为，根据《公司法》① 第 28 条、《最高人民法院关于适用〈中华人民共和国公司法〉若干问题的规定（三）》（法释〔2011〕3 号）第 10 条②规定，股东以非货币出资的，确定是否履行了出资义务的判断标准，是以向公司办理财产权转移手续及非货币财产的实际交付使用。本案涉及出资的非货币财产出资为"某环"生产工艺技术，裘某辩称该技术为实用技术、专有技术，无法通过登记转移财产所有权，其也应该通过交付技术资料以示交付，并由全体股东监督落实，保证该技术由公司掌握并独自享有。裘某既不能提供交付证明，又因公司成立后未投入生产即进入破产清算程序，不能通过已投入生产应用、公司实际掌握了该技术来证明裘某已完成了交付使用而履行了出资义务，故无法认定裘某已履行了知识产权的出资义务。

2. 没有履行知识产权出资义务时，是否应以货币形式补足？

法院认为，对于某亨公司要求判令裘某以 180 万元货币补足其欠缴的出资的请求，因公司章程中确定的是裘某以技术出资，而某亨公司却要求以货币替代，其请求出资形式的变更，既没有合同约定，也没有法律依据，不予支持。

四、律师说法

1. 股东是否履行了知识产权的出资义务？

根据《公司法》第 27 条、《最高人民法院关于适用〈中华人民共和国公司法〉若干问题的规定（三）》第 9 条的规定，以知识产权等技术出资是允许的，但应满足以下几个条件

（1）客体合法：出资人和公司应当对拟出资知识产权客体进行明确，而非笼统以"技术出资"来表述，应载明出资的究竟是著作权还是专利，是专利使用权还是专利所有权，是专有技术的话是何种专有技术，否则一旦产生纠纷，无法明确出资义务是否已履行。

（2）权属清晰：出资人明确用于出资的知识产权应当权属清晰的，如该发明专利为职务发明，不仅不能为目标公司带来技术转化的收益，反而可能对原权利人构成共同侵权。

（3）明确交付：《公司法》明确规定出资应当办理财产权转移手续，应当将该知识产权转移至目标公司名下。在出资协议中明确有关技术资料、技术文档、代码等配合知识产权产生效益的文件的交付标准。

（4）评估作价：选择具有知识产权评估资格的评估机构进行技术出资评估，若评

---

① 此处引用的《公司法》已于 2018 年修正，本条内容无修改。

② 该规定 2020 修正后为（法释〔2020〕18 号），第 10 条条文内容不变。

估过程中发现技术出资与目标价值相差过大或存在所有权瑕疵的，及时要求出资人用货币或其他方式弥补出资瑕疵。

2. 没有履行知识产权出资义务时，是否应以货币形式补足？

根据《公司法》的规定，出资是一项股东基本义务，若股东未根据公司章程规定以符合股东约定的形式出资，则应当承担违约责任。本案中，由于股东约定的方式是知识产权的技术出资，因此，即便未能符合出资要求，也仅能追究违约责任，而不得要求出资瑕疵股东以货币进行补足。

因此，建议各位股东在设立公司时，对于瑕疵出资的股东特别约定其他形式的出资条款，以在出现瑕疵出资时要求其以货币形式进行补足。

五、实务提示

1. 对技术出资方的建议：明确出资客体，并根据《公司法》办理技术出资的产权转移或交付，保存交付凭证，以避免后续因技术出资年久无人管理或失效后，公司追究出资瑕疵责任。

2. 对接受技术出资公司的建议：要求技术出资股东提供合法的评估报告、权利凭证、拟定交付清单及交付标准，查询该项知识产权是否存在权利瑕疵或未决诉讼，在出资协议中约定，如出现拟出资技术不符合约定，有权要求股东以货币方式限期补足出资。

3. 对现金出资方的建议：存在其他股东以技术出资的，应当督促其进行技术出资评估，并对出资不实而造成的违约责任予以明确，防止今后因债权人追究出资不实责任，而要求其他发起人股东承担连带责任。

六、关联法规

（一）《公司法》

第二十七条 股东可以用货币出资，也可以用实物、知识产权、土地使用权等可以用货币估价并可以依法转让的非货币财产作价出资；但是，法律、行政法规规定不得作为出资的财产除外。

对作为出资的非货币财产应当评估作价，核实财产，不得高估或者低估作价。法律、行政法规对评估作价有规定的，从其规定。

（二）《最高人民法院关于适用〈中华人民共和国公司法〉若干问题的规定（三）》

第九条 出资人以非货币财产出资，未依法评估作价，公司、其他股东或者公司债权人请求认定出资人未履行出资义务的，人民法院应当委托具有合法资格的评估机构对该财产评估作价。评估确定的价额显著低于公司章程所定价额的，人民法院应当认定出资人未依法全面履行出资义务。

撰稿人：杨喆

案例 6 债权人请求瑕疵出资股东承担补充赔偿责任，被冒名股东是否承担股东责任

一、基本案情

2010 年 11 月，债权人张某旭将某黄公司、王某杰、王某安诉至法院，请求法院判令：（一）某黄公司偿还借款并赔偿利息损失；（二）某黄公司财产不足以偿还借款及赔偿损失，剩余部分由王某杰在其虚假出资 20 万元范围内承担补充赔偿责任，王某安在其虚假出资 50 万元范围内承担补充赔偿责任，以上两被告无先后履行顺序。

二、争议焦点

债权人请求瑕疵出资股东承担补充赔偿责任，被冒名股东是否需要承担？

三、事实与解析

法院审理过程中，王某安对某黄公司有关设立重要文件中"王某安"的签名进行鉴定，该鉴定结果牵系本案走向。

鉴定结果显示《出资协议》《公司章程》《公司名称预先核准申请书》《股东会选举执行董事、监事的决定》等某黄公司设立的决策性文件中"王某安"的签名均非王某安本人所签，且债权人张某旭也表示对该鉴定结论的真实性无异议。庭审中，王某安表示对某黄公司最终成立与否不知情，未参与某黄公司经营，也未分得公司利润。债权人张某旭虽认为王某安是某黄公司股东，但不能提供相应证据证明王某安对某黄公司最终设立及将其登记为股东的事实知情，也不能提供相应证据证明王某安行使了相应股东权益，应承担举证不能的责任。

另，本案再审中查明是王某杰冒用王某安的名义出资并将王某安作为股东在公司登记机关进行登记，张某旭并无充分证据证明王某安授权王某杰签名或事后予以追认。

法院依据《最高人民法院关于适用〈中华人民共和国公司法〉若干问题的规定（三）》（法释〔2020〕18 号）第 28 条之规定，对张某旭请求要求王某安承担补充赔偿责任的诉讼请求，依法不应予以支持。

四、律师说法

股权"冒名登记"是指实际出资人自己行使股权，虚构法律主体或者盗用他人名义并将该主体或他人作为股东在公司登记机关登记的行为。被冒名者因不知情，且从未做出过持有股权的意思表示、实际不出资、不参与公司管理，而不应被视为法律上的股东。

股权"借名登记"是指投资中，实际投资人借用他人名义进行投资，以隐名代持的方式向股权登记机关办理股权登记手续。

前述两者的主要区别在于登记机关登记显示的股权人与实际股权人之间对股权登记之现状是否有合意，如有则构成借名登记；如无则属于冒名登记。前者应负股东责任，后者不负股东责任。

五、实务提示

关于被冒名股东是否为因公司虚假注资承担责任问题，除了需要考虑对于公司设立时签署的相关文件是否为被冒名人签署或者其授权的他人签署之外，还需要考虑被冒名股东是否参与公司经营，参与公司分红，也即考虑被冒名股东对于公司将自己作为股东的身份是否知悉，如果明知自己被公司冒用为股东，不管不顾，也应当承担责任。

关于举证责任：公司债权人对股东主张权利时，如果被借名人提供初步证据（一般是签字虚假）证实"被冒名"事实的，债权人若要坚持主张属于借名登记，则对登记显示股东和实际股东之间存在意思联络有举证责任，即：举证证实被冒名人明知或追认过代持。否则，被冒名人不承担股东责任。

六、关联法规

《最高人民法院关于适用〈中华人民共和国公司法〉若干问题的规定（三）》（法释〔2020〕18 号）

第二十八条 冒用他人名义出资并将该他人作为股东在公司登记机关登记的，冒名登记行为人应当承担相应责任；公司、其他股东或者公司债权人以未履行出资义务为由，请求被冒名登记为股东的承担补足出资责任或者对公司债务不能清偿部分的赔偿责任的，人民法院不予支持。

撰稿人：邬锦梅

第二节 股东出资纠纷

 案例 7 股东恶意延长出资认缴期限

一、基本案情

某禾公司成立于 2014 年 6 月 5 日，股东田某，出资额为 3800 万元，出资方式为货币出资，持股比例为 95%，另一股东安某，出资额为 200 万元，持股比例为 5%，出资时间为 2019 年 6 月 1 日前。2017 年 8 月 1 日，安某将其占有某禾公司的 5% 股权转让给李某，转让出资额为 200 万元，2017 年 9 月 4 日，某禾公司就其章程修正案向工商行政管理部门申请备案，将股东田某、李某的出资时间由 2019 年 6 月 1 日前修正为 2034 年 6 月 10 日前。庭审中，田某、安某、李某陈述其均未实际出资。

2016 年 11 月 2 日，某进口商品中心因与某禾公司产生企业借贷纠纷起诉至法院，要求某禾公司偿还本金并支付利息。2018 年 5 月 10 日法院判决某禾公司偿还借款本金 1000 万元，并支付利息，判决已生效。

备注：因某禾公司无财产可供执行，进口商品中心认为田某、安某、李某作为某禾公司的股东未实缴出资，申请追加田某、安某、李某为被执行人。

二、争议焦点

1. 未届出资期限转让股权，转让方股东是否要对公司债务承担责任？
2. 股东恶意延长出资期限，是否损害债权人利益？

三、事实与解析

1. 未届出资期限转让股权，转让方股东是否要对公司债务承担责任？

法院认为，根据《最高人民法院关于适用〈中华人民共和国公司法〉若干问题的规定（三）》（法释〔2011〕3 号）第 18 条"有限责任公司的股东未履行或者未全面履行出资义务即转让股权，受让人对此知道或者应当知道，公司请求该股东履行出资义务、受让人对此承担连带责任的，人民法院应予支持；公司债权人依照本规定第十三条第二款向该股东提起诉讼，同时请求前述受让人对此承担连带责任的，人民法院应予支持……"① 以及《最高人民法院关于民事执行中变更、追加当事人若干问题的规定》（法释〔2016〕21 号）第 19 条"作为被执行人的公司，财产不足以清偿生效法律文书确定的债务，其股东未依法履行出资义务即转让股权，申请执行人申请变更、追加该原股东，在未依法出资的范围内承担责任的，人民法院应予支持"规定，安某应在未依法出资的范围内与李某承担连带责任。现某禾公司无财产可供执行，进口商品中心及田某、李某、安某、某禾公司未能提供新的财产线索，也已届满"2019 年 6 月 1 日前"这一出资期限，故进口商品中心要求追加田某、李某、安某为被执行人的诉讼请求，法院予以支持。

2. 股东恶意延长出资期限，是否损害债权人利益？

法院认为，2014 年，进口商品中心与某禾公司的企业借贷关系发生之时，某禾公司股东的出资期限为 2019 年 6 月 1 日前，进口商品中心也正是基于信赖股东就该出资时间的承诺而向某禾公司出借款项，后某禾公司通过修订公司章程延长出资时间，违反了《公司法》② 第 5 条关于"诚实守信"的规定，损害了债权人的利益，应认定为恶意延长出资期限，作为股东的田某、李某应在尚未缴纳出资的范围内依法承担责任。安某作为某禾公司的原股东，在向李某转让股权时并未完成实际出资义务，根据《最高人民法院关于适用〈中华人民共和国公司法〉若干问题的规定（三）》（法释

---

① 该规定 2020 修正后为（法释〔2020〕18 号），第 18 条条文内容不变。

② 《公司法》已于 2018 年修正，本条内容无修改。

〔2011〕3号）第19条，该延长行为损害债权人利益。

四、律师说法

1. 未届出资期限转让股权，转让方股东是否要对公司债务承担责任？

根据《最高人民法院关于适用〈中华人民共和国公司法〉若干问题的规定（三）》第18条，有限责任公司的股东未履行出资义务即转让股权的，该股东及明知未出资义务的受让股东均要对公司债务承担责任。但，若未到出资期限，是否可以转让股权呢？

对此，2019年11月实施的《全国法院民商事审判工作会议纪要》指出：在注册资本认缴制下，股东依法享有期限利益。债权人以公司不能清偿到期债务为由，请求未届出资期限的股东在未出资范围内对公司不能清偿的债务承担补充赔偿责任的，人民法院不予支持。但是，下列情形除外：

（1）公司作为被执行人的案件，人民法院穷尽执行措施无财产可供执行，已具备破产原因，但不申请破产的；

（2）在公司债务产生后，公司股东（大）会决议或以其他方式延长股东出资期限的。

本案中，即符合上述情形。2014年，进口商品中心与某禾公司的企业借贷关系即已发生，2017年某禾公司却办理了延长出资期限的工商变更登记，明显属于"公司债务产生后，公司延长股东出资期限的"情形。转让方股东即便出资未到期，也应当视作加速到期。

2. 股东恶意延长出资期限，是否损害债权人利益？

商事主体在进行交易时，工商登记的出资信息即对交易方产生信赖利益，若公司债务产生后，股东进行变更登记，修改出资期限，实际上是以行动拒绝了出资义务，该行为由于未经债权人同意，且已经造成债权人损失，不应当认定为合法有效的民事法律行为，该股东仍应当视为出资期限未变更，并进而对公司债务承担补充赔偿责任。

五、实务提示

根据《全国法院民商事审判工作会议纪要》观点，当公司符合破产原因而不申请破产或恶意延长出资期限时，未到出资期限的原始股东转让股权后，仍要对公司债务不能偿还部分承担补充赔偿责任。因此，笔者对股东提出如下建议：

1. 公司成立时，合理安排注册资本，若注册资本定得过高，即便股权转让后，公司进入破产程序，发起人及历届股东的出资义务仍要履行。

2. 若公司经营陷入僵局，建议在未产生债务之前转让股权，股东之间内部约定关于出资义务的承担规则，不能对外部债权人产生效力。

六、关联法规

（一）《最高人民法院关于适用〈中华人民共和国公司法〉若干问题的规定（三）》（法释〔2020〕18号）

第十八条　有限责任公司的股东未履行或者未全面履行出资义务即转让股权，受让人对此知道或者应当知道，公司请求该股东履行出资义务、受让人对此承担连带责任的，人民法院应予支持；公司债权人依照本规定第十三条第二款向该股东提起诉讼，同时请求前述受让人对此承担连带责任的，人民法院应予支持。

受让人根据前款规定承担责任后，向该未履行或者未全面履行出资义务的股东追偿的，人民法院应予支持。但是，当事人另有约定的除外。

第十九条　公司股东未履行或者未全面履行出资义务或者抽逃出资，公司或者其他股东请求其向公司全面履行出资义务或者返还出资，被告股东以诉讼时效为由进行抗辩的，人民法院不予支持。

公司债权人的债权未过诉讼时效期间，其依照本规定第十三条第二款、第十四条第二款的规定请求未履行或者未全面履行出资义务或者抽逃出资的股东承担赔偿责任，被告股东以出资义务或者返还出资义务超过诉讼时效期间为由进行抗辩的，人民法院不予支持。

（二）《最高人民法院关于民事执行中变更、追加当事人若干问题的规定》

第十九条　作为被执行人的公司，财产不足以清偿生效法律文书确定的债务，其股东未依法履行出资义务即转让股权，申请执行人申请变更、追加该原股东或依公司法规定对该出资承担连带责任的发起人为被执行人，在未依法出资的范围内承担责任的，人民法院应予支持。

（三）《全国法院民商事审判工作会议纪要》（法〔2019〕254号）

6.【股东出资应否加速到期】在注册资本认缴制下，股东依法享有期限利益。债权人以公司不能清偿到期债务为由，请求未届出资期限的股东在未出资范围内对公司不能清偿的债务承担补充赔偿责任的，人民法院不予支持。但是，下列情形除外：

（1）公司作为被执行人的案件，人民法院穷尽执行措施无财产可供执行，已具备破产原因，但不申请破产的；

（2）在公司债务产生后，公司股东（大）会决议或以其他方式延长股东出资期限的。

撰稿人：杨喆

 案例8　股东出资不到位，应当承担什么责任

一、基本案情

甲公司于1992年10月9日成立，注册资金为2000万元。2005年1月13日，甲公司名称变更为乙公司，企业类型为有限责任公司。改制后乙公司的初始股东为王某等22名自然人股东。2010年7月26日，丙公司与王某等22名股东分别签订《股权转让协议》，丙公司共出资1980万元受让了包括王某、宋某、杨某甲、杨某乙、赵某在内22名股东的股权。受让后，丙公司占乙公司总股本比例为99%，王某占1%，并于同年 8 月 4 日办理股权变更登记。

二、争议焦点

1. 22 名股东是否全面履行了出资义务？

2. 受让股东是否应在初始股东出资不到位的范围内承担民事责任？

三、事实与解析

1. 22 名股东是否全面履行了出资义务？

法院认为，根据某会计师事务有限公司于 2004 年 12 月 1 日出具的验资报告，能够证明确认评估基准日 2004 年 11 月 30 日止，乙公司的银行账户上有存款 20009.11 万元，其可供登记的注册资本合计 2000 万元。经查，该 2000 万元系丁公司于 2004 年 11 月 29 日以转账方式支付，转入验资报告指定的验资账户，收款人为甲公司，于 11 月 30 日进账。次日即 12 月 1 日甲公司将验资账户内 2000 万元转入甲公司的另一账户。从形式上看，验资报告指定的验资账户内有资金 2000 万元，但该资金不是王某等 22 名初始股东以自己的名义出资，而是业务往来项目丁公司的进账。根据本案证据，王某等 22 名乙公司初始股东未全面履行出资义务。

2. 受让股东是否应在初始股东出资不到位的范围内承担民事责任？

法院认为，丙公司受让王某等 22 人股权成为乙公司占 99% 股权的股东，应当知道公司股东是否已全面履行出资义务，即使其支付了股权转让对价，其行为亦构成公司股东未履行或者未全面履行出资义务的情形，并不免除出资责任，故丙公司应对王某等股东所负的补充赔偿责任承担连带责任。丙公司以其不知道王某等股东存在出资不到位为由主张其不应承担民事责任的理由，于法无据，不予支持。

四、律师说法

1. 22 名股东是否全面履行了出资义务？

股东出资义务既包括出资行为也包括出资意思表示，根据公司章程或股东协议约定，股东应当在出资期限到期前，以约定的出资方式进行出资，而不能以其他人账户代为出资等。本案中，存在第三人代为缴纳出资，且当日验资后即转回的情形，因此，出资义务显然没有履行。这 22 名股东应当就出资不到位，承担补足出资的法律责任。

2. 受让股东是否应在初始股东出资不到位的范围内承担民事责任？

根据《最高人民法院关于适用〈中华人民共和国公司法〉若干问题的规定（三）》第 18 条，受让股东明知或应当知道原股东未履行出资义务时，受让股东应当就未履行出资的部分，对公司债务承担补充赔偿责任。

五、实务提示

1. 股东出资义务的举证责任在于出资人，因此，建议出资方保存自己的出资凭证，并根据《公司章程》约定的出资条款进行合法出资。

2. 若受让方无法确认原始股东是否履行出资义务的，建议让相关机构做验资审计，并就是否出资事项让股权转让方提供证据证明，以防止今后因未履行出资义务被连带承担补充责任。

六、关联法规

（一）《最高人民法院关于适用〈中华人民共和国公司法〉若干问题的规定（三）》（法释〔2020〕18号）

第十八条　有限责任公司的股东未履行或者未全面履行出资义务即转让股权，受让人对此知道或者应当知道，公司请求该股东履行出资义务、受让人对此承担连带责任的，人民法院应予支持；公司债权人依照本规定第十三条第二款向该股东提起诉讼，同时请求前述受让人对此承担连带责任的，人民法院应予支持。

受让人根据前款规定承担责任后，向该未履行或者未全面履行出资义务的股东追偿的，人民法院应予支持。但是，当事人另有约定的除外。

（二）《最高人民法院关于民事执行中变更、追加当事人若干问题的规定》（法释〔2020〕21号）

第十九条　作为被执行人的公司，财产不足以清偿生效法律文书确定的债务，其股东未依法履行出资义务即转让股权，申请执行人申请变更、追加该原股东或依公司法规定对该出资承担连带责任的发起人为被执行人，在未依法出资的范围内承担责任的，人民法院应予支持。

撰稿人：杨喆

 案例 9　股东不出资，能否除名

一、基本案情

1999年，某娇公司成立，章程约定，朱甲出资75万元，朱乙出资375万元，姜某出资50万元；经核实，朱甲出资系虚假出资。

2012年2月7日，某娇公司在全程公证的情况下通过特快专递向朱甲寄送通知一份，通知内容为：某娇公司自1999年6月23日成立至今，朱甲作为股东未实际出资，特通知朱甲在2012年3月8日前一次性全额补缴出资款。该通知朱甲确认已收到。某娇公司于2012年3月26日向全体股东发出会议通知，应到会股东三人，实到会股东两人，到会股东代表共持有公司85%股权；会议形成决议解除朱甲的股东资格及由朱乙将75万元于2012年4月16日前缴至某娇公司账户以补足某娇公司的注册资金；表决意见为同意上述表决事项。决议由朱乙及姜某签字并加盖某娇公司公章。

2012年3月28日，某娇公司在全程公证的情况下通过特快专递向朱甲寄送股东大会通知一份，通知内容为：某娇公司定于2012年4月13日14时在办公楼一楼会议室召开全体股东会议，审议事项为就解除朱甲在某娇公司的股东资格进行决议，请朱甲务必准时出席；落款处加盖某娇公司公章，会议召集人处由姜某签字。

朱甲不服，提起诉讼，要求确认解除股东资格的股东会决议无效。

二、争议焦点

1. 股东是否已经履行了出资义务？

2. 股东不履行出资义务，是否可以解除股东资格，即除名？

三、事实与解析

1. 股东是否已经履行了出资义务？

法院认为，从现有证据来看，朱甲在某娇公司成立时未履行出资义务，理由在于：其一，1999 年 6 月某娇公司注册成立时，注册资金 500 万元，实际到位资金只有 300 万元，300 万元系朱乙个人出资，由上海某南经济发展公司代为办理注册手续；姜某及朱甲并未实际出资，且不参与公司经营，某娇公司实际上是朱乙的一人公司。其二，从某银行某支行出具的证明来看，某娇公司验资账户在 1999 年 6 月 10 日仅有朱乙的现金解款单入账，入账金额为 300 万元，没有朱甲及姜某的现金解款单入账。其三，朱甲虽在本案中提交了解款人为朱甲、日期为 1999 年 6 月 10 日的现金解款单，但仅为复印件，无法提交原件。

2. 股东不履行出资义务，是否可以解除股东资格，即除名？

法院认为，按照《最高人民法院关于适用〈中华人民共和国公司法〉若干问题的规定（三）》（法释〔2011〕3 号）第 18 条第 1 款的规定，某娇公司有权通过形成合法股东会决议的方式解除朱甲的股东资格及由朱乙将 75 万元于 2012 年 4 月 16 日前缴至某娇公司账户以补足某娇公司的注册资金。故对于朱甲请求确认涉案股东会决议无效的诉讼请求，依法应不予支持。

四、律师说法

1. 股东是否已经履行了出资义务？

股东是否履行出资义务须由股东自身举证，本案中，由于公司设立时，股东朱甲并未实际缴纳出资，后提供的现金解款单也无法提供原件证明，因此，该股东应当承担举证不能的后果。

2. 股东不履行出资义务，是否可以解除股东资格，即除名？

按照《最高人民法院关于适用〈中华人民共和国公司法〉若干问题的规定（三）》第 17 条①的规定，股东完全不履行出资义务的情况下，公司可以进行催缴，如再不履行，可解除其股东资格。因此，对于未履行出资义务的股东，进行除名应当履行如下步骤。

（1）股东出现严重违反出资义务的情形，即"未出资"或"抽逃全部出资"。

（2）公司对该股东履行告知程序，即催告该股东履行缴纳出资的义务。

---

① 该规定 2020 修正后，第 10 条条文内容不变。

（3）召开股东会对该股东解除股东资格进行表决通过，该表决中，未出资股东不享有表决权。

应当注意的是，以上 3 个步骤缺一不可，欠缺任何一个步骤，解除股东资格的程序都可能涉嫌违法剥夺股东权利，而导致解除无效。

五、实务提示

1. 公司解除股东资格应当符合法定情形，具体包括股东严重违反出资义务，如未出资或抽逃全部出资。

2. 公司解除股东资格应当履行法定程序，包括：（1）向负有出资义务的股东书面发函，给予合理履行时限；（2）按照法律、公司章程的规定，召开股东（大）会，作出解除股东资格的决议；（3）被解除资格的股东在该会议中无表决权。

3. 解除股东资格后，公司应当及时变更股东名册、工商登记等信息。符合减资情形的，及时履行法定减资程序。

4. 对于其他部分出资不实，尚未达到解除股东资格的股东，可对其利润分配请求权、新股优先认购权、剩余财产分配请求权等股东权利作出相应的合理限制，这符合公司法的规定，也是公司资本确定原则的应有之义。

六、关联法规

《最高人民法院关于适用〈中华人民共和国公司法〉若干问题的规定（三）》

第十七条　有限责任公司的股东未履行出资义务或者抽逃全部出资，经公司催告缴纳或者返还，其在合理期间内仍未缴纳或者返还出资，公司以股东会决议解除该股东的股东资格，该股东请求确认该解除行为无效的，人民法院不予支持。

在前款规定的情形下，人民法院在判决时应当释明，公司应当及时办理法定减资程序或者由其他股东或者第三人缴纳相应的出资。在办理法定减资程序或者其他股东或者第三人缴纳相应的出资之前，公司债权人依照本规定第十三条或者第十四条请求相关当事人承担相应责任的，人民法院应予支持。

撰稿人：杨喆

 案例 10　股东抽逃出资，能否限制股东权利

一、基本案情

某正证券成立于 1994 年 10 月 26 日，经工商机关注册核准登记为其他股份有限公司（上市）。2014 年 8 月，某泉控股通过重组的形式，以原持有的 84.4% 某族证券股权置换为 17.9 亿余股某正证券股票，从而成为某正证券股东。2019 年 5 月 24 日，某正证券通过邮件等形式通知全体董事，董事长决定于 2019 年 5 月 29 日召开董事会，并附《议案 3：关于停止向某泉控股发放公司 2018 年度红利的议案》及《某达律师事务所法律意见书》。其中某达律师事务所针对议案出具的《法律意见书》认为，根据刑事判决等相关证据以股东大会决议限制股东利润分配请求权以维护上市公司及其股东的合法权益，符合《最高人民法院关于适用〈中华人民共和国公司法〉若干问题的规定（三）》和公司章程的规定。2019 年 5 月 29 日，某正证券召开董事会，全体 9 名董事（含独立董事）一致同意通过了《议案 3：关于停止向某泉控股发放公司 2018 年度红利的议案》，并予以公告。2019 年 6 月 20 日，某正证券召开了 2018 年度股东大会，审议通过了《2018 年度利润分配预案》《关于停止向某泉控股发放公司 2018 年度红利的议案》等议案。

某泉控股提起诉讼，要求确认上述停止分红的决议应予以撤销。

备注：根据刑事判决等证据，某泉控股控制某族证券期间发生 20.5 亿元资金挪用的违法违规行为，导致某族证券 16 亿余元巨额资金至今仍未收回，构成变相抽逃出资行为。

二、争议焦点

1. 控股股东是否存在抽逃出资行为？

2. 控股股东抽逃出资，公司能否限制股东权利？

三、事实与解析

1. 控股股东是否存在抽逃出资行为？

法院认为，根据刑事判决等证据，某泉控股控制某族证券期间发生的 20.5 亿元资金挪用的违法违规行为，导致某族证券 16 亿余元巨额资金至今仍未收回，构成变相抽逃出资行为。

2. 控股股东抽逃出资，公司能否限制股东权利？

法院认为，《最高人民法院关于适用〈中华人民共和国公司法〉若干问题的规定（三）》第 16 条规定，股东抽逃出资的，公司有权根据公司章程或者股东会决议对其利润分配请求权等股东权利作出相应的合理限制。公司章程第 31 条也规定，股东抽逃出资的，在改正前其股东权利停止行使，已经分得的红利由公司董事会负责追回。《关于停止向某泉控股发放公司 2018 年度红利的议案》（以下简称《议案》）经过董事会、股东大会决议通过，符合公司章程规定，符合公司法相关司法解释规定。《议案》召集程序、表决方式没有违反法律、行政法规及公司章程规定，以及决议内容没有违反公司章程的情况下，某泉控股抽逃出资行为的事实认定属于公司治理的范畴，不属于司法审查范围。综上所述，《议案》召集程序、表决方式符合法律、行政法规及公司章程规定，决议内容符合公司章程规定，不存在可撤销情形。

四、律师说法

1. 控股股东是否存在抽逃出资行为？

由于刑事案件已经查明控股股东在控股期间，存在挪用资金的违法行为，导致某族证券巨额资金未能收回，构成变相抽逃出资行为，因此，控股股东存在抽逃出资的行为。

2. 控股股东抽逃出资，公司能否限制股东权利？

根据《最高人民法院关于适用〈中华人民共和国公司法〉若干问题的规定（三）》第16条，股东未履行或者未全面履行出资义务或者抽逃出资，公司根据公司章程或者股东会决议对其利润分配请求权、新股优先认购权、剩余财产分配请求权等股东权利作出相应的合理限制，该股东请求认定该限制无效的，人民法院不予支持。因此，对于控股股东存在抽逃出资的行为，公司可以对其利润分配请求权作出合理限制，案涉《议案》有效。

五、实务提示

《最高人民法院关于适用〈中华人民共和国公司法〉若干问题的规定（三）》第16条针对未出资股东的权利限制仅限于利润分配请求权、新股优先认购权、剩余财产分配请求权等自益性权利，因此，涉及其他权利如表决权，必须以《公司法》及公司章程约定为准。

1. 建议各位股东，如重视股东的实际出资与股东权利，应当就股东的利润分配请求权、新股优先认购权、剩余财产分配请求权约定按照实际出资比例分配。

2. 合理设置出资期限，若股东已届满期限尚未出资的，可考虑在合理催告后，将该股东除名，以限制其继续行使表决权和其他股东权利。

六、关联法规

《最高人民法院关于适用〈中华人民共和国公司法〉若干问题的规定（三）》

第十六条 股东未履行或者未全面履行出资义务或者抽逃出资，公司根据公司章程或者股东会决议对其利润分配请求权、新股优先认购权、剩余财产分配请求权等股东权利作出相应的合理限制，该股东请求认定该限制无效的，人民法院不予支持。

撰稿人：杨喆

 案例 11 股东抽逃出资后，谁有权让其返还

——公司、其他股东、公司债权人均有权要求抽逃股东返还

一、基本案情

安某公司于2001年7月25日成立，后注册资本增资为500万元，股东一人为杨某。2014年，杨某将公司90%股权作价180万元转让至陈某。2014年8月，变更工商登记为股东陈某以及其他案外人四人。2016年2月，安某公司提起诉讼，要求原股东杨某返还抽逃出资490万元，并申请保全查封其房产。该案经一审、二审判决均认定原股东杨某应当返还出资490万元。

2016年，杨某向法院提起诉讼，要求解除《股权转让协议》，将股权返还至杨某名下。

二、争议焦点

1. 《股权转让协议》签订时，陈某对公司的财务状况是否明知？

2. 杨某是否有权解除《股权转让协议》？

三、事实与解析

1. 《股权转让协议》签订时，陈某对公司的财务状况是否明知？

法院认为，陈某作为公司收购人在收购安某公司的当时就应对公司大额应收款的情况予以核实，而在双方于 2014 年 7 月签订《股权转让协议》至 2016 年 2 月提起返还抽逃出资诉讼期间，陈某从未就该 5884913.99 元应收款向杨某提出过异议。法院认为在双方于 2014 年 7 月 14 日签订《股权转让协议》时，陈某应当看到同年 6 月 30 日的公司资产负债表，并已经知道（至少应当知道）原股东杨某和李某太出资的 490 万元已被抽回，并包含于挂账的其他应收款 5884913.99 元之中。

2. 杨某是否有权解除《股权转让协议》？

法院认为，杨某虽曾经起诉要求陈某支付剩余股权转让款即继续履行合同，但这是杨某基于自以为无须返还安某公司 490 万元出资款的认知而作出的选择。后经法院判决杨某需返还安某公司出资款 490 万元，双方履行《股权转让协议》的基础发生重大变化。前文已述，双方在转让股权时将公司账面净资产 5325508.65 元的 90% 股份仅作价 180 万元转让，反映出当时双方在协商转让价格时对公司资本已被抽回的情形有所考量。倘若当时公司注册资本是充实的，则仅以 180 万元转让该公司 90% 股权显然不合理。在此情况下，如果继续履行合同，必然对杨某而言显失公平。因本案撤销《股权转让协议》与解除该协议的法律后果相同，故法院不拘泥于"解除"与"撤销"的文字差别，并为避免讼累，法院认定杨某有权解除 2014 年 7 月 14 日的《股权转让协议》，该《股权转让协议》依法予以解除。

四、律师说法

1. 《股权转让协议》签订时，陈某对公司的财务状况是否明知？

鉴于公司存在大额应收账款，因此，可以推定陈某对公司的财务状况是明知的。

2. 杨某是否有权解除《股权转让协议》？

鉴于《股权转让协议》中对公司股权价值已经予以调整，调整的基础即是存在大额未收回的应收账款，现《股权转让协议》签订后，新股东要求原股东返还出资，即是发生在协议签订后的新的重大变化，如继续履行，明显对原股东不公平，因此，杨某有权解除协议。

五、实务提示

为了防止今后出现股权转让后，原股东被公司追究股东出资责任的情形，建议在股权转让中作出如下约定：

1. 股权转让协议中，明确披露股权价格的合意基础，包括最新的财务报表、应收账款清单、合同清单，并以交割日为准确定风险。

2. 股权转让协议中，除了股权转让方和受让方的签字外，有关公司方面的债权债务的安排，建议也让公司盖章，以防止出现后续公司为主体起诉原股东的情形。

3. 特别提示股权受让方，一定要做尽调，交易中受让方的尽调义务更大，如签订协议后再以不熟悉对方财务情况、对方故意隐瞒等理由要求变更协议，被支持的概率很低。

六、关联法规

《最高人民法院关于适用〈中华人民共和国公司法〉若干问题的规定（三）》

第十二条　公司成立后，公司、股东或者公司债权人以相关股东的行为符合下列情形之一且损害公司权益为由，请求认定该股东抽逃出资的，人民法院应予支持：

（一）制作虚假财务会计报表虚增利润进行分配；

（二）通过虚构债权债务关系将其出资转出；

（三）利用关联交易将出资转出；

（四）其他未经法定程序将出资抽回的行为。

第十四条　股东抽逃出资，公司或者其他股东请求其向公司返还出资本息、协助抽逃出资的其他股东、董事、高级管理人员或者实际控制人对此承担连带责任的，人民法院应予支持。

公司债权人请求抽逃出资的股东在抽逃出资本息范围内对公司债务不能清偿的部分承担补充赔偿责任、协助抽逃出资的其他股东、董事、高级管理人员或者实际控制人对此承担连带责任的，人民法院应予支持；抽逃出资的股东已经承担上述责任，其他债权人提出相同请求的，人民法院不予支持。

第十八条　有限责任公司的股东未履行或者未全面履行出资义务即转让股权，受让人对此知道或者应当知道，公司请求该股东履行出资义务、受让人对此承担连带责任的，人民法院应予支持；公司债权人依照本规定第十三条第二款向该股东提起诉讼，同时请求前述受让人对此承担连带责任的，人民法院应予支持。

受让人根据前款规定承担责任后，向该未履行或者未全面履行出资义务的股东追偿的，人民法院应予支持。但是，当事人另有约定的除外。

第十九条　公司股东未履行或者未全面履行出资义务或者抽逃出资，公司或者其他股东请求其向公司全面履行出资义务或者返还出资，被告股东以诉讼时效为由进行抗辩的，人民法院不予支持。

公司债权人的债权未过诉讼时效期间，其依照本规定第十三条第二款、第十四条第二款的规定请求未履行或者未全面履行出资义务或者抽逃出资的股东承担赔偿责任，被告股东以出资义务或者返还出资义务超过诉讼时效期间为由进行抗辩的，人民法院不予支持。

撰稿人：杨喆

案例 12　公司回购员工股权，是否构成抽逃出资

一、基本案情

甲公司成立于 1990 年 4 月 5 日，2004 年 5 月由国有企业改制为有限责任公司。宋某系甲公司员工，出资 2 万元成为自然人股东。甲公司章程规定："公司股权不向公司以外的任何团体和个人出售、转让。公司改制一年后，经董事会批准后可在公司内部赠予、转让和继承。持股人死亡或退休经董事会批准后方可继承、转让或由企业收购，持股人若辞职、调离或被辞退、解除劳动合同的，人走股留，所持股份由企业收购……"且公司全体员工已签字确认公司章程。

2006 年 6 月 3 日，宋某向甲公司提出解除劳动合同，并申请退出其所持有的 2 万元股份。2006 年 8 月 28 日，经甲公司法定代表人赵某同意，宋某领到退出股金款 2 万元。2007 年 1 月 8 日，甲公司召开 2006 年度股东大会，会议审议通过了宋某退股的申请并决议："其股金暂由公司收购保管，不得参与红利分配。"后，宋某以甲公司的回购股权行为违反法律规定，未履行法定程序且公司法规定股东不得抽逃出资等，请求法院依法确认其具有甲公司的股东资格。

二、争议焦点

甲公司回购宋某股权是否违反《公司法》的相关规定，甲公司是否构成抽逃出资？

三、事实与解析

在本案中，宋某于 2006 年 6 月 3 日向甲公司提出解除劳动合同申请并于同日手书退股申请，提出"本人要求全额退股，年终盈利与亏损与我无关"，该退股申请应视为其真实意思表示。甲公司于 2006 年 8 月 28 日退还其全额股金款 2 万元，并于 2007 年 1 月 8 日召开股东大会审议通过了宋某的退股申请，甲公司基于宋某的退股申请，依照公司章程的规定回购宋某的股权，程序并无不当。另外，《公司法》所规定的抽逃出资专指公司股东抽逃其对于公司出资的行为，公司不能构成抽逃出资的主体，最终法院驳回了宋某的诉讼请求。

四、实务提示

对于有限责任公司来说，法律给予了异议股东股权回购请求权，当股东大会作出对股东利益有重大影响的决议时，如果股东对该决议持有异议，享有请求公司以公平的价格回购其股权，退出公司的权利。《公司法》第 74 条列明了几种股东可以请求公司回购其股权的情形，股权回购约定不构成抽逃出资。根据《最高人民法院关于适用〈中华人民共和国公司法〉若干问题的规定（三）》（法释〔2020〕18 号）第 12 条关于"股东抽逃出资相关情形"之规定可知，抽逃出资是由具有控制权的股东使用隐蔽的手段，将其投入公司的资金不正当地回流到股东自己或其关联方，从而造成公司资产减少、损害公司利益的行为。虽然股权回购也是一种公司减资行为，但股权回购是经由公司股东决议或者通过，不存在损害公司权益的情形。因此股权回购并不等同于抽逃出资。

五、关联法规

《公司法》

第十一条　设立公司必须依法制定公司章程。公司章程对公司、股东、董事、监事、高级管理人员具有约束力。

第二十五条　有限责任公司章程应当载明下列事项：

（一）公司名称和住所；

（二）公司经营范围；

（三）公司注册资本；

（四）股东的姓名或者名称；

（五）股东的出资方式、出资额和出资时间；

（六）公司的机构及其产生办法、职权、议事规则；

（七）公司法定代表人；

（八）股东会会议认为需要规定的其他事项。

股东应当在公司章程上签名、盖章。

第三十五条　公司成立后，股东不得抽逃出资。

第七十四条　有下列情形之一的，对股东会该项决议投反对票的股东可以请求公司按照合理的价格收购其股权：

（一）公司连续五年不向股东分配利润，而公司该五年连续盈利，并且符合本法规定的分配利润条件的；

（二）公司合并、分立、转让主要财产的；

（三）公司章程规定的营业期限届满或者章程规定的其他解散事由出现，股东会会议通过决议修改章程使公司存续的。

自股东会会议决议通过之日起六十日内，股东与公司不能达成股权收购协议的，股东可以自股东会会议决议通过之日起九十日内向人民法院提起诉讼。

撰稿人：邬锦梅

第三节　股东权利与公司章程

 案例 13　用公司章程模板有什么风险

——若章程未约定，不得擅自突破限制股东权利

一、基本案情

华某公司章程约定，公司股东由 2 个自然人股东即金某与沈某组成，认缴注册资本为人民币 3000 万元。公司章程订立后，股东金某与股东沈某为出资发生争议，在出资期限届满后，股东金某依约完成了 1530 万元出资，而股东沈某未能完成第二期 1323 万元出资。2016 年 12 月 9 日，经股东金某提议并由华某公司向股东沈某发出书面通知，通知沈某于 2016 年 12 月 30 日在公司会议室召开股东会，会议议程包括"因股东沈某逾期缴纳增资款，拟讨论对沈某的股东权利（包括表决权等）作出限制"。该决议内容以书面形式送达沈某，沈某以"回函"书面形式回复，认为股东会从程序上和实体上都违反公司法相关规定，决议内容无效。为此，金某起诉至法院，要求确认股东会决议有效。

二、争议焦点

公司章程未约定事项，是否有权限制股东权利？

三、事实与解析

法院认为，华某公司的公司章程中并未规定股东会有权以实际出资金额占注册资本金比例对股东权利进行限制，至于《最高人民法院关于适用〈中华人民共和国公司法〉若干问题的规定（三）》第 16 条"股东未履行或者未全面履行出资义务或抽逃出资，公司根据公司章程或者股东会决议对其利润分配请求权、新股优先认购权、剩余财产分配请求权等股东权利作出相应的合理限制，该股东请求认定该限制无效的，人民法院不予支持"的规定，也仅是允许在合理限度内对利润分配请求权等自益权作限制，并不涉及表决权等共益权的限制，而且以案涉实际出资金额占注册资本金比例进行限制也并不合理。

案涉股东会以实际出资金额占注册资本金比例限制股东权利，其实质是修改了公司章程规定，修改公司章程必须经代表 2/3 以上表决权的股东通过，但 2016 年 12 月 30 日公司股东会会议，由代表出资比例即认缴比例 51% 并享有 51% 表决权的股东金某

出席，据此作出的股东会决议所涉的决议内容，违反公司法及公司章程的规定，应认定无效。

四、律师说法

公司章程未约定事项，不得随意限制股东权利。如公司章程未约定事项，在《公司法》中已经有相关规定，那么即便公司章程未约定，也可以依据《公司法》对相关股东权利进行限制。如《最高人民法院关于适用〈中华人民共和国公司法〉若干问题的规定（三）》第16条，可以对未出资股东的分红权、剩余财产分配权进行限制，即便公司章程未作出规定，也可以对相关未出资股东作出限制分配的决议，决议有效。

五、实务提示

《最高人民法院关于适用〈中华人民共和国公司法〉若干问题的规定（三）》第16条针对未出资股东的权利限制仅限于利润分配请求权、新股优先认购权、剩余财产分配请求权等自益性权利，因此，涉及其他权利如表决权，必须以《公司法》规定和公司章程约定为准。

1. 建议各位股东，如重视股东的实际出资与股东权利，应当约定股东的分红权、优先认购权、剩余财产分配权按照实际出资比例分配。

2. 合理设置出资期限，若股东已届满期限尚未出资的，可考虑在合理催告后，将该股东除名，以限制其继续行使表决权和其他股东权利。

六、关联法规

《最高人民法院关于适用〈中华人民共和国公司法〉若干问题的规定（三）》

第十六条 股东未履行或者未全面履行出资义务或者抽逃出资，公司根据公司章程或者股东会决议对其利润分配请求权、新股优先认购权、剩余财产分配请求权等股东权利作出相应的合理限制，该股东请求认定该限制无效的，人民法院不予支持。

撰稿人：杨喆

 案例 14 章程可以自行约定的内容有什么

——不得违反《公司法》中的法定内容

一、基本案情

徐某与某业公司共同设立某宾馆，并订立公司章程，第7条规定，宾馆设立董事会，行使以下权利：1. 决定宾馆的经营方针和投资计划……8. 对宾馆增加或者减少注册资本。徐某诉至法院，认为公司章程违反公司法的规定，应属无效，要求协商变更公司章程。

二、争议焦点

公司章程的内容是否部分无效？

三、事实与解析

法院认为，本案的争议焦点在于公司章程内容是否部分无效。《公司法》第 43 条第 2 款规定："股东会会议作出修改公司章程、增加或者减少注册资本的决议，以及公司合并、分立、解散或者变更公司形式的决议，必须经代表三分之二以上表决权的股东通过。"从此条规定中的法律表述用语"必须"可以看出，修改公司章程、增加或者减少注册资本的决议，以及公司合并、分立、解散的决议有且只有公司股东会才有决定权，这是股东会的法定权利。公司章程将股东会的法定权利规定由董事会行使，违反了上述强制性法律规定，应属无效。因此，宾馆和某业公司关于"该授权不违反《公司法》的强制性规范"的辩解理由不成立，对徐某的部分诉讼请求应予支持。

四、律师说法

根据《公司法》的规定，公司章程中包含法定性记载、自由约定记载和推荐性记载。其中，法定性记载，是《公司法》要求必须规定的事项，如公司名称、营业范围、股东会职权范围、表决程序等。自由约定记载和推荐性记载，则是根据《公司法》规定，可允许股东在合理范围内自由约定的事项，但这种"自由约定"并不是完全"无限制"的自由，仍应满足合理、合法、适度的条件。

如本案中，将明显属于股东会职权范围内容约定为董事会决定，这属于法定记载的更改，与《公司法》内容相违背，因此，该事项不得随意更改。

通常情况下，越是治理完备的公司，自由约定记载和推荐性记载就越多，也方便公司管理时具体适用，如对公司高级管理人员的定义，违反忠实勤勉义务的具体细则，违背竞业限制的相关惩罚，股东的退出机制。总之，个性化的公司章程已经越来越成为创业者的重要文件，也为企业做大做强奠定扎实的基础。

五、实务提示

在作出重大决议之时，应避免"想当然"地采用股东会决议或董事会决议，而应当根据决议内容、公司章程、公司法及其相关司法解释作出判断。具体可参考以下规则：

1. 决议事项是否属于公司章程中约定的股东会或董事会决议内容，如果是，则选择相应的决议方式。股东会实行简单多数决或三分之二表决，董事会实行一人一票制，不同的表决方式将导致不同的决议结果。

2. 公司章程约定不能违反公司法的强制性规定，如决议内容涉及修改公司章程内容且为实质性修改，则需要先有超过三分之二表决权的股东同意通过公司章程的修改。

3. 设立公司时，避免采用代理机构的公司章程模板，由于该模板仅符合一般公司要求，而未考虑不同公司的股东结构、出资情况、分红情况、表决情况等，建议在公司设立前对公司章程进行定制和修改，或在公司设立后尽快对公司章程中的股东决策、自由约定条款进行修改，避免产生公司僵局。

六、关联法规

《公司法》

第三十七条　股东会行使下列职权：

（一）决定公司的经营方针和投资计划；

（二）选举和更换非由职工代表担任的董事、监事，决定有关董事、监事的报酬事项；

（三）审议批准董事会的报告；

（四）审议批准监事会或者监事的报告；

（五）审议批准公司的年度财务预算方案、决算方案；

（六）审议批准公司的利润分配方案和弥补亏损方案；

（七）对公司增加或者减少注册资本作出决议；

（八）对发行公司债券作出决议；

（九）对公司合并、分立、解散、清算或者变更公司形式作出决议；

（十）修改公司章程；

（十一）公司章程规定的其他职权。

对前款所列事项股东以书面形式一致表示同意的，可以不召开股东会会议，直接作出决定，并由全体股东在决定文件上签名、盖章。

第四十六条　董事会对股东会负责，行使下列职权：

（一）召集股东会会议，并向股东会报告工作；

（二）执行股东会的决议；

（三）决定公司的经营计划和投资方案；

（四）制订公司的年度财务预算方案、决算方案；

（五）制订公司的利润分配方案和弥补亏损方案；

（六）制订公司增加或者减少注册资本以及发行公司债券的方案；

（七）制订公司合并、分立、解散或者变更公司形式的方案；

（八）决定公司内部管理机构的设置；

（九）决定聘任或者解聘公司经理及其报酬事项，并根据经理的提名决定聘任或者解聘公司副经理、财务负责人及其报酬事项；

（十）制定公司的基本管理制度；

（十一）公司章程规定的其他职权。

撰稿人：杨喆

案例 15　公司章程规定"人走股留"是否合法

一、基本案情

甲餐饮有限责任公司（以下简称甲公司）成立于 1990 年 4 月 5 日，2004 年 5 月由国有企业改制为有限责任公司。宋某系甲公司员工，出资 2 万元成为自然人股东。甲公司章程规定："公司股权不向公司以外的任何团体和个人出售、转让。公司改制一年后，经董事会批准后可在公司内部赠予、转让和继承。持股人死亡或退休经董事会批准后方可继承、转让或由企业收购，持股人若辞职、调离或被辞退、解除劳动合同的，人走股留，所持股份由企业收购……"且公司全体员工已签字确认公司章程。

2006 年 6 月 3 日，宋某向甲公司提出解除劳动合同，并申请退出其所持有的公司的 2 万元股份。2006 年 8 月 28 日，经甲公司法定代表人赵某同意，宋某领到退出股金款 2 万元。2007 年 1 月 8 日，甲公司召开 2006 年度股东大会，会议审议通过了宋某退股的申请并决议："其股金暂由公司收购保管，不得参与红利分配。"后，宋某以甲公司的回购行为违反法律规定，未履行法定程序且公司法规定股东不得抽逃出资等，请求依法确认其具有甲公司的股东资格。

二、争议焦点

甲公司章程中关于"人走股留"的规定，是否违反了《公司法》的禁止性规定？该章程是否有效？

三、事实与解析

首先，有限责任公司章程系公司设立时全体股东一致同意并对公司及全体股东产生约束力的规则性文件，宋某在公司章程上签名的行为，应视为其对前述规定的认可和同意，该章程对甲公司及宋某均产生约束力。其次，基于有限责任公司封闭性和人合性的特点，由公司章程对公司股东转让股权作出某些限制性规定，系公司自治的体现。在本案中，甲公司进行企业改制时，宋某成为甲公司的股东，其原因在于宋某与甲公司具有劳动合同关系，如果宋某与甲公司没有建立劳动关系，宋某则没有成为甲公司股东的可能性。同理，甲公司章程将是否与公司具有劳动合同关系作为取得股东身份的依据继而作出"人走股留"的规定，符合有限责任公司封闭性和人合性的特点，亦系公司自治原则的体现，不违反公司法的禁止性规定。最后，甲公司关于股权转让的规定，属于对股东转让股权的限制性规定而非禁止性规定，宋某依法转让股权的权利没有被公司章程所禁止，甲公司章程不存在侵害宋某股权转让权利的情形。综上，甲公司章程不违反《公司法》的禁止性规定，为有效章程。

四、关联法规

《公司法》

第十一条 设立公司必须依法制定公司章程。公司章程对公司、股东、董事、监事、高级管理人员具有约束力。

第二十五条 有限责任公司章程应当载明下列事项：

（一）公司名称和住所；

（二）公司经营范围；

（三）公司注册资本；

（四）股东的姓名或者名称；

（五）股东的出资方式、出资额和出资时间；

（六）公司的机构及其产生办法、职权、议事规则；

（七）公司法定代表人；

（八）股东会会议认为需要规定的其他事项。

股东应当在公司章程上签名、盖章。

第三十五条 公司成立后，股东不得抽逃出资。

第七十四条 有下列情形之一的，对股东会该项决议投反对票的股东可以请求公司按照合理的价格收购其股权：

（一）公司连续五年不向股东分配利润，而公司该五年连续盈利，并且符合本法规定的分配利润条件的；

（二）公司合并、分立、转让主要财产的；

（三）公司章程规定的营业期限届满或者章程规定的其他解散事由出现，股东会会议通过决议修改章程使公司存续的。

自股东会会议决议通过之日起六十日内，股东与公司不能达成股权收购协议的，股东可以自股东会会议决议通过之日起九十日内向人民法院提起诉讼。

撰稿人：邬锦梅

 案例 16 股东知情权诉讼

一、基本案情

某信公司于 2015 年 2 月 27 日成立，公司类型为有限责任公司（台港澳与境内合资），某巴公司与某融公司为某信公司股东。某巴公司系在中国香港特别行政区注册成立的公司。2018 年 3 月 27 日，某巴公司向某信公司发出律师函，要求行使其股东知情权，请求查阅、复制公司章程、股东会会议记录、会计账簿（含总账、明细账、日记账、其他辅助性账簿）和会计凭证（含记账凭证、相关原始凭证及作为原始凭证附件入账备查的合同等有关资料）。某信公司于 2018 年 3 月 28 日收到该律师函后，始终拒绝答复。

某巴公司起诉某信公司，请求判令某信公司将其成立以来的公司会计账簿（含总账、明细账、日记账、其他辅助性账簿）和会计凭证（含记账凭证、相关原始凭证及作为原始凭证附件入账备查的合同等有关资料）的原件完整备置于其住所地以供某巴公司查阅等。

二、争议焦点

1. 某巴公司是否依照法律规定已经履行了股东知情权的前置程序？

2. 某巴公司行使股东知情权是否存在不正当目的，是否存在损害公司利益的行为？

3. 某巴公司行使股东知情权的范围。

三、事实与解析

一审法院认为：首先，某巴公司行使股东知情权是否依照法律规定已经履行了股东知情权的前置程序。依据法院查明的事实，某巴公司在向本院提起诉讼之前已向某信公司邮寄了要求复制和查阅相关文件的律师函，某信公司收到律师函后始终拒绝回复，因此可以认定某巴公司履行了股东知情权的前置程序。其次，某巴公司行使股东知情权是否具有不正当目的、是否存在损害公司利益的行为。某信公司称，某巴公司申请查阅会计账簿是为其不正当目的，允许其查阅会损害某信公司利益，对上述意见某信公司未提交证据予以证明。某巴公司为了解其持股公司的运营情况，要求查阅会计账簿并无不当，且某信公司不能提供证据证明某巴公司行使其股东知情权有其不正当目的以致损害公司利益，故对某信公司的该项抗辩意见不予采纳。最后，关于某巴公司要求行使股东知情权的范围。某巴公司的第一项诉讼请求符合《公司法》第 33 条第 1 款的规定。关于某巴公司提出的第二项诉讼请求，根据《会计法》第 15 条第 1 款规定，会计账簿包括总账、明细账、日记账和其他辅助性账簿。另外，有限责任公司的会计凭证和原始凭证是形成公司会计账簿的重要资料，且会计账簿的真实性和完整性是通过原始凭证反映的，股东通过查阅会计凭证和原始凭证可以充分保障其自身合法权益，故某巴公司要求查阅某信公司会计凭证、原始凭证等资料，一审法院予以支持。

二审法院认为：根据《公司法》第 33 条规定，股东有查阅公司会计账簿的权利，未将制作公司会计账簿涉及的有关凭证列入股东知情权的范围，故某巴公司诉讼请求中有关查阅的范围和方式超出我国公司法规定的部分，本院不予支持。

最高人民法院再审认为：查阅、复制公司章程、股东会会议记录、董事会会议决议、监事会会议决议和财务会计报告是股东的权利，股东查阅公司会计账簿应以没有不正当目的，并不会损害公司合法利益为前提。某巴公司系某信公司的股东，股东对于公司的运营状况享有知情权，有权查阅公司的相关资料。《会计法》第13条第1款规定："会计凭证、会计帐簿、财务会计报告和其他会计资料，必须符合国家统一的会计制度的规定。"第14条第1款规定："会计凭证包括原始凭证和记帐凭证。"根据前述法律规定，会计账簿不包括原始凭证和记账凭证。股东知情权和公司利益的保护需要平衡，故不应当随意超越法律的规定扩张解释股东知情权的范畴。《公司法》仅将股东可查阅财会资料的范围限定为财务会计报告与会计账簿，没有涉及原始凭证，二审判决未支持某巴公司查阅某信公司原始凭证的请求，并无不当。

四、律师说法

关于股东知情权的查询范围在实践中颇具争议，虽然《公司法》第33条列举了查询范围，但在实践中股东的查阅需求更为细分，尤其关于会计账簿的理解更为重要。针对本案做简要分析如下。

1. 股东能否直接向法院提起知情权诉讼需要视股东申请的查阅范围而定。

（1）若申请查阅、复制章程、股东会会议记录、董事会会议决议和监事会会议决议，由于《公司法》对此并未作出前置性程序规定，故只需股东证明其自身的股东身份以及知情权受到侵害的事实即可直接主张。

（2）若申请查阅、复制财务会计报告，理论上股东只需要证明其自身股东身份即可。《公司法》第165条规定："有限责任公司应当依照公司章程规定的期限将财务会计报告送交各股东。股份有限公司的财务会计报告应当在召开股东大会年会的二十日前置备于本公司，供股东查阅；公开发行股票的股份有限公司必须公告其财务会计报告。"由于法律规定公司将财务会计报告报送股东的义务，股东认为自身未能查阅该材料，即可到法院提起诉讼，此时举证责任由公司方承担。

（3）若申请范围包括查阅财务账簿，则需依照《公司法》第33条第2款"股东可以要求查阅公司会计账簿。股东要求查阅公司会计账簿的，应当向公司提出书面请求，说明目的。公司有合理根据认为股东查阅会计账簿有不正当目的，可能损害公司合法利益的，可以拒绝提供查阅，并应当自股东提出书面请求之日起十五日内书面答复股东并说明理由。公司拒绝提供查阅的，股东可以请求人民法院要求公司提供查阅"的规定履行前置程序。

2. 如何认定"不正当目的"？

根据《最高人民法院关于适用〈中华人民共和国公司法〉若干问题的规定（四）》第8条规定，有限责任公司有证据证明股东存在下列情形之一的，人民法院应当认定股东有不正当目的：（1）股东自营或者为他人经营与公司主营业务有实质性竞争关系业务的，但公司章程另有规定或者全体股东另有约定的除外；（2）股东为了向他人通报有关信息查阅公司会计账簿，可能损害公司合法利益的；（3）股东在向公司提出查阅请求之日前的三年内，曾通过查阅公司会计账簿，向他人通报有关信息损害公司合法利益的；（4）股东有不正当目的的其他情形。

但在实务中，一名股东通常不仅仅是一家公司的股东，其多方投资行为也属正常商业行为，故应综合考虑多种因素从而认定其是否有不正当目的。

3. 股东知情权的范围

（1）2011年第8期（总第178期）《最高人民法院公报》案例"李淑君、吴湘、孙杰、王国兴诉江苏佳德置业发展有限公司股东知情权纠纷案"中，江苏省宿迁市中级人民法院就该案关于股东知情权的查询范围做出如下论述："……公司的具体经营活动只有通过查阅原始凭证才能知晓，不查阅原始凭证，中小股东可能无法准确了解公司真正的经营状况。根据会计准则，相关契约等有关资料也是编制记账凭证的依据，应当作为原始凭证的附件入账备查。据此，四上诉人查阅权行使的范围应当包括会计账簿（含总账、明细账、日记账和其他辅助性账簿）和会计凭证（含记账凭证、相关原始凭证及作为原始凭证附件入账备查的有关资料）……"根据上述公报案件裁判口径，法院倾向保护中小股东的权益，因此在上述案件中法院支持了股东对原始会计凭证的查阅请求。

（2）本案的裁判逻辑是严格按照《公司法》第33条第2款"股东可以要求查阅公司会计账簿……"与《会计法》第13条第1款"会计凭证、会计帐簿、财务会计报告和其他会计资料……"的规定，详细区分了"会计账簿"与"会计凭证、财务会计报告和其他会计资料"，故依上述法律规定，股东知情权的查询范围不包括"会计账簿"以外的其他会计资料。根据最高人民法院在本案对知情权范围的解释，对股东知情权范围具有明确的指导意义。

五、实务提示

1. 股东知情权诉讼是以存在股东身份为前提，而实践过程中并非所有股东都存在完整的股东权利外观，如瑕疵出资股东与隐名股东。瑕疵出资股东的知情权一般会获得支持，但隐名股东的知情权一般难以得到保障。

2. 股东知情权是公司股东基于其出资和股东身份享有的固有权利，是股东参与公司经营决策和进行分配利润的基础，公司章程以设立额外程序、限制查阅范围等方式实质性影响股东知情权一般会被认定为无效。

3. 经过股东集体合意决定，没有对公司造成重大影响，则约定扩大股东知情权一般被认为是有效的。

六、关联法规

（一）《公司法》

第三十三条 股东有权查阅、复制公司章程、股东会会议记录、董事会会议决议、监事会会议决议和财务会计报告。

股东可以要求查阅公司会计账簿。股东要求查阅公司会计账簿的，应当向公司提出书面请求，说明目的。公司有合理根据认为股东查阅会计账簿有不正当目的，可能损害公司合法利益的，可以拒绝提供查阅，并应当自股东提出书面请求之日起十五日内书面答复股东并说明理由。公司拒绝提供查阅的，股东可以请求人民法院要求公司提供查阅。

第九十七条　股东有权查阅公司章程、股东名册、公司债券存根、股东大会会议记录、董事会会议决议、监事会会议决议、财务会计报告，对公司的经营提出建议或者质询。

（二）《会计法》

第九条　各单位必须根据实际发生的经济业务事项进行会计核算，填制会计凭证，登记会计帐簿，编制财务会计报告。

任何单位不得以虚假的经济业务事项或者资料进行会计核算。

第十三条　会计凭证、会计帐簿、财务会计报告和其他会计资料，必须符合国家统一的会计制度的规定。

使用电子计算机进行会计核算的，其软件及其生成的会计凭证、会计帐簿、财务会计报告和其他会计资料，也必须符合国家统一的会计制度的规定。

任何单位和个人不得伪造、变造会计凭证、会计帐簿及其他会计资料，不得提供虚假的财务会计报告。

第十四条第一款　会计凭证包括原始凭证和记帐凭证。

第十五条第一款　会计帐簿登记，必须以经过审核的会计凭证为依据，并符合有关法律、行政法规和国家统一的会计制度的规定。会计帐簿包括总帐、明细帐、日记帐和其他辅助性帐簿。

（三）《最高人民法院关于适用〈中华人民共和国公司法〉若干问题的规定（四）》（法释〔2020〕18号）

第七条　股东依据公司法第三十三条、第九十七条或者公司章程的规定，起诉请求查阅或者复制公司特定文件材料的，人民法院应当依法予以受理。

公司有证据证明前款规定的原告在起诉时不具有公司股东资格的，人民法院应当驳回起诉，但原告有初步证据证明在持股期间其合法权益受到损害，请求依法查阅或者复制其持股期间的公司特定文件材料的除外。

第八条　有限责任公司有证据证明股东存在下列情形之一的，人民法院应当认定股东有公司法第三十三条第二款规定的"不正当目的"：

（一）股东自营或者为他人经营与公司主营业务有实质性竞争关系业务的，但公司章程另有规定或者全体股东另有约定的除外；

（二）股东为了向他人通报有关信息查阅公司会计账簿，可能损害公司合法利益的；

（三）股东在向公司提出查阅请求之日前的三年内，曾通过查阅公司会计账簿，向他人通报有关信息损害公司合法利益的；

（四）股东有不正当目的的其他情形。

第九条　公司章程、股东之间的协议等实质性剥夺股东依据公司法第三十三条、第九十七条规定查阅或者复制公司文件材料的权利，公司以此为由拒绝股东查阅或者复制的，人民法院不予支持。

第十条　人民法院审理股东请求查阅或者复制公司特定文件材料的案件，对原告诉讼请求予以支持的，应当在判决中明确查阅或者复制公司特定文件材料的时间、地点和特定文件材料的名录。

股东依据人民法院生效判决查阅公司文件材料的，在该股东在场的情况下，可以由会计师、律师等依法或者依据执业行为规范负有保密义务的中介机构执业人员辅助进行。

第十一条　股东行使知情权后泄露公司商业秘密导致公司合法利益受到损害，公司请求该股东赔偿相关损失的，人民法院应当予以支持。

根据本规定第十条辅助股东查阅公司文件材料的会计师、律师等泄露公司商业秘密导致公司合法利益受到损害，公司请求其赔偿相关损失的，人民法院应当予以支持。

第十二条　公司董事、高级管理人员等未依法履行职责，导致公司未依法制作或者保存公司法第三十三条、第九十七条规定的公司文件材料，给股东造成损失，股东依法请求负有相应责任的公司董事、高级管理人员承担民事赔偿责任的，人民法院应当予以支持。

撰稿人：王梓涵

 案例 17　股权融资对赌之效力（转让出资权、请求回购权、增资优先权、优先购买权）

一、基本案情

2010 年 4 月 19 日，某浪公司召开股东会，对某投公司等 8 位新进投资人增加注册资本事宜形成决议，全体新老股东共计 26 位均予以签署。其中某投公司出资 2500 万元，以每股 12.75 元的价格认购 196.0783 万元，占增资后某浪公司注册资本 6.667%。

2010 年 4 月 30 日某浪公司为甲方，其主要股东为乙方（包括乙 A 方至乙 C 方，其中张某福为乙 A 方，张某玉为乙 B 方，杨某宇为乙 C 方），8 位新进投资人为丙方（包括丙 A 方至丙 H 方，其中某投公司为丙 A 方），共同签订《增资合同》一份，对 8 位投资人增资入股金额、股权占比、出资方式、资金用途及各方权利义务、管理制度等事宜作出约定。张某福股权占比 51%，张某玉股权占比 0.8%，杨某宇股权占比 4.08%，8 位新进投资人合计股权占比 32%，其中某投公司股权占比 6.667%。张某福作为乙A方，在合同中承诺，如因公司原因导致未能在2012年12月31日以前向中国证监会上报上市申请材料，丙方各方有权要求乙A方以丙方各方对公司增资扩股时投资额的1.3倍一次性回购丙方各方在公司中的投资，但应扣除丙方各方已经自公司取得的所有红利。

2010年5月26日某投公司将2500万元投资款汇入某浪公司，并于2010年6月8日由会计事务所进行了验资。

2010年6月30日，某浪公司召开股东会，选举产生了新一届董事会和监事会，并通过了公司章程修正案，全体股东予以签署。章程第6条"股权转让及增资扩股"第2项规定："公司上市前，如果公司进行增资扩股，则公司股东按所持股权比例享有优先认购权；投资方股东转让公司股权的，公司其他股东按所持股权比例享有优先购买权。"此处的"投资方股东"，指8位新进股东，"公司其他股东"，指8位新股东之外的老股东。章程第13条规定股东会行使的职权中，包括有"对股东向股东以外的人转让出资作出决议"。对股东相互之间转让出资事宜，章程未规定须由股东会作出决议。

其后某浪公司向公司登记机关申请，对公司进行了变更登记。

至2012年12月31日，某浪公司未能向中国证监会上报上市申请材料，其后某浪公司也一直未能上市。

2013年8月27日，某投公司召开投资决策委员会会议，审议通过了以股东回购或其他投资人受让等方式退出某浪公司的议案。

2013年12月13日某投公司（甲方）与张某福（乙方）签订《股权转让协议》，主要约定甲方将其持有的某浪公司6.667%的股权转让给乙方，股权转让价款总计为$2500×（1+10\%×D/365）$万元，其中D代表甲方认股款到达某浪公司账户之日至上述股权转让的款项到达甲方之日的实际天数。乙方在2013年12月31日前向甲方分次支付股权转让价款，每次支付转让款为$Bi×（1+10\%×D/365）$万元，其中Bi代表乙方每次支付予甲方的部分甲方投资本金，D代表甲方认股款到达某浪公司账户之日至上述股权转让的款项到达甲方之日的实际天数。当乙方向甲方分次支付的股权转让款中Bi之和达到2500万元时，股权转让款方支付完毕。截至2013年12月31日，乙方应向甲方支付$2500×（1+10\%×D/365）$万元股权转让款。如乙方不能按期支付转让金，乙方应从违约之日起按应付未付的股权转让价款的每日万分之六向甲方支付违约金，承担违约责任。甲方收到全部股权转让款后，方视为完成对持有的某浪公司股权的转让行为，此后甲方不再享有在某浪公司之股东权利、承担股东义务，受让方在享有某浪公司股东权利的同时，承担股东的义务。

2015年，某投公司委托律师向张某福发送律师函一份，重述了《股权转让协议》的内容，督促张某福履行付款义务。张某福于2015年11月30日在该函件上签署"收到"字样及姓名。

2016 年 5 月 31 日某投公司向张某福发送工作联系函一份，载明按照《股权转让协议》约定，截至 2013 年 12 月 31 日张某福应付股权转让款 3400 万元，尚欠股权转让款 2900 万元，要求张某福立即支付，并按约自 2014 年 1 月 1 日起承担每日万分之六的违约金。张某福在"以上内容确认无误"字样下的横线上签署了姓名。

其后张某福未能付款，某投公司遂于 2016 年 6 月 20 日提起诉讼。

另查明，马某、杨某军、赵某林、张某分别持有某浪公司 0.8% 的股权，闫某生、张某某、田某让、王某社分别持有某浪公司 0.4% 的股权，邵某旭持有某浪公司 0.2% 的股权，以上 9 位有独立请求权第三人合计持有某浪公司股权 5%。

某投公司向人民法院起诉要求张某福支付股权转让款，因而成诉。张某玉主张优先购买权，《增资合同》的签约方除 3 位老股东、8 位新股东之外，未参与签署《增资合同》的老股东尚有 15 位，其中以有独立请求权第三人身份申请参加诉讼的共有马某、杨某军、邵某旭、张某某、赵某林、闫某生、张某、田某让、王某社等 9 位，合计持有某浪公司股权 5%。其余股东，经一审通知，未参与诉讼，对此应认定其放弃了相应的诉讼权利。

二、争议焦点

1. 张某福与某投公司签订的《增资合同》《股权转让协议》以及工作联系函是否有效？

2. 某投公司要求张某福按照《股权转让协议》回购股份是否违反了《公司法》和公司章程，侵害了第三人股东张某玉等人的利益？

三、事实与解析

1.《增资合同》系某投公司等作为新进投资人，某浪公司作为目标公司，新进投资人被目标公司的上市前景所吸引，向目标公司投资，张某福作为某浪公司控股股东，自愿承担股权回购的商业风险的估值调整协议。该协议是为了解决双方对目标公司未来是否上市的不确定性、信息不对称以及代理成本而设计的包含了股权回购、金钱补偿等对未来目标公司估值进行调整的协议。而《股权转让协议》和工作联系函是对《增资合同》生效后的继续履行，判断《增资合同》《股权转让协议》和工作联系函的效力应当适用合同法及公司法的相关规定。某投公司等 8 位新进投资人与某浪公司及其主要股东签订的《增资合同》，以及某浪公司上市失败后张某福与某投公司签订的《股权转让协议》均是各方当事人的真实意思表示，亦没有违反任何公司法、合同法的相关强制性规定，依法有效，张某福应当依约履行。张某福及第三人主张《增资合同》《股权转让协议》和工作联系函无效的理由，法院不予采纳。

2. 某投公司等 8 位新进投资人与某浪公司及其主要股东已经签订了《增资合同》，并履行了出资义务，某投公司已经成为某浪公司的股东，公司法并未对股东之间转让股份有强制性规定，故股东之间股份转让的规则以公司的章程或股东之间的约定为准。

第三人张某玉签署了《增资合同》，对包括股权回购在内的合同内容全部知晓并认可，故《增资合同》及《股权转让协议》未损害张某玉之权利。

四、律师说法

1. 本案中投资人某投公司与公司实际控制人张某福所签订的《股权转让协议》，实质上属于估值调整协议，即对赌协议。系双方当事人真实的意思表示，不违反法律法规规定，不损害公司及债权人利益，依法有效。目标公司某浪公司未完成合格的IPO，股权回购条件已经触发，某投公司有权按照协议约定，要求张某福回购股权。

2. 关于《股权转让协议》是否侵害了张某玉等股东的优先购买权问题，本案属于某浪公司内部股东之间的股权转让，公司法并未对股东之间转让股份有强制性规定，故股东之间股份转让的规则以公司的章程或股东之间的约定为准。

某浪公司章程修正案规定的作为投资方的新股东转让公司股权，老股东按所持股权比例享有优先购买权，实质应指老股东在"同等条件"下按照持股比例享有平等的购买权。张某福与某投公司之间的《股权转让协议》与其他老股东主张的股权转让条件不同，某投公司将股权转让给张某福未侵害其他老股东的优先购买权。

3. 投资方与目标公司的股东或者实际控制人订立的"对赌协议"，如无其他无效事由，认定有效并支持实际履行，实践中并无争议。但投资方与目标公司订立的"对赌协议"是否有效以及能否实际履行，存在争议。所以投资人最优采用与目标公司股东或者实际控制人订立"对赌协议"保障自身合法权益。

五、实务提示

1. 股东向公司出资成为公司股东之后，非经法定程序不得抽回出资或退出公司，股东可以通过转让出资的方式收回投资，这是公司法赋予公司股东的法定权利。

2. 股东相互之间转让股权没有程序限制。股东对外转让股权，除了出让股东和受让股东的股权转让协议外，还需要有其他股东放弃优先购买权的声明。其他股东在同等条件下有优先购买权。同等条件应当考虑转让股权的数量、价格、支付方式及期限等因素。其他股东行使优先购买权时，根据《全国法院民商事审判工作会议纪要》的规定，股权转让合同原则上是有效的，受让股东只能依据股权转让合同追究受让股东的违约责任。

3. 公司新增资本时，股东有权优先按照实缴的出资比例认缴出资。全体股东约定不按照出资比例优先认缴出资的除外。

六、关联法规

(一)《公司法》

第三十四条　股东按照实缴的出资比例分取红利；公司新增资本时，股东有权优先按照实缴的出资比例认缴出资。但是，全体股东约定不按照出资比例分取红利或者不按照出资比例优先认缴出资的除外。

第七十一条　有限责任公司的股东之间可以相互转让其全部或者部分股权。

股东向股东以外的人转让股权，应当经其他股东过半数同意。股东应就其股权转让事项书面通知其他股东征求同意，其他股东自接到书面通知之日起满三十日未答复的，视为同意转让。其他股东半数以上不同意转让的，不同意的股东应当购买该转让的股权；不购买的，视为同意转让。

经股东同意转让的股权，在同等条件下，其他股东有优先购买权。两个以上股东主张行使优先购买权的，协商确定各自的购买比例；协商不成的，按照转让时各自的出资比例行使优先购买权。

公司章程对股权转让另有规定的，从其规定。

第七十二条　人民法院依照法律规定的强制执行程序转让股东的股权时，应当通知公司及全体股东，其他股东在同等条件下有优先购买权。其他股东自人民法院通知之日起满二十日不行使优先购买权的，视为放弃优先购买权。

第七十四条　有下列情形之一的，对股东会该项决议投反对票的股东可以请求公司按照合理的价格收购其股权：

（一）公司连续五年不向股东分配利润，而公司该五年连续盈利，并且符合本法规定的分配利润条件的；

（二）公司合并、分立、转让主要财产的；

（三）公司章程规定的营业期限届满或者章程规定的其他解散事由出现，股东会会议通过决议修改章程使公司存续的。

自股东会会议决议通过之日起六十日内，股东与公司不能达成股权收购协议的，股东可以自股东会会议决议通过之日起九十日内向人民法院提起诉讼。

（二）《最高人民法院关于适用〈中华人民共和国公司法〉若干问题的规定（四）》

第十六条　有限责任公司的自然人股东因继承发生变化时，其他股东主张依据公司法第七十一条第三款规定行使优先购买权的，人民法院不予支持，但公司章程另有规定或者全体股东另有约定的除外。

第十七条　有限责任公司的股东向股东以外的人转让股权，应就其股权转让事项以书面或者其他能够确认收悉的合理方式通知其他股东征求同意。其他股东半数以上不同意转让，不同意的股东不购买的，人民法院应当认定视为同意转让。

经股东同意转让的股权，其他股东主张转让股东应当向其以书面或者其他能够确认收悉的合理方式通知转让股权的同等条件的，人民法院应当予以支持。

经股东同意转让的股权，在同等条件下，转让股东以外的其他股东主张优先购买的，人民法院应当予以支持，但转让股东依据本规定第二十条放弃转让的除外。

第十八条　人民法院在判断是否符合公司法第七十一条第三款及本规定所称的"同等条件"时，应当考虑转让股权的数量、价格、支付方式及期限等因素。

（三）《全国法院民商事审判工作会议纪要》（法〔2019〕254 号）

9.【侵犯优先购买权的股权转让合同的效力】审判实践中，部分人民法院对公司法司法解释（四）第 21 条规定的理解存在偏差，往往以保护其他股东的优先购买权为由认定股权转让合同无效。准确理解该条规定，既要注意保护其他股东的优先购买权，也要注意保护股东以外的股权受让人的合法权益，正确认定有限责任公司的股东与股东以外的股权受让人订立的股权转让合同的效力。一方面，其他股东依法享有优先购买权，在其主张按照股权转让合同约定的同等条件购买股权的情况下，应当支持其诉讼请求，除非出现该条第 1 款规定的情形。另一方面，为保护股东以外的股权受让人的合法权益，股权转让合同如无其他影响合同效力的事由，应当认定有效。其他股东行使优先购买权的，虽然股东以外的股权受让人关于继续履行股权转让合同的请求不能得到支持，但不影响其依约请求转让股东承担相应的违约责任。

撰稿人：翁康英

第二章　公司经营

第一节　股权转让及股权融资

 案例 18　股权转让纠纷中先诉抗辩权的行使

一、基本案情

2017 年 2 月 24 日，郑甲、郑乙与某德公司签订《增资扩股协议书》，约定：某德公司向某达公司（本案目标公司）增资扩股；同日，郑甲作为甲方、郑乙作为乙方、某德公司作为丙方、某达公司作为丁方签订《补充协议》，《补充协议》第 2.1 条约定"股权变更前的一切债权债务均由甲、乙、丁方承担，由此造成的一切后果与丙方无关"。2017 年 12 月 4 日，多方谈判形成《会议纪要》，第 5 条约定"以上账面债权债务核实及郑甲、郑乙对账面余额应收应付部分的处理，在本次会议结束后 2 周至 3 周内完成"。事后，郑甲、郑乙并未按照纪要约定完成相关工作，某德公司拒付第三笔股权转让款 4000 万元。

后，某德公司将郑甲、郑乙告上法庭，要求二人履行《补充协议》中关于债权债务核实及完成对某达公司在某德增资前全部债务清理义务。诉讼中，郑甲、郑乙则主张因某德公司逾期支付股权转让款，解除合同。

二、争议焦点

股权转让纠纷中，主体之间达成的《会议纪要》有无证据效力？本案中，某德公司称其拒付第三笔股权转让款 4000 万元，是因郑甲、郑乙未履行《会议纪要》对《补充协议》的细化约定，从而行使了先履行抗辩权，该主张能否成立？

三、事实与解析

《补充协议》第 2.1 条约定"股权变更前的一切债权债务均由甲、乙、丁方承担，由此造成的一切后果与丙方无关"。该条未约定完成清理债务的具体时间节点，但 2017 年 12 月 4 日，双方就包括上述约定的事项在内的完成时限进行了明确，形成《会议纪要》。这份纪要的内容主要是强调了通过审计确认某达公司通过增资扩股之前对外的债权债务情况，并且强调在该会议结束后 2 周至 3 周内完成，该《会议纪要》可以视为当事人对原合同约定的前期债权债务由郑甲、郑乙负担具体所需要做的工作进行了补充和细化。该纪要形成后郑甲、郑乙没有按照纪要完成相关的工作。故相对某德公司支付第三笔股权转让款而言,《补充协议》第 2.1 条关于债务承担的约定应视为在先合同义务,《会议纪要》是对该义务的进一步细化。某德公司以暂不支付第三笔股权转让款 4000 万元系其行使先履行抗辩权的理由成立。

四、律师说法

会议纪要是指用于记载、传达会议情况和议定事项的文件。合同是民事主体之间设立、变更、终止民事法律关系的协议。会议纪要对民事主体有无约束力呢?

本案中,法院采信了《会议纪要》相关内容,认为《会议纪要》具有证据效力。一份文件对当事人有无约束力,关键看文件是否具有设定当事人权利义务关系的内容,各方当事人是否达成一致,并不一定需要以"合同""协议"等字样表现。

但需要注意的是,有设定权利义务内容的会议纪要,对当事人有约束力,需要慎重对待,如对会议纪要记载的内容有异议,可以不签字,或者在签字时特别备注异议意见。

撰稿人:邬锦梅

 案例 19 签订股权转让协议需注意股权锁定条款

一、基本案情

2017 年 10 月,某安公司与某大投资达成股权转让意向,双方签署《股权转让协议书》约定:某大投资将其持有的某众公司股权转让给某安公司,股权转让款支付最迟期限为 2017 年 12 月 31 日;截至 2018 年 12 月,某大投资承诺不对转让标的股权进行质押等设定第三方权利,以保持股权锁定状态;如至截止日,某安公司未向某大投资支付全部股权转让价款,某大投资有权终止本次股权转让,并要求某安公司在截止日后 10 个工作日内支付标的股权锁定费用 200 万元;某安公司亦可在截止日后 10 个工作日内向某大投资支付标的股权锁定费用 200 万元后终止协议。2018 年 5 月,某大投资向某安公司致函,称某安公司逾期支付股权转让款,已构成违约,要求其依据《股权转让协议书》约定,支付标的股权锁定费用 200 万元。2018 年 6 月,某安公司回函,称其未收到某大投资盖章后的协议,主张股权转让协议尚未成立生效,拒绝支付股权锁定费用 200 万元。

2018 年下半年,某大投资将某安公司诉至法院,请求法院判令解除双方协议,并要求某安公司支付股权锁定费 200 万元。

二、争议焦点

某安公司是否应当承担股权锁定费 200 万元?

三、事实与解析

法院认为，《股权转让协议书》关于股权锁定费的约定，赋予了双方约定解除权，该费用具有解约金的性质；本案中，某安公司不能举证证明某大投资对涉案股权进行质押等设定第三方权利。某大投资不具有违约行为，根据双方约定，法院支持某大投资要求某安公司支付股权锁定200万元的诉讼请求。

四、律师说法

关于本案的争议焦点有相关案例可以参考。

自然人股东之间签署《股权转让协议书》设置"股权锁定条款"，导致转让方在退还股权转让款之外，还需承担利息费用。在另一案例中，2016年2月25日，原、被告签订《增资协议》，约定原告以增资扩股方式认缴某迈公司新增出资额，以每股2.5元增资100万元，增资后原告取得某迈公司40万股份，占某迈公司股权比例4%。协议第4条约定，原告承诺自愿锁定股权3年（自2016年2月1日到2019年2月1日），锁定期满后如某迈公司未能在全国中小企业股份转让系统挂牌上市，原告可要求被告按每股2.5元回购全部股份，并按增资额的年息5%向原告支付利息。2019年2月，原告承诺的股权锁定期满，某迈公司仍未能在全国中小企业股份转让系统挂牌上市，原告多次要求被告回购股份及支付利息无果，请求法院判令被告向原告支付股权转让款100万元，并相应支付利息。

法院认为该《增资协议》是双方真实意思表示，不违反法律强制性规定，协议合法有效；原告设置的"股权锁定条款"作为该协议的组成部分，合法有效。该案中，因目标公司未在锁定期内完成挂牌上市，触发了投资人（即原告）的回售选择权，被告应回购股权并支付相应利息。

五、实务提示

通过上述案例，我们必须注意在股权转让协议中，慎用"股权锁定条款"。公司经营状态属于动态变化，公司股权价值会随着公司的经营状态变化。无论是股权转让方还是受让方约定股权锁定，均意味着，在锁定期间股权不能转让。在此阶段，有可能公司经营不善导致股权价值极速下降，进而导致公司利益受损。在本案例中，股权转让方变相将"股权锁定费"作为高额"违约金""解约金"，可能仅能覆盖此期间股权价值下跌的损失，股权受让方即使认为200万元违约金过高，要想调低违约金数额，也有一定的难度。

无论是投资方将"股权锁定条款"作为触发"对赌协议"生效的行权条件，还是股权转让方将"股权锁定条款"作为"解约金""违约金"，该类条款的设置均不违反法律的强制性规定。因此，在签订此类合同时，切记详读条款，寻求专业人士帮助解读，把控风险。

撰稿人：邬锦梅

案例 20 投资方同时要求现金补偿和股权回购能否实现

一、基本案情

2015 年 8 月，某世企业（投资方）与徐某（实际控制人）、某河互联公司（目标公司）签订协议，某世企业对某河互联公司以受让股份和增资方式进行增资扩股，且约定目标公司 2015 年的业绩承诺及 2016 年 12 月 31 日前公司上市承诺，约定了触发对赌条款后，目标公司对投资方现金补偿及股权回购的操作方式。

协议签署后，某世企业履行了向原股东某星公司支付股权受让款、向目标公司支付增资款的义务，并进行工商登记，取得目标公司 0.992% 股权。但截至 2016 年 12 月 31 日，目标公司未完成协议约定的 2015 年业绩承诺指标，未完成挂牌承诺。2017 年 11 月，某世企业提起诉讼，请求判令某河互联公司及其原股东和实际控制人回购某世企业持有的目标公司 0.992% 股权并支付股权回购款等 29500 万元。

二、争议焦点

诉讼中，目标公司原股东认为同时要求支付业绩补偿款和股权回购价款，背离合同目的，认为某世企业主张业绩补偿款是对回购价款的重复主张。对赌争议中，若对赌合同中在不同时点分别约定有现金补偿条款、股权回购条款，且各条款对应的对赌条件先后均成就，投资方同时要求现金补偿和股权回购能否实现？

三、事实与解析

首先，从协议内容看，涉案协议实质为对赌协议，对赌协议虽然同时约定了 2015 年业绩承诺和 2016 年挂牌承诺，但是从合同目的及对赌标的角度来看，主要是投融资双方因对赌而产生的股权回购；其次，某世企业作为投资人要求目标公司各股东进行业绩补偿，某世企业依然保持某河互联公司股东身份不变，但是某世企业要求回购股权，实质是退出某河互联公司，不再拥有股东身份，两者存在一定矛盾；最后，如某河互联公司在 2016 年 12 月 31 日之前未完成挂牌，则之前的业绩很可能未达到相应要求，从协议约定的业绩补偿方式来看，补偿方式之一为"要求原股东中任意一方或多方受让投资方持有的目标公司的部分股权"，该方式与股权回购义务有重合之处，说明某河互联公司未如期挂牌的法律后果中已经处理了业绩补偿，某世企业单独索要 2015 年业绩补偿，存在重复计算。综上，法院最终仅支持某世企业关于股权回购本金、利息及违约金的主张，对于业绩补偿折价款及业绩补偿违约金的主张不予支持。

四、律师说法

1. 设置对赌协议的初衷并非使投资方获利

无论是业绩补偿条款，还是股权回购条款，都只是调整投资价格，使其恢复到符合目标公司实际业绩指标水平的路径，其设计初衷并不是使投资方获利。因此，对赌协议一般约定：回购价款应当扣减投资方在持股期间从目标公司获取的分红款以及补偿款。除非投资方与目标公司（实际控制人）就业绩补偿、股权回购约定特殊算法，否则法院不会支持两项权利同时实现。

2. 设定对赌条款时目标公司及实际控制人应注意避免投资方重复主张权利的可能性

对赌协议各方当事人在签订对赌协议时，应注意业绩补偿、股权回购两种价格调整条款是否存在重复主张的可能，并对该种可能性进行明确约定，防止双方理解差异造成争议。

撰稿人：邬锦梅

案例 21　宏观经济影响和上市政策调整能否减免对赌义务

一、基本案情

2011 年 3 月，某石投资公司等 8 名投资人与某园公司（目标公司）、某发公司及其法定代表人朱某签订《增资协议》，协议约定：某石投资公司等 8 名投资人拟认购某园公司新增注册资本 2070.09 万元，认购价款为 1300 万元。其中，某石投资公司缴纳投资款为 1000 万元，占该公司增资后注册资本的 1.88%。同日，各方签订《补充协议》，就现金回购约定如下：如果某园公司在 2013 年 12 月 31 日前未实现上市，各增资方有权要求现有股东以现金方式回购各增资方所持的全部或部分公司股权等。

2011 年 3 月，某石投资公司向某园公司支付投资款 1000 万元，并进行股权工商变更登记。2011 年 5 月，某园公司进行改制重组，首次公开发行（A 股）股票，2012 年 11 月至 2013 年 12 月，新股发行暂停。2014 年 4 月，某石投资公司向某园公司发函，要求某发公司和朱某回购某石投资公司全部股权。2015 年 6 月，某证券公司向某园公司发出工作备忘录指出：某园公司上市工作于 2011 年正式启动，但由于土地证未解决、股改工作一直没有进展；2011 年下半年以来市场环境发生恶化，公司 2011 年业绩大幅下滑，上市计划被推迟。2012 年公司经营持续恶化并出现加大亏损，首发并上市计划已无实现可能。

为此，某石投资公司提起诉讼，请求判令某发公司、朱某共同支付股权回购款等。

二、争议焦点

诉讼中，某石投资公司认为某园公司未能在约定时间内成功上市，符合合同约定的回购条件，原股东依法应当履行对赌义务。原股东朱某认为，光伏产业遭受的政策影响以及上市暂停政策构成情势变更，应减免履行合同义务。

三、事实与解析

1. 存在反倾销、反补贴调查及制裁措施文件

虽然对赌期限内存在美国对中国的反倾销、反补贴调查及制裁措施，但上述调查

及制裁措施针对的是我国光伏产业的企业，未直接作用于某园公司。作为企业，无论其从事何种范围的经营活动均不可避免地会遭遇各种市场风险，某园公司既然决定上市，那么在与投资方签订协议前即应对可能遭遇的市场风险及自身的抗风险能力有充分预估，并在此基础上从事经营活动、作出决策、签订协议。反倾销、反补贴调查及制裁措施不必然导致目标公司无法按期上市。如该等情形构成情势变更，则直接受到反倾销、反补贴调查等影响的光伏产业的企业也能以同样的抗辩意见对抗向其供应原材料的某园公司，以免除己方合同义务。这势必影响合同的稳定性，亦有违当事人意思自治原则，不利于鼓励、保障商事交易，平等保护合同各方当事人的合法权益。

2. 新股暂停发行的情形

其一，朱某作为原股东未能提供某园公司已向有关审批部门提出新股发行申请的相关证据，某园公司并未完成其上市的前期准备工作，从而不可能进入最终审核程序。其二，虽然在2012年11月至2013年12月，新股发行确曾暂停，但在此之前，曾发生过多次新股暂停发行的情形。作为决定上市的企业，某园公司应对新股暂停发行能引发的后果充分了解，可通过制定相应条款以应对风险，保护目标公司、原始股东及增资方的权益。但本案中，《增资协议》及《补充协议》也未作出类似约定。因此，新股暂停发行不能作为情势变更减免履行合同义务的理由。

四、律师说法

对赌双方当事人签订对赌协议时，对未来可能发生的非商业风险进行尽可能细致的约定，以便相关情形发生时，相关当事人可以据以援引将其视作情势变更，从而实现变更或解除合同的目的。若相关政策性风险或事项已经发生且引起诉讼，回购义务人应就风险或事项构成情势变更进行论证核实。

五、关联法规

《民法典》

第四百六十五条　依法成立的合同，受法律保护。

依法成立的合同，仅对当事人具有法律约束力，但是法律另有规定的除外。

第五百七十七条　当事人一方不履行合同义务或者履行合同义务不符合约定的，应当承担继续履行、采取补救措施或者赔偿损失等违约责任。

第五百八十五条　当事人可以约定一方违约时应当根据违约情况向对方支付一定数额的违约金，也可以约定因违约产生的损失赔偿额的计算方法。

约定的违约金低于造成的损失的，人民法院或者仲裁机构可以根据当事人的请求予以增加；约定的违约金过分高于造成的损失的，人民法院或者仲裁机构可以根据当事人的请求予以适当减少。

当事人就迟延履行约定违约金的，违约方支付违约金后，还应当履行债务。

撰稿人：邬锦梅

案例 22　现金补偿属于合同义务还是违约责任

一、基本案情

2010 年，包括卢某在内的 7 名原股东作为甲方（原股东方），包括某投基金合伙企业在内的 4 个投资方作为乙方（投资方）与某锦公司（目标公司）共同签署《增资协议》，约定：某投基金合伙企业以溢价方式对某锦公司增资，并成为某锦公司的新股东，增资单位价格为每新增 1 元出资按人民币 5.36 元认购。某投基金合伙企业向某锦公司缴纳股权认购款 4395.2 万元，其中人民币 820 万元为某锦公司新增的注册资本，余额人民币 3575.2 万元作为资本公积金，增资后持股比例为 10.21%。增资款应在协议签订后 3 个工作日内以人民币一次性缴清。

同年，三方签订《补充协议》，其中第一条是关于业绩目标的约定：甲方及目标公司承诺 2011 年、2012 年、2013 年实现净利润分别不低于人民币 5000 万元、6500 万元、8500 万元。各方同意如果目标公司无法实现以上业绩承诺的，甲方应给予乙方各成员现金补偿。

2010 年 12 月 30 日，某投基金合伙企业依约向某锦公司支付股权认购款 4395.2 万元。2011 年初，某锦公司通过新的公司章程并进行了工商变更登记，某投基金合伙企业作为新增法人股东出资 820 万元，出资比例 10.2%。

某锦公司 2012 年年检报告书中载明："全年净利润 2658455.29 元"，因目标公司未能完成约定的 2012 年业绩承诺，某投基金合伙企业起诉请求判令实际控制人卢某支付现金补偿款及利息。

二、争议焦点

诉讼中，原被告双方就现金补偿性质产生争议：某投基金合伙企业（投资方）认为现金补偿属于附条件的法律行为，只要条件成就就应当履行，不存在申请减免数额的依据和空间；而卢某（原股东）认为现金补偿条款属于违约金条款，可以申请减免。

三、事实与解析

1. 就《补充协议》的性质而言，关于现金补偿的约定仅见于《补充协议》，但对于现金补偿是否为违约金的判断需综合考虑《增资协议》与《补充协议》所确定的双方当事人的法律关系，以及《补充协议》的法律性质。《增资协议》和《补充协议》是两个单独的合同，订约主体不完全相同，前者为增资时目标公司的全体股东、拟增资的新股东和目标公司，后者为目标公司的控股股东及实际控制人卢某、拟增资的新股东和目标公司；但均围绕增资这同一事项，从条款内容看，《补充协议》以《增资协议》的存在为前提，《补充协议》是《增资协议》的从合同。《补充协议》是因现代私募股权投资的交易需要，为实现及时促成交易、发现并合理确定股权价值、降低并分配投资风险、激励管理层、催化企业成长等多目标而创造的非典型合同。其合同内容不符合任何有名合同要件，其法律关系应当依合同约定、诚实信用原则，并斟酌交易惯例加以决定。在大量股权投资的商业实践中，此类协议被称为"对赌协议"，即"估值调整协议"。对估值进行调整有多种操作方式，本案中的《补充协议》围绕目标公司未来业绩在一定条件下在订约双方间支付现金补偿是其中之一。从交易惯例的角度出发，关于目标公司未来业绩的约定和在目标公司无法实现预期目标进行现金补偿的约定，虽为两个层次的表达，却具有不可分割性。综合《补充协议》第 1 条中 1 和 2 两个条款的内容才能正确理解"甲方及目标公司承诺 2012 年实现净利润不低于人民币 6500 万元"中"承诺"一词的含义，其并不意在给甲方卢某设定实现净利润的合同义务，而是为合同履行中确定卢某承担付款义务的情形设定一个判断标准，俗称"业绩对赌目标"。故法院认为，根据《补充协议》的约定及商业惯例，在无法实现预定目标的情形下由控股股东卢某对投资人某投基金合伙企业支付现金补偿本身就是合同义务，而非违约责任。

2. 就违约金的法律特性而言。《合同法》第 107 条①规定："当事人一方不履行合同义务或者履行合同义务不符合约定的，应当承担继续履行、采取补救措施或者赔偿损失等违约责任。"第 114 条第 1 款②规定："当事人可以约定一方违约时应当根据违约情况向对方支付一定数额的违约金，也可以约定违约产生的损失赔偿额的计算方法。"从上述法律条文可见，违约金作为违约责任的形式之一，实质上是合同之债的替代与转化，两者应具有同一性。违约责任以合同债务的存在为前提，无合同债务即无违约责任。依被告卢某抗辩，现金补偿的性质为违约金，则其隐含的逻辑前提为关于 2012 年实现净利润不低于人民币 6500 万元的约定为合同义务。这种对合同的解读，不仅将业绩对赌目标和补偿方式这个有机联系的整体做机械拆分，而且因创造净利润的主体是目标公司，而支付补偿款的义务主体为卢某，违反我国法律关于违约责任主体与合同义务主体应具同一性的要求，抗辩不成立。

四、律师说法

根据《民法典》合同编规定，违约方有权申请调整违约金，但不是调整因违约所致的损失数额。作为违约方的目标公司或原股东有权申请调整的是约定的违约金数额，而不是调整因其违约行为而给对方造成的实际损失。即便现金补偿被认定为违约责任，

---

① 《合同法》已废止。此条现为《民法典》合同编第 186 条："因当事人一方的违约行为，损害对方人身权益、财产权益的，受损害方有权选择请求其承担违约责任或者侵权责任。"

② 《合同法》已废止。此条现为《民法典》合同编第 585 条第 1 款："当事人可以约定一方违约时应当根据违约情况向对方支付一定数额的违约金，也可以约定因违约产生的损失赔偿额的计算方法。"

该现金补偿金额属于违约损失金额，若目标公司或原股东主张对违约损失调减，则违反损失补偿原则，无相应法律依据。

五、实务提示

根据《民法典》合同编规定，违约方有权申请调整违约金，但不是调整因违约所致的损失数额。作为违约方的目标公司或原股东有权申请调整的是约定的违约金数额，而不是调整因其违约行为而给对方造成的实际损失。即便现金补偿被认定为违约责任，该现金补偿金额属于违约损失金额，若目标公司或原股东主张对违约损失调减，则违反损失补偿原则，无相应法律依据。因此，律师给出如下实务建议：

1. 在协商业绩补偿条款或业绩补偿协议时，应当明确补偿性质，避免使用"违约"或"违约金""违约责任"等表述，避免可能面临法院将业绩补偿款认定为"违约金"，进而面临补偿金额被调低的风险。

2. 业绩补偿款的计算公式应合理。否则，一旦进入诉讼（仲裁）程序，收购方会面临业绩补偿款金额被调减的风险。

六、关联法规

《民法典》

第四百六十五条 依法成立的合同，受法律保护。

依法成立的合同，仅对当事人具有法律约束力，但是法律另有规定的除外。

第五百一十条 合同生效后，当事人就质量、价款或者报酬、履行地点等内容没有约定或者约定不明确的，可以协议补充；不能达成补充协议的，按照合同相关条款或者交易习惯确定。

第五百一十一条 当事人就有关合同内容约定不明确，依据前条规定仍不能确定的，适用下列规定：

（一）质量要求不明确的，按照强制性国家标准履行；没有强制性国家标准的，按照推荐性国家标准履行；没有推荐性国家标准的，按照行业标准履行；没有国家标准、行业标准的，按照通常标准或者符合合同目的的特定标准履行。

（二）价款或者报酬不明确的，按照订立合同时履行地的市场价格履行；依法应当执行政府定价或者政府指导价的，依照规定履行。

（三）履行地点不明确，给付货币的，在接受货币一方所在地履行；交付不动产的，在不动产所在地履行；其他标的，在履行义务一方所在地履行。

（四）履行期限不明确的，债务人可以随时履行，债权人也可以随时请求履行，但是应当给对方必要的准备时间。

（五）履行方式不明确的，按照有利于实现合同目的的方式履行。

（六）履行费用的负担不明确的，由履行义务一方负担；因债权人原因增加的履行费用，由债权人负担。

第五百七十七条　当事人一方不履行合同义务或者履行合同义务不符合约定的，应当承担继续履行、采取补救措施或者赔偿损失等违约责任。

第五百八十五条　当事人可以约定一方违约时应当根据违约情况向对方支付一定数额的违约金，也可以约定因违约产生的损失赔偿额的计算方法。

约定的违约金低于造成的损失的，人民法院或者仲裁机构可以根据当事人的请求予以增加；约定的违约金过分高于造成的损失的，人民法院或者仲裁机构可以根据当事人的请求予以适当减少。

当事人就迟延履行约定违约金的，违约方支付违约金后，还应当履行债务。

撰稿人：邬锦梅

 ## 案例23　解除增资扩股协议需考虑人合性因素

一、基本案情

2013年12月31日，某商公司与某川建材签订《股权融资协议》，双方约定共同向某新建材增资，出资金额分别为1040万元、660万元。协议签订后，某商公司于2014年1月23日向指定账户支付投资款1040万元，后于3月11日转出1039余万元，某川建材未支付投资款。后双方发生争议，产生诉讼。

二、争议焦点

本案系合同当事人在履行对目标公司增资扩股协议过程中发生的纠纷，争议焦点有以下几个。

1. 如何理解增资扩股协议的内容、性质和效力？

2. 实务中，站在公司经营的角度，以有限公司的特点解决纠纷，尤其需要关注有限责任公司的人合性来考量增资扩股协议的履行状况及是否符合解除的条件？

三、事实与解析

本案中，法院认定各方不具备有限公司人合性可作为解除增资扩股协议的参考理由。通常情况下，协议内容系双方真实意思表示，不违反法律和行政法规强制性规定，协议合法有效。本案中，增资扩股协议中双方的主要义务是完成对某新建材的出资，双方均未完全履行此项义务，某新建材最终也未就增资扩股完成工商登记。无论是某川建材未将资金转入指定账户，还是某商公司先将资金转入指定账户后又转出，双方最终均以自己的行为表明不履行协议约定的主要义务。以上两点，均符合《合同法》①第94条规定的合同法定解除的条件。

同时，法院在审理本类案件时，不仅考虑到合同目的实现对合同存续的影响，也参考合同各方当事人是否有继续合作的可能性。

从公司的特点来说，有限责任公司除强调股东出资外，还强调股东之间的人合性。本案中，某商公司与某川建材在签订增资扩股协议后，双方即因出资发生分歧，而后不仅双方未实际履行该协议，且某新建材与某川建材就某村北岩钓采矿权问题不断产生矛盾。当地政府虽多次协调，但至今仍未促成双方达成合意。现某商公司已明确要求解除增资扩股协议，不与某川公司合作。双方缺乏信任，继续共同对第三人出资并合作经营在事实上已无法进行，强行要求某商公司继续履行合同亦无法律依据。

四、律师说法

增资扩股引入新的投资者，往往是为了公司的发展，当公司发展与公司人合性发生冲突，合同各方不再具有有限公司股东人合性特征，可作为法官裁判解除合同的参考性理由。有限公司其人合性表现在：股东是基于相互间的信任而集合在一起的，股东间的关系较为紧密，从股东形成设立有限责任公司的合意、议定章程、召开股东会、申请设立登记，至公司成立后的管理运营、资本增减、收益分配等事项决议，均是以股东的"人合性"为基础。

人合性在我国有限公司法律制度中得到充分体现，无论在股权转让还是公司治理结构的制度设计均反映人合性，使公司法鼓励投资的理念得以彰显，公司与股东及股东与股东之间的权利关系得以平衡，体现出法律的人文关怀。然而，在现实中股东之间因出资等原因引发纠纷对簿公堂，导致股东间信任被严重破坏，致使有限公司人合性难以弥合，在此情况下，股东之间难以继续合作、合同目的难以实现，是导致合同解除的导火索之一。

五、实务提示

本案中，增资扩股协议解除的根本原因在于当事人均未实际履行协议约定增资义务。而在实践中，往往有很多投资人在实际履行增资义务后，甚至进行工商变更登记后，才要求解除协议，并要求目标公司向其返还增资款。这种情况下，增资扩股协议具有合同法律关系和公司组织法律关系双重属性，且涉及的《民法典》合同编中的规

---

① 《合同法》已废止，相关规定现参见《民法典》第563条：有下列情形之一的，当事人可以解除合同：（一）因不可抗力致使不能实现合同目的；（二）在履行期限届满前，当事人一方明确表示或者以自己的行为表明不履行主要债务；（三）当事人一方迟延履行主要债务，经催告后在合理期限内仍未履行；（四）当事人一方迟延履行债务或者有其他违约行为致使不能实现合同目的；（五）法律规定的其他情形。以持续履行的债务为内容的不定期合同，当事人可以随时解除合同，但是应当在合理期限之前通知对方。

定与《公司法》中的规定存在竞合。因此，当投资协议的解除发生在协议各方当事人之间时，应优先适用《民法典》相关规定，而投资协议解除后的投资款返还等法律后果，因涉及目标公司、工商变更登记以及外部债权人利益保护等，应优先适用《公司法》相关规定。

六、关联法规

《民法典》

第五百六十三条 有下列情形之一的，当事人可以解除合同：

（一）因不可抗力致使不能实现合同目的；

（二）在履行期限届满前，当事人一方明确表示或者以自己的行为表明不履行主要债务；

（三）当事人一方迟延履行主要债务，经催告后在合理期限内仍未履行；

（四）当事人一方迟延履行债务或者有其他违约行为致使不能实现合同目的；

（五）法律规定的其他情形。

以持续履行的债务为内容的不定期合同，当事人可以随时解除合同，但是应当在合理期限之前通知对方。

撰稿人：邬锦梅

 案例 24　违约的投资方能否要求解除增资扩股协议

一、基本案情

2015 年 10 月，祝某、某猫咖啡公司（目标公司）、梁某（目标公司控股股东及法定代表人）三方签订《增资扩股协议》，祝某分两期共 800 万元对目标公司进行增资扩股，取得 0.8% 股权。约定：协议签署 3 日内，祝某支付第一期投资款 50 万元，签署后 8 日内支付剩余 150 万元；第二期出资 600 万元在 12 月 20 日前完成，如祝某未完成出资，视为放弃该项投资计划。2015 年 10 月 19 日，祝某支付 50 万元投资款。后，未依约支付第一期剩余投资款 150 万元，庭审中，祝某作为违约方请求法院判令解除《增资扩股协议》。

二、争议焦点

1. 祝某向某猫咖啡公司投资，但未依约全面履行投资义务，祝某作为违约方能否行使合同解除权，主张退出股权投资？

2. 已签订《增资扩股协议》，祝某是否自然具有股东身份？

3. 祝某能否要求全额返还未进行工商变更的投资款？

三、事实与解析

1. 祝某未依约支付剩余投资款，构成违约。根据《合同法》第94条①关于合同法定解除权的规定，由于祝某不再支付投资款，该违约行为导致不能实现增资扩股的合同目的。即，该情况符合第94条第4项"当事人一方迟延履行债务或者有其他违约行为致使不能实现合同目的"，不能实现合同目的是行使法定合同解除权的根本。

最终法院支持了祝某要求解除合同的诉讼请求，同时认为祝某应当承担违约责任，但某猫咖啡公司主张违约责任的时间已过诉讼时效，故法院没有支持某猫咖啡公司要求祝某承担违约责任的诉讼请求，依据公平原则，法院判决某猫咖啡公司向祝某返还30万元投资款。

2. 法律并未具体规定完成增资及新股东身份生效的时间点，但公司增资并吸纳新股东通常表现为三个阶段：一是公司与投资人之间订立投资入股协议或股权认购协议；二是投资人向公司依法缴纳出资或股款，或交付、移转非货币财产；三是公司为投资人依法完成吸纳、认可新股东的法定程序。

订立投资入股协议或股权认购协议，以及向公司缴纳出资或股款，或交付、移转非货币财产，并非通过增加注册资本方式完成出资并获得股东资格的充分条件，某猫咖啡公司未依法完成吸纳、认可新股东的法定程序，致使祝某未依法取得股东资格。

需要特别提醒注意：

（1）由于法人意志的形成源于股东的共同表意行为，原股东各自或相互之间关于增资并吸纳新股东的意思表示尚不足以构成公司的意思表示，各原股东须共同形成一致意思并对外向新股东表示该意思，即需要形成有效的股东会决议。

（2）单一地看，形成增资扩股股东会决议、出具出资证明书及修改股东名册、缴纳出资款及进行工商变更登记等法定程序，并非每一个都是增资并吸纳新股东的必备要件，但由于涉及公司股东重要事项的实质变更，司法实践中通常会结合这些程序手续的办理情况综合判定是否依法完成了增资行为，并使新股东就股权的原始取得自此发生法律效力。

---

① 《合同法》已废止，现参见《民法典》第563条："有下列情形之一的，当事人可以解除合同：

（一）因不可抗力致使不能实现合同目的；

（二）在履行期限届满前，当事人一方明确表示或者以自己的行为表明不履行主要债务；

（三）当事人一方迟延履行主要债务，经催告后在合理期限内仍未履行；

（四）当事人一方迟延履行债务或者有其他违约行为致使不能实现合同目的；

（五）法律规定的其他情形。

以持续履行的债务为内容的不定期合同，当事人可以随时解除合同，但是应当在合理期限之前通知对方。"

3. 某猫咖啡公司认为因祝某违约，其于 2015 年 11 月 25 日起行使约定违约解除条款权利，对已收的 50 万元投资款不予退回，而祝某认为该 50 万元实为加盟店铺的押金，已付投资款不予退回的协议约定属于违约金过高的约定条款，并要求依法予以调整，且某猫咖啡公司收取该 50 万元款项已长达三年，故请求某猫咖啡公司、梁某返还 50 万元投资款。本案中，祝某的违约行为导致合同目的无法实现，并依法解除案涉协议。根据《合同法》第 97 条①规定："合同解除后，尚未履行的，终止履行；已经履行的，根据履行情况和合同性质，当事人可以要求恢复原状、采取其他补救措施，并有权要求赔偿损失。"

祝某与某猫咖啡公司、梁某签订的《增资扩股协议》，即标的公司某猫咖啡公司为上市需要而增加注册资本并吸纳祝某为新的股东，同时赋予祝某可与某猫咖啡公司投资建设直营店并管理分成，以及在某猫咖啡公司未上市的前提下，祝某享有请求回购股权的权利等增资股东权益。

祝某未依约完全履行支付 800 万元投资款的合同义务，构成违约，应承担相应的违约责任。但某猫咖啡公司在祝某未按期支付第二笔投资款 150 万元后，并未及时催告祝某履行合同义务和适时行使追究祝某的违约责任，仅以不退回已收 50 万元投资款的行为来主张追究祝某的违约责任。

从合同履行情况来看，某猫咖啡公司未依约为祝某的认购新股而办理相应的增资变更登记等手续，且该公司的注册资本从签订案涉协议起至 2017 年 11 月 13 日止一直为 1166.66 万元，以及该公司未上市成功；对于祝某的违约行为产生的损失，某猫咖啡公司未举证予以证明。同时，祝某未被登记成为某猫咖啡公司的新股东，也没有享受案涉协议中赋予的增资股东权益。故结合案涉协议的合同性质和上述合同履行中祝某的违约行为、某猫咖啡公司的怠于行使合同权利和履行合同义务并占用案涉 50 万元款项长达三年，以及祝某认为不予退回已收 50 万元投资款的约定过高和违约行为导致的损失无法计算等情况，法院依法酌情确定某猫咖啡公司向祝某返还 30 万元投资款。

四、律师说法

向目标公司增资是获得目标公司股东身份的方式之一，而且因增资方式拥有整合资源及解决资金的天然优势，公司做大做强所需要的资金，更多通过增资扩股方式获得。

对于投资人是否完成增资并获得股东资格，不仅主观上需要增资各方具备增资合意，客观上还需要完成增资的法定程序，在实务操作中，建议公司及投资人及时履行

① 《合同法》已废止，现参见《民法典》第 566 条第 1 款："合同解除后，尚未履行的，终止履行；已经履行的，根据履行情况和合同性质，当事人可以请求恢复原状或者采取其他补救措施，并有权请求赔偿损失。"

相关义务，主张权利，避免日后产生争议。

五、实务提示

投资者未依照合同约定履行投资义务，需酌情承担违约责任。

本案中，因祝某违约，某猫咖啡公司依约享有要求赔偿损失的权利，但由于超过诉讼时效期间，且未举证证明其在诉讼前有向祝某主张损失的意思表示，因此法院结合合同履行中祝某的违约行为，酌情确定某猫咖啡公司向祝某返还部分投资款 30 万元。

六、关联法规

《公司法》

第三十一条第一款 有限责任公司成立后，应当向股东签发出资证明书。

第三十二条 有限责任公司应当置备股东名册，记载下列事项：

（一）股东的姓名或者名称及住所；

（二）股东的出资额；

（三）出资证明书编号。

记载于股东名册的股东，可以依股东名册主张行使股东权利。

公司应当将股东的姓名或者名称向公司登记机关登记；登记事项发生变更的，应当办理变更登记。未经登记或者变更登记的，不得对抗第三人。

第四十三条 股东会的议事方式和表决程序，除本法有规定的外，由公司章程规定。

股东会会议作出修改公司章程、增加或者减少注册资本的决议，以及公司合并、分立、解散或者变更公司形式的决议，必须经代表三分之二以上表决权的股东通过。

第一百七十八条 有限责任公司增加注册资本时，股东认缴新增资本的出资，依照本法设立有限责任公司缴纳出资的有关规定执行。

股份有限公司为增加注册资本发行新股时，股东认购新股，依照本法设立股份有限公司缴纳股款的有关规定执行。

第一百七十九条 公司合并或者分立，登记事项发生变更的，应当依法向公司登记机关办理变更登记；公司解散的，应当依法办理公司注销登记；设立新公司的，应当依法办理公司设立登记。

公司增加或者减少注册资本，应当依法向公司登记机关办理变更登记。

撰稿人：邬锦梅

案例 25 投资人未按约定履行出资，能否诉请解除增资扩股协议

一、基本案情

2013 年 12 月 31 日，某商公司与某川建材签订《增资扩股协议》，双方约定共同向某新建材增资，出资金额分别为 1040 万元、660 万元。协议签订后，某商公司于 2014 年 1 月 23 日向指定账户支付投资款 1040 万元，后于 3 月 11 日转出 1039 余万元，某川建材公司未支付投资款。后双方发生争议，某川建材公司起诉要求解除《增资扩股协议》。

二、争议焦点

本案中，某川建材仅将资金置于自身控制的账户中，未能转入指定账户，且在两个月左右将该笔资金另作他用，该行为违反《增资扩股协议》的约定。某商公司虽然按协议约定转入了指定账户，但也于两个月左右将资金转出。某新建材最终未能获得以上两公司的出资，无法按协议完成验资，不能按协议约定完成后续的订立公司章程、组建公司架构、完成注册登记。综上，该《增资扩股协议》并未实际履行。在此情况下，某川建材作为违约方能否提出解除《增资扩股协议》？

三、事实与解析

1. 本案如何界定各方合同目的能否实现？

就本案，某新建材签署《增资扩股协议》的目的，是获得某川建材及某商公司的新增投资，以进一步扩大生产。因两投资人并没有实际投资，导致某新建材的合同目的不能实现。某川建材亦未能借某新建材具备的矿产开采资质对某岩山场进行利用，导致某川建材的合同目的不能实现；同时，因某商公司、某川建材不愿意继续投资，导致某商公司与某川建材无法实现通过彼此合作并扩大生产经营之目的，故各方签订《增资扩股协议》的目的均未实现。

2. 双方均以自己的行为表明不履行协议约定的主要义务

《增资扩股协议》中，某商公司与某川建材的主要义务是完成对某新建材的出资，双方均未完全履行此项义务，某新建材最终也未就增资扩股完成工商登记。无论是某川建材未将资金转入指定账户，还是某商公司先将资金转入指定账户后又转出，双方最终均以自己的行为表明不履行协议约定的主要义务。

综上，以上两点符合《合同法》第 94 条①，有下列情形之一的，当事人可以解除合同：……（二）在履行期限届满之前，当事人一方明确表示或者以自己的行为表明不履行主要债务……（四）当事人一方迟延履行债务或者有其他违约行为致使不能实

---

① 《合同法》已废止，现参见《民法典》第 563 条。

现合同目的……

四、律师说法

合同目的能否实现是判断当事人是否享有法定解除权的核心，不能实现合同目的应是合同法定解除的本质原因。

法定解除事由"当事人一方迟延履行债务或者有其他违约行为致使不能实现合同目的"的落脚点为"致使不能实现合同目的"，即只有造成债权人不能实现合同目的这一后果，才能发生法定解除权。法定解除事由"在履行期限届满之前，当事人一方明确表示或者以自己的行为表明不履行主要债务"与"不能实现合同目的"也具有一致性。上述规定是关于预期违约的规定，若一方当事人在合同履行期届满之前无正当理由且明确而肯定地表示其到期将不履行主要债务，或者有客观事实表明其到期将不履行主要债务，债权人便可以解除合同。其原因在于，债权人的合同目的须通过债务人的给付而实现，而债务人在履行期届满前便已明显表示出不受合同约束的意思，使债权人丧失了对实现合同目的的合理期待。故此，法律允许其通过解除合同的方式不再受原合同的约束，并尽快另觅交易伙伴以实现其目的，减少损失。

五、实务提示

本案因为发生在民法典生效之前，故适用原《合同法》之规定。《民法典》2021年1月1日生效后，对于合同法定解除权也作出了相应规定。

六、关联法规

《民法典》

第五百六十三条 有下列情形之一的，当事人可以解除合同：

（一）因不可抗力致使不能实现合同目的；

（二）在履行期限届满前，当事人一方明确表示或者以自己的行为表明不履行主要债务；

（三）当事人一方迟延履行主要债务，经催告后在合理期限内仍未履行；

（四）当事人一方迟延履行债务或者有其他违约行为致使不能实现合同目的；

（五）法律规定的其他情形。

以持续履行的债务为内容的不定期合同，当事人可以随时解除合同，但是应当在合理期限之前通知对方。

撰稿人：邬锦梅

 案例 26 目标公司控股股东为目标公司对赌义务提供担保是否有效

一、基本案情

某阳公司，系非上市股份有限公司，骆某系公司控股股东及法定代表人。2010

年，甲公司、乙公司、丙公司与骆某、某阳公司签订《增资协议》，约定：某阳公司将进行增资扩股引进战略投资者，甲公司、乙公司、丙公司共投资 2 亿元，认购某阳公司增资股权额 4000 万元，三方持股比例 9.3%；同时，签订《补充协议》，其中对赌条款约定如下：某阳公司承诺 2010 年实现净利润不低于 2.4 亿元，2011 年实现净利润不低于 5 亿元。如 2010 年净利润低于 2.4 亿元，某阳公司应对三方投资人（甲公司、乙公司、丙公司）进行补偿，骆某承诺承担担保赔偿责任；如 2011 年净利润低于 5 亿元，某阳公司应对三方投资人进行补偿，骆某承诺承担担保赔偿责任。

2011 年 11 月 1 日，丙公司出资 3000 万元，占某阳公司注册资本 1.398%。2011 年 11 月 23 日，某阳公司向丙公司出具《出资证明》，确认其股东身份。2012 年 5 月，经某会计师事务所出具某阳公司审计报告及财务报表，该审计报告的合并利润表体现 2011 年某阳公司净利润 45492539.36 元，非经常性损益为 34106452.90 元，未能达到"2011 年净利润不低于 5 亿元"的业绩承诺。后，丙公司向某阳公司、骆某要求连带支付 29204453.33 元现金补偿未果，遂向法院起诉，请求判令某阳公司、骆某连带给付现金补偿款 29204453.33 元。

二、争议焦点

某阳公司与三方投资人（甲公司、乙公司、丙公司）之间的对赌条款是否有效？在此基础上，骆某作为某阳公司股东（法定代表人）承诺对某阳公司（目标公司）的现金补偿义务承担连带保证责任，还是补偿责任？

三、事实与解析

案件事实发生在 2010 年至 2011 年期间，2014 年作出判决。判决结果受"2012 年最高人民法院'对赌协议'第一案——海富案"影响，认定三方投资人与目标公司之间的对赌条款无效。

在此基础上，如认定骆某承诺对某阳公司现金补偿义务承担的是保证担保责任，根据《担保法》第 5 条①规定，主合同无效，从合同也无效，骆某无需对某阳公司现金补偿义务承担保证担保责任。

法院在判决中提出如下观点：对赌条款约定"某阳公司未能实现年度净利润，应对投资方进行补偿，骆某承担担保责任"，该条款虽然字面表现为"担保赔偿"，但骆某作为某阳公司大股东，基于对公司控制力，目标公司实现业绩目标，其作为《增资协议》《补充协议》签约方，系以控股股东身份对投资人承诺进行业绩补偿。骆某承

---

① 《担保法》已废止。此条现参见《民法典》第 388 条第 1 款："设立担保物权，应当依照本法和其他法律的规定订立担保合同。担保合同包括抵押合同、质押合同和其他具有担保功能的合同。担保合同是主债权债务合同的从合同。主债权债务合同无效的，担保合同无效，但是法律另有规定的除外。"

诺的"担保赔偿责任"并非担保法意义上的保证，而是控股股东与投资人就未来一段时间内目标公司经营业绩进行约定，如目标企业未实现约定业绩，则需按一定标准与方式对投资人进行补偿的条款。骆某作为对赌条款的相对方，应对投资人直接承担补偿责任，非担保责任。

四、律师说法

1. 2019 年 11 月《全国法院民商事审判工作会议纪要》出台生效，对本案有哪些影响？

《全国法院民商事审判工作会议纪要》承认投资方与目标公司对赌协议的效力。在这种情况下，因目标公司与投资方之间的业绩补偿条款认定有效，即主合同有效；那么，控股股东对投资方承诺的是担保还是连带责任？若"担保"最终被法院认定为担保，则控股股东将承担保证责任，存在是否超过保证期间的问题。

2. 慎用标的公司作为对赌主体或连带担保，如对赌失败，标的公司仍可正常经营，创始股东至少还能以比上一轮低的估值去出售一些自己的股权，换取一些资金去补偿承诺业绩方的投资人。如果标的公司陷入争议和诉讼，无法正常经营，恐怕创始股东要想再引进新的投资人则难如登天了。

五、关联法规

（一）《民法典》

第六百八十一条　保证合同是为保障债权的实现，保证人和债权人约定，当债务人不履行到期债务或者发生当事人约定的情形时，保证人履行债务或者承担责任的合同。

第六百八十二条第一款　保证合同是主债权债务合同的从合同。主债权债务合同无效的，保证合同无效，但是法律另有规定的除外。

（二）《全国法院民商事审判工作会议纪要》（法〔2019〕254 号）

5.【与目标公司"对赌"】投资方与目标公司订立的"对赌协议"在不存在法定无效事由的情况下，目标公司仅以存在股权回购或者金钱补偿约定为由，主张"对赌协议"无效的，人民法院不予支持，但投资方主张实际履行的，人民法院应当审查是否符合公司法关于"股东不得抽逃出资"及股份回购的强制性规定，判决是否支持其诉讼请求。

投资方请求目标公司回购股权的，人民法院应当依据《公司法》第 35 条关于"股东不得抽逃出资"或者第 142 条关于股份回购的强制性规定进行审查。经审查，目标公司未完成减资程序的，人民法院应当驳回其诉讼请求。

投资方请求目标公司承担金钱补偿义务的，人民法院应当依据《公司法》第 35 条关于"股东不得抽逃出资"和第 166 条关于利润分配的强制性规定进行审查。经审查，目标公司没有利润或者虽有利润但不足以补偿投资方的，人民法院应当驳回或者部分支持其诉讼请求。今后目标公司有利润时，投资方还可以依据该事实另行提起诉讼。

撰稿人：邬锦梅

案例 27 侵害股东优先购买权的合同效力

一、基本案情

某源公司股东有李某西、黄某、马某、黄某强、吴某刚，其中马某出资数额为 75 万元，出资比例为 15%。

2017 年 2 月 7 日，马某（出让方、甲方）与梁某武（受让方、乙方）签订股权转让协议书，约定马某将其持有的公司股权转让给梁某武；合同生效后，甲方须负责办理转让股权的工商变更登记，将股权转至乙方名下，乙方及目标公司原股东须予以配合。甲方承诺，其本次向乙方转让的股权上无任何抵押、质押，并免遭任何第三方追索；出现下列情形之一的，乙方可单方解除合同并要求甲方承担损失赔偿责任：（1）甲方故意未完整披露目标公司债务情况的；（2）严重违反本合同约定的。协议有马某、梁某武及公司股东李某西、吴某刚、黄某强签名捺印，并加盖某源公司印章。

马某于 2016 年 1 月 14 日将其股权出质给某正融资担保有限公司，并办理了质押登记。原股东黄某在协议签订前去世，继承人黄某妍、万某会经法院确认继承黄某的股权，一直未出具同意马某股权转让的承诺书。

梁某武认为，其已经按协议约定支付相应股权转让款，但原股东黄某的继承人黄某妍、万某会一直未在股权转让协议上签字并出具放弃优先购买权的承诺书，且梁某武要求马某办理转让股权的过户登记手续，但马某一直未予办理。综上，股权转让协议虽已成立，但马某违背其协议约定的义务，梁某武有权解除合同，并要求退还转让款。

二、争议焦点

其他股东的优先购买权被侵犯时，股权转让协议的效力是否受到影响；受到何种影响？

三、事实与解析

一审法院经审理认为：梁某武主张协议因黄某的继承人未出具放弃优先购买权的承诺书而无效。法院认为，《合同法》第 44 条①规定：依法成立的合同，自成立时生效。本案中，马某向梁某武转让股权，双方分别在股权转让协议出让方、受让方栏签字，是双方真实意思表示，协议内容不违反法律规定，合法有效。股权转让协议签订后，梁某武和马某双方并未办理股权变更登记。马某辩称梁某武已经具备公司股东身份，但未提供证据予以证明，亦未提供梁某武参与公司经营管理、分红等相关证据，

---

① 《合同法》已废止，现参见《民法典》第 502 条第 1 款："依法成立的合同，自成立时生效，但是法律另有规定或者当事人另有约定的除外。"

故对该辩称意见，法院不予支持。马某所持股份在签订股权转让协议前已经质押给他人，现无证据证明债权人同意转让，股权转让合同目的无法实现。综上，梁某武诉请解除股权转让协议，一审法院予以支持，并判决马某退还梁某武已付的股权转让款。

一审宣判后，马某不服，提起上诉。

针对案涉股权转让协议的效力问题，二审法院的观点与一审法院一致，认为黄某的继承人未出具放弃优先购买权的承诺书不影响股权转让合同的效力，且已达到合同约定的单方解除条件。股权转让属于继受取得股东身份，继受取得股东身份的核心在于基础法律关系，股权转让过程中以股权转让协议的形式表现出来，股权受让人可依据基础性法律关系起诉公司记载于股东名册或登记于工商部门。公司未将梁某武的名字记载于股东名册或进行工商登记，并不构成梁某武股东身份的缺失。但由于案涉股权转让协议已解除，梁某武成为目标公司股东的基础法律关系已经丧失，马某上诉认为梁某武因股权转让成为股东的上诉理由不能成立，法院不予采纳。据此，二审法院判决维持一审判决，驳回上诉。

四、律师说法

股权转让作为原股东退出及新股东进入公司的途径，已经成为公司资本重整、焕发活力的重要模式，且股权转让能促进公司良性治理。《公司法》第71条规定了股东在某一股东欲对外转让股权时，享有同等条件下优先于外部第三人受让该转让股权的权利，这是维护有限责任公司人合性和股东信赖关系的一个重要制度设计。但当其他股东的优先购买权被侵犯时，股权转让协议的效力是否受到影响，受到何种影响，是无效、可撤销、未成立还是效力待定，在理论和实务上一直存在争议。侵害股东优先购买权的股权转让协议效力的裁量标准如下。

1. 遵从《民法典》进行效力认定

《民法典》第502条第1款规定："依法成立的合同，自成立时生效，但是法律另有规定或者当事人另有约定的除外。"合同成立要件体现合同自由原则，合同是否成立，只能从当事人的意思表示进行判断，即强调当事人合意，体现意思自治原则，只要具备意思表示一致这一基本事实，合同即告成立。合同生效体现法律对合同的干预，不仅要求意思表示一致，而且要求只有在法律规定的生效要件具备时，合同才得以生效。而公司法及有关行政法规并未就股权转让合同作出须经批准或登记生效的规定，即合同效力未附条件，因此，股权转让合同对于转让人与非股东受让人来说，合同在成立时即生效。无效、可撤销及效力待定的观点与民法典中关于合同的规定不符，股权转让合同不成立或附条件生效的说法也与立法相悖。

2. 遵从公司法解释路径

《最高人民法院关于适用〈中华人民共和国公司法〉若干问题的规定（四）》第21条第1款规定了其他股东在优先购买权被侵害情形下的损害救济。该条列举了损害其他股东优先购买权的两种情况：一是未就股权转让事项征求其他股东意见，二是转让股东有恶意串通欺诈等行为。股权转让如果存在欺诈、恶意串通的情形，当然符合合同可撤销、无效的规定，但对于未通知其他股东的合同效力未作阐明。而且，该条第 2 款明确规定，其他股东必须同时主张按同等条件购买转让股权，如果其他股东仅提出股权转让合同及股权变动效力的请求，人民法院不予支持。可见，公司法所要否定的是非股东受让方优先于其他股东取得公司股份的行为，而不是转让股东与非股东受让方之间成立股权转让合同的行为，并不是只有撤销股权转让合同或否定合同的效力才能保护其他股东的优先购买权。

3. 遵从民事权利属性特征

股东优先购买权的本质特征属于一种民事优先权，既然是优先权，当公司股权发生对外转让的事实时，公司其他股东有优先于公司外之人的购买权。该优先购买权是法律规定的权利，股东可以自由行使。就如同房屋承租人主张优先购买权时，其不能主张房屋所有人与他人订立的房屋买卖合同无效，取消他人之间的买卖合同关系。股权转让合同是一种债权，具有相对性，对合同之外的人没有约束力，该股权转让合同的效力如何，不影响其他股东享有的优先购买权。

对转让股东与非股东受让方之间的股权转让合同，实务中应根据不同的侵犯结果进行处理。

第一，在双方的股权转让合同已经签订但尚未履行完毕，股权并未完全转移到受让方时，转让股东与非股东受让方之间的股权转让协议能否实际履行，受制于其他股东的优先购买权。如果其他股东放弃行使优先购买权，则股权转让合同可以获得履行；如果其他股东选择行使优先购买权，将导致股权转让合同履行不能，其后果基本相当于债务不履行，转让股东与非股东受让方可依据股权转让合同相互追究违约责任。

第二，在股权转让合同已经履行完毕，并按照公司法的程式要求股权已实际变动到非股东受让方名下时，从维护交易安全、保护公司债权人利益的角度出发，不仅应当认定股权转让合同的效力，而且也不应当允许其他股东行使优先购买权。《最高人民法院关于适用〈中华人民共和国公司法〉若干问题的规定（四）》第 21 条第 1 款表达的便是此观点，该条规定其他股东自知道或应当知道行使优先购买权的同等条件之日起超过 30 日或者自股权变更登记之日起超过 1 年，主张行使优先购买权的，人民法院不予支持。30 日、1 年应为不能中止、中断、延长的除斥期间，期间经过，其他股东的优先购买权消灭。《最高人民法院关于适用〈中华人民共和国公司法〉若干问题的规定（四）》将其他股东优先购买权的行使限定在一定期间内，目的在于维护已趋稳定的社会关系。同理，股权转让合同签订后，股权变动到非股东受让方名下需要满足其他条件，如将非股东受让方变更登记在公司章程、股东名册、工商登记上，但上述程序均需公司和其他股东的配合，其他股东不可能不知道股权转让的事实。如果其他股东在明知或应知股权转让的情况下，不积极主张自己的权利，导致股权变动履行完毕，笔者以为，此时其他股东不能再主张优先购买权，其可向转让方主张侵权或违约赔偿责任。

五、实务提示

1. 在向受让方转让股权时，应按照规定向其他股东通知转让事项、以及同等条件（包括转让股权的数量、价格、支付方式及期限），否则可能被受让方或其他股东索赔。

2. 在其他股东转让股权时，应当及时行使优先购买权（如有意购买）。具体来说，自知道或者应当知道行使优先购买权的同等条件之日起 30 日内，或者自股权变更登记之日起 1 年内，务必行使优先购买权。

3. 为了保持公司的人合性，确保公司的股东人选符合某些特定要求，可以通过章程规定股东的继承人不得通过继承取得公司的股权，或者明确股东优先购买权优先于继承权，以免不符合要求的、其他股东的继承人成为公司的股东，影响公司的正常经营。

4. 为了在行使优先购买权时减少转让方的反悔带来的波折，可以考虑通过章程规定或者全体股东约定，明确转让方不得反悔。

六、关联法规

（一）《公司法》

第七十一条　有限责任公司的股东之间可以相互转让其全部或者部分股权。

股东向股东以外的人转让股权，应当经其他股东过半数同意。股东应就其股权转让事项书面通知其他股东征求同意，其他股东自接到书面通知之日起满三十日未答复的，视为同意转让。其他股东半数以上不同意转让的，不同意的股东应当购买该转让的股权；不购买的，视为同意转让。

经股东同意转让的股权，在同等条件下，其他股东有优先购买权。两个以上股东主张行使优先购买权的，协商确定各自的购买比例；协商不成的，按照转让时各自的出资比例行使优先购买权。

公司章程对股权转让另有规定的，从其规定。

（二）《最高人民法院关于适用〈中华人民共和国公司法〉若干问题的规定（四）》（法释〔2020〕18 号）

第二十一条　有限责任公司的股东向股东以外的人转让股权，未就其股权转让事项征求其他股东意见，或者以欺诈、恶意串通等手段，损害其他股东优先购买权，其他股东主张按照同等条件购买该转让股权的，人民法院应当予以支持，但其他股东自知道或者应当知道行使优先购买权的同等条件之日起三十日内没有主张，或者自股权变更登记之日起超过一年的除外。

前款规定的其他股东仅提出确认股权转让合同及股权变动效力等请求，未同时主张按照同等条件购买转让股权的，人民法院不予支持，但其他股东非因自身原因导致无法行使优先购买权，请求损害赔偿的除外。

股东以外的股权受让人，因股东行使优先购买权而不能实现合同目的的，可以依法请求转让股东承担相应民事责任。

撰稿人：杨倩

 案例28 瑕疵出资股权转让行为的效力

一、基本案情

2015年10月27日，曾某与甲公司签订《股权转让协议》，协议约定：乙公司于2009年10月19日成立，注册资本5000万元，曾某持乙公司100%股份。现曾某自愿将其持有的乙公司70%股权以3500万元的价格转让给甲公司，甲公司自愿受让。并约定协议生效后，甲公司委托有资质的中介机构对乙公司进行实地财务尽调，如与曾某事前介绍的相差在合理范围内则转让协议继续履行。否则，甲公司有权单方终止本协议。2015年10月31日，某会计师事务所出具《财务尽职调查报告》载明，乙公司注册资本5000万元，实收资本1601万元。

甲公司知悉《财务尽职调查报告》后，未对乙公司注册资本提出异议，亦未提出终止合同。乙公司向工商管理部门申请变更登记，将公司70%股权变更在甲公司名下。甲公司向乙公司支付1200万元股权转让款，尚有2300万元股权转让款未支付。乙公司多次进行催促，但甲公司以曾某出资不到位为由，止付后续股权转让款。

乙公司认为：其已经向甲公司如实告知公司的注册资本情况，且在《财务尽职调查报告》作出后，甲公司仍然同意继续履行合同，且在履行期间均未对注册资本提出异议。故，提出诉讼要求甲公司按约定支付剩余股权转让款2300万元，并支付逾期付款违约金。

甲公司辩称：曾某出资不实，转让股权存在重大瑕疵。《财务尽职调查报告》作出后，甲公司之所以愿意继续履行合同，是因为曾某仍有部分出资。甲公司作为受让人，为继续运营公司才配合对方变更股权。但对于后续股权转让款，甲公司主张行使合同履行抗辩权，拒绝支付。

二、争议焦点

1. 甲公司应否继续向曾某支付剩余股权转让款？
2. 甲公司应否承担逾期付款违约金？

三、事实与解析

1. 关于甲公司应否继续向曾某支付剩余股权转让款的问题

法院经审理认为，根据曾某与甲公司签订的《股权转让协议》之约定，在《财务

《尽职调查报告》作出后，甲公司若认定目标公司存在资产不实、股东瑕疵出资等情况可通过终止合同来保护自己权利。但甲公司知悉目标公司财务状况后依然选择继续支付股权转让款，继续配合办理股权转让变更登记，视为对合同权利的处分，合同应继续履行。

现行《公司法》确立了认缴资本制，股东是否足额履行出资义务不是股东资格取得的前提条件，股权的取得具有相对独立性。股东出资不实或者抽逃资金等瑕疵出资情形不影响股权的设立和享有。

本案中，曾某已依约将所持目标公司 70% 的股权变更登记在甲公司名下，履行了股权转让的合同义务。甲公司通过股权受让业已取得目标公司股东资格，曾某的瑕疵出资并未影响其股东权利的行使。

此外，股权转让关系与瑕疵出资股东补缴出资义务分属不同法律关系。本案中，甲公司以股权转让之外的法律关系为由而拒付股权转让价款没有法律依据。对于甲公司因受让瑕疵出资股权而可能承担的相应责任，其可另寻法律途径解决。

2. 关于甲公司应否承担逾期付款违约金的问题

甲公司未按《股权转让协议》约定的时间向曾某支付股权转让款，已构成违约。但对于违约金的数额及具体计算方式，转让协议并未作出约定，曾某主张按照银行同期贷款利率计算上述违约金，鉴于甲公司逾期支付剩余股权转让款实际上造成曾某被占用期间的利息损失，故对曾某的主张予以支持。

四、律师说法

1. 瑕疵出资股权能否转让？转让合同是否有效？出资瑕疵是否影响股权转让协议的效力？

股权的本质是股东和公司之间的法律关系，既包括股东对公司享有的权利，也包括股东对公司的出资义务，因此，股权的转让导致股东权利义务的概括转移。受让人所受让的并不是股东的出资，而是股东的资格权利，受让人受让他人的股权而成为公司的股东。

虽然公司法规定应当足额按时交纳出资，禁止虚假出资和抽逃出资，但由于公司具有外观性和公示性等商事特征，股东出资不实等情形并不影响股权的设立和享有，瑕疵股权仍具有可转让性。

另外，民法典的基本精神是维护交易安全，只要没有《民法典》中关于合同无效的情形，股权转让合同原则上有效；另外，《最高人民法院关于适用〈中华人民共和国公司法〉若干问题的规定（三）》第 18 条明文规定了未全面履行出资义务情况下股权转让后的出资责任，亦从法律方面肯定了瑕疵股权转让合同的效力，因此，应当视为瑕疵的股权可以转让。由于股东出资瑕疵不影响股权的设立和享有，瑕疵出资股权仍具有可转让性，若未经过合法的除权程序，瑕疵出资股东具有股东资格，有权向外转让其持有的股权。

我国《公司法》及相关司法解释规定了瑕疵出资股东应对公司承担差额补充责任、对其他出资无瑕疵股东承担违约责任以及在瑕疵出资范围内对公司债权人承担补充赔偿责任，这些规定主要以瑕疵出资股东仍具备股东资格为前提。

故，瑕疵出资股权可以转让，出资瑕疵不影响股权转让协议的效力，转让合同有效。

2. 受让方能否以股权出资瑕疵为由拒绝支付股权转让款？

股东出资是合同义务更是法定义务。股东的瑕疵出资行为本身违反了我国《公司法》关于股东应当足额缴纳其所认缴的出资额等规定，故应承担相应的法律责任。但股东的出资义务与其获得的股权属于不同的法律关系，民事主体获得股权的前提是其取得相应的股东资格，而取得股东资格主要依据在于公司章程、股东名册和公司登记的确认，并不以履行出资义务为必要条件。

另外，股权转让协议的双方主体是转让人与受让人，而瑕疵出资是原股东对公司负有出资义务，并非同一法律关系。故，不能以股权出资瑕疵为由拒绝支付股权转让款。

五、实务提示

1. 股权受让方可以在股权转让协议签订前向目标公司核实出让方的出资情况，以及在签订股权转让协议时可以向出让方核实真实出资情况。

2. 出让方在签订股权转让协议时作出书面承诺，保证其转让的股权未有瑕疵，否则受让方享有解除权，以此来保证受让方的合法权益。

3. 双方可以在股权转让协议中明确约定，出让方承担股权转让的瑕疵担保责任，因股权存在任何瑕疵产生的纠纷，由出让方承担，与受让方无关，以此来保障受让方的合法利益。

六、关联法规

《最高人民法院关于适用〈中华人民共和国公司法〉若干问题的规定（三）》（**法释〔2020〕18 号**）

第十三条 股东未履行或者未全面履行出资义务，公司或者其他股东请求其向公司依法全面履行出资义务的，人民法院应予支持。

公司债权人请求未履行或者未全面履行出资义务的股东在未出资本息范围内对公司债务不能清偿的部分承担补充赔偿责任的，人民法院应予支持；未履行或者未全面履行出资义务的股东已经承担上述责任，其他债权人提出相同请求的，人民法院不予支持。

股东在公司设立时未履行或者未全面履行出资义务，依照本条第一款或者第二款提起诉讼的原告，请求公司的发起人与被告股东承担连带责任的，人民法院应予支持；公司的发起人承担责任后，可以向被告股东追偿。

股东在公司增资时未履行或者未全面履行出资义务，依照本条第一款或者第二款提起诉讼的原告，请求未尽公司法第一百四十七条第一款规定的义务而使出资未缴足的董事、高级管理人员承担相应责任的，人民法院应予支持；董事、高级管理人员承担责任后，可以向被告股东追偿。

第十八条　有限责任公司的股东未履行或者未全面履行出资义务即转让股权，受让人对此知道或者应当知道，公司请求该股东履行出资义务、受让人对此承担连带责任的，人民法院应予支持；公司债权人依照本规定第十三条第二款向该股东提起诉讼，同时请求前述受让人对此承担连带责任的，人民法院应予支持。

受让人根据前款规定承担责任后，向该未履行或者未全面履行出资义务的股东追偿的，人民法院应予支持。但是，当事人另有约定的除外。

撰稿人：邬锦梅

案例 29　对赌协议在什么情况下可以认定为有效以及应如何履行

一、基本案情

2011 年 7 月 6 日，甲公司与乙公司、乙公司 11 名股东签订《增资扩股协议》，约定甲公司以现金 2200 万元对乙公司增资，其中 200 万元作为注册资本，2000 万元列为乙公司资本公积金。

同日，乙公司 11 名股东作为甲方、乙公司作为乙方、甲公司作为丙方共同签订《补充协议》。《补充协议》第 1 条"股权回购"第 1 款约定：若乙方在 2014 年 12 月 31 日前未能在境内资本市场上市或乙方主营业务、实际控制人、董事会成员发生重大变化，丙方有权要求乙方回购丙方所持有的全部乙方的股份，乙方应以现金形式收购；第 2 款约定：乙方回购丙方所持乙方股权的价款按以下公式计算：回购股权价款＝丙方投资额＋（丙方投资额×8%×投资到公司实际月份数/12）－乙方累计对丙方进行的分红；第 3 款约定：甲方、乙方应在丙方书面提出回购要求之日起 30 日内完成回购股权等有关事项，包括完成股东大会决议，签署股权转让合同以及其他相关法律文件，支付有关股权收购的全部款项，完成工商变更登记；第 4 款约定：若甲方、乙方在约定的期间内未予配合并收购丙方所持有公司股份，则乙方应按丙方应得回购股权价款每日的 0.5‰比率支付罚息，支付给丙方。第 3 条"违约责任"约定：本协议生效后，乙方的违约行为导致丙方发生任何损失，甲方、乙方承担连带责任。

2011 年 7 月 20 日，甲公司向乙公司实际缴纳新增出资 2200 万元，其中注册资本 200 万元，资本溢价 2000 万元。乙公司出具收据，载明收款事由为投资款。

2011 年 11 月 20 日，乙公司召开创立大会，所有股东参加，股东一致表决同意通过新的公司章程，第 21 条规定：公司在下列情况下可以依照法律、行政法规、部门规章和本章程的规定回购本公司的股份：（一）减少公司注册资本；（二）与持有本公司股份的其他公司合并；（三）将股份奖励给本公司职工；（四）股东因对股东会作出的公司分立、合并决议持异议，要求公司回购其股份。除上述情形外，公司不进行买卖本公司股份的活动。

2011年12月29日，乙公司经某市工商行政管理局①核准由有限公司变更为股份有限公司，即丙公司。

2012年11月至2014年4月，因证监会暂停IPO申报，丙公司无法于2014年12月31日前在境内资本市场上市，甲公司要求丙公司以现金形式回购其所持有的全部股份，原来乙公司的11名股东承担连带责任，协商未果，甲公司起诉要求丙公司以现金形式回购甲公司所持全部股份，原乙公司的11名股东承担连带责任。

本案经一审、二审，均以公司回购股份的条款无效为由，驳回了甲公司的诉讼请求。此后，甲公司诉至某省高级人民法院，最终认定公司回购条款有效，支持了甲公司的诉讼请求。

二、争议焦点

1. 关于股权回购的主体如何认定？
2. 丙公司新章程是否对对赌协议构成否定？
3. 案涉对赌协议效力如何？
4. 案涉对赌协议是否具备履行可能性？
5. 本案中责任承担主体包括哪些？

三、事实与解析

1. 案涉协议约定的股权回购主体应认定为乙公司

法院认为，《补充协议》并未明确约定原乙公司股东是回购主体，亦未对原乙公司的11名股东是否应当承担支付回购款的义务作出明确。协议关于违约责任的约定亦可印证合同约定的股权回购主体为乙公司，乙公司股东对该公司的违约行为承担连带责任。因而，原乙公司的11名股东不是回购主体。另，甲公司在合同约定的股权回购条件成就后，仅向丙公司致函要求该公司回购股权，而未向乙公司11名股东提出回购要求，进一步证明该补充协议约定的回购股权的主体仅为乙公司。根据上述约定及事实，以合同条款文义及合同条款体系的合理性为依据，原乙公司股东所应承担的义务应为对回购事宜的履行辅助如参加股东大会、保证回购决议通过等义务，以及在乙公司发生违约时承担连带责任的担保义务。

2. 乙公司新章程未对对赌协议作出变更

法院认为，丙公司新章程虽对公司回购股份作出原则性限制，但同时亦载明因符

---

① 2018年机构改革后，不再保留工商行政管理局，组建市场监督管理局。本书同。

合该章程规定的事由，丙公司可以回购本公司股份。章程规定与《补充协议》约定的股份回购并不存在冲突，即丙公司可在不违反《公司法》及公司章程关于股份回购强制性规定的情形下，通过履行法定手续和法定程序的方式合法回购甲公司持有的股份。

3. 案涉对赌协议效力应认定有效

法院认为，案涉对赌协议签订时乙公司系有限责任公司，且该公司全体股东均在对赌协议中签字并承诺确保对赌协议内容的履行。根据协议，乙公司及全部股东在约定的股权回购条款激活后，该公司应当履行法定程序办理工商变更登记，该公司全体股东负有履行过程中的协助义务及履行结果上的保证责任。

我国《公司法》并不禁止有限责任公司回购本公司股份，有限责任公司回购本公司股份不当然违反我国《公司法》的强制性规定。有限责任公司在履行法定程序后回购本公司股份，不会损害公司股东及债权人利益，亦不会构成对公司资本维持原则的违反。在有限责任公司作为对赌协议约定的股份回购主体的情形下，投资者作为对赌协议相对方所负担的义务不仅限于投入资金成本，还包括激励完善公司治理结构以及以公司上市为目标的资本运作等。投资人在进入目标公司后，亦应依《公司法》的规定，对目标公司经营亏损等问题按照合同约定或者持股比例承担相应责任。

案涉对赌协议中关于股份回购的条款内容，是当事人特别设立的保护投资人利益的条款，属于缔约过程中当事人对投资合作商业风险的安排，系各方当事人的真实意思表示。股份回购条款中关于股份回购价款的约定虽为相对固定收益，但约定的年回报率为8%，与同期企业融资成本相比并不明显过高，不存在脱离目标公司正常经营下所应负担的经营成本及所能获得的经营业绩的企业正常经营规律。

甲公司、乙公司及乙公司全体股东关于甲公司上述投资收益的约定，不违反国家法律、行政法规的禁止性规定，不存在《民法典》第554条规定的合同无效的情形，亦不属于格式合同或者格式条款，不存在显失公平的问题。

乙公司变更为丙公司后，案涉对赌协议的权利义务应由丙公司承继，在案涉对赌条款激活后，丙公司应按照协议约定履行股份回购义务，原乙公司股东应承担连带责任。

4. 案涉对赌协议具备履行可能性

法院认为，乙公司经工商部门核准变更为丙公司后，案涉对赌协议约定的股份回购义务应由丙公司履行。丙公司作为股份有限公司，不同于乙公司，故甲公司诉请丙公司履行股份回购义务，尚需具备法律上及事实上的履行可能。

（1）法律上的履行可能。关于股份有限公司股份回购，《公司法》第142条第1款规定，公司不得收购本公司股份。但是，有下列情形之一的除外：（一）减少公司注册资本；（二）与持有本公司股份的其他公司合并……第2款规定，公司因前款第（一）项至第（三）项的原因收购本公司股份的，应当经股东大会决议……第3款规定，公司依照第一款规定收购本公司股份后，属于第（一）项情形的，应当自收购之日起十日内注销……根据上述规定可知，《公司法》原则上禁止股份有限公司回购本公司股份，但同时亦规定了例外情形，即符合上述例外情形的，《公司法》允许股份有限公司回购本公司股份。本案中，丙公司章程亦对回购本公司股份的例外情形作出了类似的规定，并经股东一致表决同意，该规定对丙公司及全体股东均有法律上的约束力。《公司法》第37条、第46条、第177条、第179条，已明确规定了股份有限公司可减少注册资本回购本公司股份的合法途径。如股份有限公司应由公司董事会制定减资方案；股东会作出减资决议；公司编制资产负债表及财产清单；通知债权人并公告，债权人有权要求公司清偿债务或提供担保；办理工商变更登记。乙公司履行法定程序，支付股份回购款项，并不违反公司法的强制性规定，亦不会损害公司股东及债权人的利益。

关于甲公司缴纳的冲入乙公司资本公积金部分的本金2000万元及相关利息损失。《公司法》第3条第1款规定，公司是企业法人，有独立的法人财产，享有法人财产权。公司以其全部财产对公司的债务承担责任。第2款规定，有限责任公司的股东以其认缴的出资额为限对公司承担责任；股份有限公司的股东以其认购的股份为限对公司承担责任。公司的全部财产中包括股东以股份形式的投资，以及其他由公司合法控制的能带来经济利益的资源，如借款等。公司对外承担债务的责任财产为其全部财产，也即上述资产均应纳入对外承担债务的范围。对赌协议投资方在对赌协议中是目标公司的债权人，在对赌协议约定的股权回购情形出现时，当然有权要求公司及原股东承担相应的合同责任。在投资方投入资金后，成为目标公司的股东，但不能因此否认其仍是公司债权人的地位。投资方基于公司股东的身份，应当遵守公司法的强制性规定，应当依法定程序履行减资手续后退出，不能违法抽逃出资。而其基于公司债权人的身份，当然有权依据对赌协议的约定主张权利。

《公司法》亦未禁止公司回购股东对资本公积享有的份额。案涉对赌协议无论是针对列入注册资本的注资部分还是列入资本公积金的注资部分的回购约定，均具备法律上的履行可能。

（2）事实上的履行可能。乙公司在投资方注资后，其资产得以增长，而且在事实上持续对股东分红，其债务承担能力相较于投资方注资之前得到明显提高。丙公司在持续正常经营，参考甲公司在丙公司所占股权比例及乙公司历年分红情况，案涉对赌协议约定的股份回购款项的支付不会导致丙公司资产的减损，亦不会损害丙公司对其他债务人的清偿能力，不会因该义务的履行构成对其他债权人债权实现的障碍。相反，甲公司在向乙公司注资后，同时具备该公司股东及该公司债权人的双重身份，如允许丙公司及乙公司原股东违反对赌协议的约定拒绝履行股份回购义务，则不仅损害甲公司作为债权人应享有的合法权益，亦会对甲公司股东及该公司债权人的利益造成侵害，有违商事活动的诚实信用原则及公平原则。案涉对赌协议约定的股份回购条款具备事实上的履行可能。

5. 乙公司及其股东承担连带责任

法院认为，《补充协议》第 3 条约定：乙公司的违约行为导致甲公司发生任何损失，乙公司及其股东承担连带责任。该协议经乙公司原全体股东签字。故乙公司原全体股东应承担连带清偿责任。

四、律师说法

关于对赌协议的含义。根据《全国法院民商事审判工作会议纪要》的相关解释，对赌协议，又称估值调整协议，是指投资方与融资方在达成股权性融资协议时，为解决交易双方对目标公司未来发展的不确定性、信息不对称以及代理成本而设计的包含了股权回购、金钱补偿等对未来目标公司的估值进行调整的协议。从订立"对赌协议"的主体来看，有投资方与目标公司的股东或者实际控制人"对赌"，投资方与目标公司"对赌"，投资方与目标公司的股东、目标公司"对赌"等形式。

关于对赌协议的效力认定。对于投资方与目标公司的股东或者实际控制人订立的"对赌协议"，如无其他无效事由，认定有效并支持实际履行，实践中并无争议。但投资方与目标公司订立的"对赌协议"是否有效以及能否实际履行，司法实践中意见并不统一。本案作为我国司法实践中与公司对赌有效的第一案，不再"一刀切"地否定投资方与目标公司之间的对赌协议效力，而是先根据《民法典》的相关规定审查对赌协议自身是否有效，再根据《公司法》的相关规定综合考量对赌协议履行的可能性和正当性，从而判断是否支持投资方的诉请。

《全国法院民商事审判工作会议纪要》也在尊重商事交易意思自治的基础上确定了基本的审判思路。对于投资方与目标公司的股东或者实际控制人订立的"对赌协议"，如无其他无效事由，认定有效并支持实际履行；对于投资方与目标公司订立的"对赌协议"，在不存在法定无效事由的情况下，目标公司仅以存在股权回购或者金钱补偿约定为由，主张"对赌协议"无效的，人民法院不予支持，但投资方主张实际履行的，人民法院应当审查是否符合公司法关于"股东不得抽逃出资"及股份回购的强制性规定，判决是否支持其诉讼请求。

关于对赌协议的履行。根据《全国法院民商事审判工作会议纪要》的相关意见，投资方主张实际履行与目标公司签订的"对赌协议"的一般包括以下两种方式。

一是请求目标公司回购股权。在该种情形下，需要结合《公司法》第 142 条对于股份公司的股份回购是否符合强制性规定进行审查，经审查，目标公司未完成减资程序的，人民法院应当驳回其诉讼请求。实际上，要求目标公司先完成减资的前置程序，是基于对公司外部债权人的保护，债权人可以在此过程中要求公司清偿债务或者提供相应的担保，以保证债权的实现。与此同时，也应考虑到如若投资方在减资事项中所持有的表决权有限而造成的回购障碍。基于此，在实务中，投资方可以事先采取表决权托管或一致行动协议的方式，保障减资决议的顺利作出，避免股权回购陷入僵局。

二是请求投资方主张金钱补偿义务的，需根据《公司法》第35条关于股东不得抽逃出资和第166条关于利润分配的强制性规定进行审查。经审查，目标公司没有利润或者虽有利润但不足以补偿投资方的，人民法院应当驳回或者部分支持其诉讼请求。今后目标公司有利润时，投资方还可以依据该事实另行提起诉讼。基于此，可以理解为投资方依然是公司的股东，这里的金钱补偿是对目标公司的估值进行调整后进行的补偿，而不是投资方收回投资款退出目标公司。此外，投资方主张金钱补偿必须是在目标公司有利润的情况下，这就要求投资者在投资前对相关风险有一定的预判。

五、实务提示

1. 投资方需提前对投资风险进行价值决断，投资前对目标公司的利润情况、增长潜力进行充分的调查，合理设计对赌架构，如采用重复博弈结构、约定保底条款等方式，将投资风险降到最低。

2. 对赌协议条款中，投资方可提前通过表决权托管、一致行动条款对控制权进行约定，保障最低限度的控股地位，或者设定附生效条件的股东会决议，回购条款一旦触发，公司必须进行减资，以此来保障后续股权回购的顺利实现。

3. 投资者的受偿额度将可能取决于目标公司的资产状况，可提前将目标公司及股东同时设定为对赌义务方，明确二者的连带责任，以此增加自己的保障。

六、关联法规

（一）《公司法》

第十一条　设立公司必须依法制定公司章程。公司章程对公司、股东、董事、监事、高级管理人员具有约束力。

第三十五条　公司成立后，股东不得抽逃出资。

第三十七条　股东会行使下列职权：

（一）决定公司的经营方针和投资计划；

（二）选举和更换非由职工代表担任的董事、监事，决定有关董事、监事的报酬事项；

（三）审议批准董事会的报告；

（四）审议批准监事会或者监事的报告；

（五）审议批准公司的年度财务预算方案、决算方案；

（六）审议批准公司的利润分配方案和弥补亏损方案；

（七）对公司增加或者减少注册资本作出决议；

（八）对发行公司债券作出决议；

（九）对公司合并、分立、解散、清算或者变更公司形式作出决议；

（十）修改公司章程；

（十一）公司章程规定的其他职权。

对前款所列事项股东以书面形式一致表示同意的，可以不召开股东会会议，直接作出决定，并由全体股东在决定文件上签名、盖章。

第四十六条　董事会对股东会负责，行使下列职权：

（一）召集股东会会议，并向股东会报告工作；

（二）执行股东会的决议；

（三）决定公司的经营计划和投资方案；

（四）制订公司的年度财务预算方案、决算方案；

（五）制订公司的利润分配方案和弥补亏损方案；

（六）制订公司增加或者减少注册资本以及发行公司债券的方案；

（七）制订公司合并、分立、解散或者变更公司形式的方案；

（八）决定公司内部管理机构的设置；

（九）决定聘任或者解聘公司经理及其报酬事项，并根据经理的提名决定聘任或者解聘公司副经理、财务负责人及其报酬事项；

（十）制定公司的基本管理制度；

（十一）公司章程规定的其他职权。

第一百四十二条　公司不得收购本公司股份。但是，有下列情形之一的除外：

（一）减少公司注册资本；

（二）与持有本公司股份的其他公司合并；

（三）将股份用于员工持股计划或者股权激励；

（四）股东因对股东大会作出的公司合并、分立决议持异议，要求公司收购其股份；

（五）将股份用于转换上市公司发行的可转换为股票的公司债券；

（六）上市公司为维护公司价值及股东权益所必需。

公司因前款第（一）项、第（二）项规定的情形收购本公司股份的，应当经股东大会决议；公司因前款第（三）项、第（五）项、第（六）项规定的情形收购本公司股份的，可以依照公司章程的规定或者股东大会的授权，经三分之二以上董事出席的董事会会议决议。

公司依照本条第一款规定收购本公司股份后，属于第（一）项情形的，应当自收购之日起十日内注销；属于第（二）项、第（四）项情形的，应当在六个月内转让或者注销；属于第（三）项、第（五）项、第（六）项情形的，公司合计持有的本公司股份数不得超过本公司已发行股份总额的百分之十，并应当在三年内转让或者注销。

上市公司收购本公司股份的，应当依照《中华人民共和国证券法》的规定履行信息披露义务。上市公司因本条第一款第（三）项、第（五）项、第（六）项规定的情形收购本公司股份的，应当通过公开的集中交易方式进行。

公司不得接受本公司的股票作为质押权的标的。

第一百六十六条 公司分配当年税后利润时，应当提取利润的百分之十列入公司法定公积金。公司法定公积金累计额为公司注册资本的百分之五十以上的，可以不再提取。

公司的法定公积金不足以弥补以前年度亏损的，在依照前款规定提取法定公积金之前，应当先用当年利润弥补亏损。

公司从税后利润中提取法定公积金后，经股东会或者股东大会决议，还可以从税后利润中提取任意公积金。

公司弥补亏损和提取公积金后所余税后利润，有限责任公司依照本法第三十四条的规定分配；股份有限公司按照股东持有的股份比例分配，但股份有限公司章程规定不按持股比例分配的除外。

股东会、股东大会或者董事会违反前款规定，在公司弥补亏损和提取法定公积金之前向股东分配利润的，股东必须将违反规定分配的利润退还公司。

公司持有的本公司股份不得分配利润。

第一百七十七条 公司需要减少注册资本时，必须编制资产负债表及财产清单。

公司应当自作出减少注册资本决议之日起十日内通知债权人，并于三十日内在报纸上公告。债权人自接到通知书之日起三十日内，未接到通知书的自公告之日起四十五日内，有权要求公司清偿债务或者提供相应的担保。

第一百七十九条 公司合并或者分立，登记事项发生变更的，应当依法向公司登记机关办理变更登记；公司解散的，应当依法办理公司注销登记；设立新公司的，应当依法办理公司设立登记。

公司增加或者减少注册资本，应当依法向公司登记机关办理变更登记。

（二）《民法典》

第五百零九条 当事人应当按照约定全面履行自己的义务。

当事人应当遵循诚信原则，根据合同的性质、目的和交易习惯履行通知、协助、保密等义务。

当事人在履行合同过程中，应当避免浪费资源、污染环境和破坏生态。

第五百七十七条 当事人一方不履行合同义务或者履行合同义务不符合约定的，应当承担继续履行、采取补救措施或者赔偿损失等违约责任。

第五百八十五条 当事人可以约定一方违约时应当根据违约情况向对方支付一定数额的违约金，也可以约定因违约产生的损失赔偿额的计算方法。

约定的违约金低于造成的损失的，人民法院或者仲裁机构可以根据当事人的请求予以增加；约定的违约金过分高于造成的损失的，人民法院或者仲裁机构可以根据当事人的请求予以适当减少。

当事人就迟延履行约定违约金的，违约方支付违约金后，还应当履行债务。

（三）《全国法院民商事审判工作会议纪要》（法〔2019〕254号）

5. 【与目标公司"对赌"】投资方与目标公司订立的"对赌协议"在不存在法定无效事由的情况下，目标公司仅以存在股权回购或者金钱补偿约定为由，主张"对赌协议"无效的，人民法院不予支持，但投资方主张实际履行的，人民法院应当审查是否符合公司法关于"股东不得抽逃出资"及股份回购的强制性规定，判决是否支持其诉讼请求。

投资方请求目标公司回购股权的，人民法院应当依据《公司法》第35条关于"股东不得抽逃出资"或者第142条关于股份回购的强制性规定进行审查。经审查，目标公司未完成减资程序的，人民法院应当驳回其诉讼请求。

投资方请求目标公司承担金钱补偿义务的，人民法院应当依据《公司法》第35条关于"股东不得抽逃出资"和第166条关于利润分配的强制性规定进行审查。经审查，目标公司没有利润或者虽有利润但不足以补偿投资方的，人民法院应当驳回或者部分支持其诉讼请求。今后目标公司有利润时，投资方还可以依据该事实另行提起诉讼。

撰稿人：杨楚

 案例30 解除增资扩股协议可以要求返还资本公积吗

一、基本案情

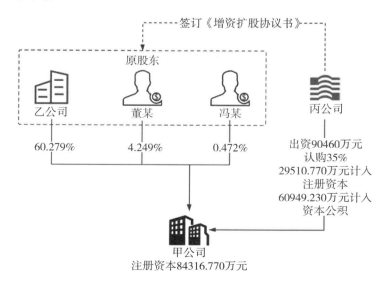

图1 基本案情分析

甲公司股东乙公司、董某、冯某（统称原股东）决议甲公司拟增资扩股 90460 万元，引入投资人丙公司，其中 29510.770 万元投入注册资本，溢价部分 60949.230 万元计入甲公司的资本公积，增资后甲公司注册资本将增加至 84316.770 万元，股东及持股比例将变更为：乙公司持有 60.279% 的股权，董某持有 4.249% 的股权，冯某持有 0.472% 的股权，丙公司持有 35% 的股权。原股东与丙公司签订《增资扩股协议书》后，丙公司依约向甲公司分期实缴出资，至本案争议时丙公司已按约向甲公司分批出资 50000 万元，按照约定上述 50000 万元出资中，投入甲公司的注册资本 163115023.20 元，计入新增注册资本公积 336884976.80 元。

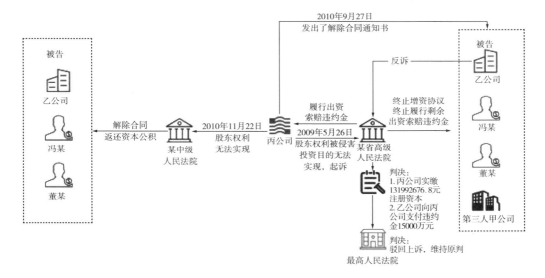

图 2　本案诉讼脉络

丙公司依约履行股东出资义务后，原股东乙公司利用其对甲公司的控制，未按《增资扩股协议书》约定保障丙公司应有的股东权益，丙公司虽经多次交涉，仍无法享受应有的知情权、决策权、参与管理权、财务监督权等股东权利。故丙公司以其股东权益遭受严重侵害、实缴出资被挪用侵占，导致《增资扩股协议书》合同目的无法实现为由，将原股东诉至某省高级人民法院，请求判令：一、终止《增资扩股协议书》中约定的继续履行出资 40460 万元的义务；二、乙公司向丙公司支付违约金 15000 万元；三、董某、冯某对乙公司违约金的支付承担连带责任；四、该案诉讼费用由乙公司、董某、冯某共同承担。该案中，乙公司主张，丙公司未按《增资扩股协议书》约定缴纳最后一期 40460 万元的出资，且未按照合同约定为甲公司的贷款提供担保，构成违约，遂提起反诉，请求判令：丙公司立即向甲公司出资 40460 万元；向乙公司支付违约金 15000 万元；由丙公司承担全部诉讼费用。2010 年 6 月 4 日某省高级人民法院作出判决：一、丙公司于该判决生效后十日内将《增资扩股协议书》第 1 条第

1.2 款第（7）项下 40460 万元出资义务中的 131992676.8 元注册资本金交付甲公司，投入甲公司注册资本。《增资扩股协议书》第 1 条第 1.2 款第（7）项下的其余出资义务终止履行。二、乙公司于该判决生效后十日内向丙公司支付违约金 15000 万元；三、驳回丙公司的其他诉讼请求；四、驳回乙公司的其他反诉请求。宣判后，丙公司、乙公司均不服，向最高人民法院提起上诉，最高人民法院经审理于 2010 年 12 月 6 日作出判决：驳回上诉，维持原判。

2010 年 9 月 26 日，丙公司分别向乙公司、董某、冯某发出了解除合同通知书，通知书载明，鉴于乙公司、董某、冯某严重违反《增资扩股协议书》的约定，已经构成对协议的实质性违约，签订协议目的已无法达到，通知解除《增资扩股协议书》，并保留进一步追究违约责任的权利。丙公司又向最高人民法院申请再审，丙公司提交的再审申请书中主要诉讼请求为：撤销某省高级人民法院判决第一项，改判终止继续履行《增资扩股协议书》出资 40460 万元的义务。

2010 年 11 月 22 日，丙公司另案向某省高级人民法院起诉，请求：一、判令乙公司、董某、冯某连带返还丙公司出资款中的资本公积 336884976.80 元；二、判令第三人甲公司与乙公司、董某、冯某向丙公司承担连带返还责任等。

二、争议焦点

《增资扩股协议书》解除后丙公司是否有权请求乙公司、董某、冯某和甲公司共同向其返还出资款中的资本公积部分？

三、事实与解析

法院认为，《增资扩股协议书》的解除既应遵循《合同法》① 的规定，亦应不违背《公司法》② 的相关要求，《增资扩股协议书》虽已解除，但根据《公司法》的相关规定，丙公司不能要求返还出资中的资本公积 336884976.80 元。理由如下：第一，根据《公司法》第 168 条的规定，股份有限公司以超过股票票面金额的发行价格发行股份所得的溢价款以及国务院财政部门规定列入资本公积的其他收入，应当列为公司资本公积。《企业财务通则》第 17 条第 1 款规定，对投资者实际缴付的出资超过注册资本的差额（包括股票溢价），企业应当作为资本公积管理。《最高人民法院公报》2010 年第 2 期刊载的兰州某骏物流有限公司与兰州某百（集团）股份有限公司侵权纠纷案裁判摘要第二项载明，公司因接受赠与而增加的资本公积属于公司所有，是公司的财产，股东不能主张该资本公积与自己持股比例相对应的部分归属于自己。可见，资本公积属于公司所有，是公司资产的构成部分，股东不得任意要求公司予以返还。第二，资本公积虽然不同于公司的注册资本需在工商行政管理部门登记，但其与注册资本均属

---

① 本案发生时《合同法》尚未失效，现《合同法》相关规定请参照《民法典》。

② 本案判决时间为 2012 年左右，故此处的《公司法》指 2005 年修订版本。本段余同。

于公司资本范畴，是公司的资本储备，目的在于巩固公司的财产基础，加强公司信用。从《增资扩股协议书》的约定看，在丙公司全部出资到位后，甲公司将立即进行新增资本公积转增注册资本操作，表明丙公司投入甲公司的资本公积就是甲公司注册资本的准备金，具有准资本的性质。如果将该资本公积予以返还，将导致甲公司资本规模的减少，损害甲公司的财产和信用基础，损害公司债权人的利益。第三，根据公司资本维持原则的要求，公司在其存续过程中，应维持与其资本额相当的实有资产。为使公司的资本与公司资产基本相当，切实维护交易安全和保护债权人的利益，《公司法》第 36 条明确规定，公司成立后，股东不得抽逃出资。同理，对于公司增资的新股东来说，同样不得抽回其向公司的投资。因此，丙公司投入甲公司的 336884976.80 元资本公积是甲公司的公司资产，未经甲公司及其债权人同意，对丙公司请求返还其已经实际交纳的资本公积应不予支持。

四、律师说法

本案中原告丙公司仅就资本公积部分主张返还，而未主张注册资本部分资金返还，由此恰好说明丙公司认可《公司法》资本维持原则，能够认知到非经法定程序获取注册资本金属于抽逃出资的违法行为；而对资本公积的性质，丙公司则认为不属于注册资本，因此可予以返还。这其中存在两个重要问题，一是：非注册资本就一定可以返还吗？二是："资本公积"在投资人（股东）和公司之间构成什么法律关系？

1. 非注册资本就一定可以返还吗？

根据《公司法》规定，公司成立后，股东不得抽逃出资；那么，出资指的是什么，就是注册资本吗？首先，依据财政部《企业财务通则》第 17 条第 1 款："对投资者实际缴付的出资超出注册资本的差额（包括股票溢价），企业应当作为资本公积管理。"其次，根据《民法典》第 125 条："民事主体依法享有股权和其他投资性权利"；最后，《公司法》第 166 条第 4 款关于法定公积金与任意公积金之规定，"公司弥补亏损和提取公积金后所余税后利润，有限责任公司依照本法第三十四条的规定分配；股份有限公司按照股东持有的股份比例分配，但股份有限公司章程规定不按持股比例分配的除外"。由此可知，股东的出资款实缴至公司后不仅可作为注册资本金，还可以记为资本公积金；同时，公司各类公积金都属于公司资产，而非股东所有。所以，并非只有注册资本不得向股东直接返还，资本公积金亦不得直接向股东进行返还，注册资本通过减资后可返还股东，资本公积可通过转增注册资本后再进行减资返还股东。

2. "资本公积"在投资人（股东）和公司之间构成什么法律关系？

首先，本案中原告丙公司的诉请是"请求返还资本公积金部分的出资"，那么既为请求权之诉，笔者就以《民法典》为依据分析丙公司的请求权基础是什么。根据《民法典》，请求权可大致分为类合同请求权、合同请求权、无因管理请求权、不当得利请求权、侵权责任请求权、物权请求权六类，笔者拟采用排除法分析"请求返还资本公积金"属于哪类请求权。

（1）类合同请求权

类合同请求权主要是指先合同义务、后合同义务以及合同无效的责任承担，而本案丙公司是依据合同相对方根本违约而行使合同解除权后请求返还资本公积金，因此并不属于类合同请求权的范畴。

（2）合同请求权

合同请求权一般可分为履行请求权和违约救济请求权。履行请求权是指权利人请求合同当事人履行合同约定的给付、通知、协助、保密等义务的权利；违约救济请求权是指合同守约方要求合同违约方，依据合同约定承担相应违约责任或合同解除后请求恢复原状或者采取其他补救措施的权利。那么，本案丙公司以合同相对方根本违约而解除合同并请求返还资本公积金的行为属于合同请求权吗？

首先，《增资扩股协议书》并未将返还资本公积作为合同义务或违约责任；其次，因乙公司根本违约，在其他合同当事人收到丙公司发出解除通知时《增资扩股协议书》已经被解除；最后，丙公司已部分履行了《增资扩股协议书》所约定的实缴出资义务。因此，丙公司要求返还资本公积即符合《民法典》第566条所规定的"合同解除后请求恢复原状"的情形。

那么，《增资扩股协议书》可以被恢复原状吗？笔者认为无法恢复原状，前文所述，丙公司对甲公司的出资，其资金所有权已由丙公司转移至甲公司，作为对价丙公司获得甲公司所增发的股权，所以乙公司及其他原股东作为合同相对方并未获取丙公司对甲公司的出资，故其向丙公司返还出资的事实基础并不存在，而甲公司又非《增资扩股协议书》的合同当事人，其亦无需依据合同约定或合同解除履行相应返还义务。那丙公司是否可基于其他请求权要求甲公司返还资本公积呢？请看下文分析。

（3）无因管理请求权

《民法典》第121条："没有法定的或者约定的义务，为避免他人利益受损失而进行管理的人，有权请求受益人偿还由此支出的必要费用。"很显然丙公司是依据合同约定履行的出资义务，甲公司获取出资也相应向丙公司增发了股权，因此甲公司不属于无因管理受益人。

（4）不当得利请求权

《民法典》第122条："因他人没有法律根据，取得不当利益，受损失的人有权请求其返还不当利益。"如无因管理请求权处所述，甲公司获取丙公司的实缴出资并非不当得利。

（5）侵权责任请求权

《民法典》第 1165 条：“行为人因过错侵害他人民事权益造成损害的，应当承担侵权责任。依照法律规定推定行为人有过错，其不能证明自己没有过错的，应当承担侵权责任。”本案中甲公司获取丙公司的出资有合同依据，且在丙公司股东权利被侵害的事实中无过错，过错方为乙公司等原股东，故甲公司并未侵害丙公司的权益，由此丙公司不能依据侵权责任请求权要求甲公司返还资本公积。

（6）物权请求权

根据《民法典》第 234 条至第 238 条，物权请求权分为物权确认请求权，返还原物请求权，排除妨害、消除危险请求权，修理、重作、更换或恢复原状请求权，损害赔偿请求权五种请求权；同时物权又包括所有权、用益物权、担保物权、占有四类。

丙公司将其货币资金作为股权出资实缴至甲公司，则该资金所有权便由丙公司转移至甲公司，因此甲公司基于所有权转移而占有该笔资金确属物权范畴，但因甲公司基于《增资扩股协议书》和增资扩股行为而合法取得资金所有权，故并不符合上述任何物权请求权的适用情形。

综上所述，丙公司无论从主体层面、合法性角度还是请求权基础方面均无权要求乙公司等原股东和甲公司向其直接返还已实缴出资的资本公积部分；丙公司解除合同后只能依据《民法典》第 566 条要求乙公司等原股东承担违约及损害赔偿责任。

五、实务提示

通过本案的裁判分析以及《民法典》的相关规定，笔者认为投资人参与增资扩股应当注意以下几点问题。

1. 慎重选择合作伙伴

选择合作伙伴即重点考察所投公司原股东；一般情形，投资人尤其是实业投资人判断是否投资某企业的重要依据往往是行业前景、产业布局以及被投企业的具体情况，包括经营、业绩、管理、财务等要素，但恰恰会轻视对原股东的调查和分析。因此，投资后常会因股东矛盾阻碍股东权利的行使，最终导致投资失败；所以作为投资人，无论是战略投资还是财务投资，对原股东的考察都应当是重中之重。

2. 合理设计投资条款

除了并购投资外，多数股权投资人投资后所占有的股权比例都在三分之一以内，即“参股投资”；那么作为“小股东”，其股东权利以及公司经营治理参与度都存在被大股东影响或侵害的风险。所以，投资时就应当对此引起重视，在投资协议中重点约定保护机制和退出条款，对大股东权利进行限制的同时对其设置回购义务，由此即便在投资失败时也能至少保证全身而退，不至于陷入公司僵局导致重大损失。

3. 善于运用一票否决权

为确保投资人能够有效参与公司的经营管理，应在章程中对公司战略决策、重大投资、对外担保以及规章制度立改废等诸多重大事项设置一票否决权。一票否决权分为两种设置方式：一是直接否决，即直接约定特定事项投资人拥有一票否决的权利；二是间接否决，即将特别事项的议事规则设置为须经全体股东一致通过或根据自己所持股权比例设置相应决策通过比例。实操中若投资人有较强的谈判力可选择直接否决，否则可以通过间接否决实现目的。

六、关联法规

(一)《公司法》

第三十四条　股东按照实缴的出资比例分取红利；公司新增资本时，股东有权优先按照实缴的出资比例认缴出资。但是，全体股东约定不按照出资比例分取红利或者不按照出资比例优先认缴出资的除外。

第三十五条　公司成立后，股东不得抽逃出资。

第一百六十六条第四款　公司弥补亏损和提取公积金后所余税后利润，有限责任公司依照本法第三十四条的规定分配；股份有限公司按照股东持有的股份比例分配，但股份有限公司章程规定不按持股比例分配的除外。

第一百六十八条　公司的公积金用于弥补公司的亏损、扩大公司生产经营或者转为增加公司资本。但是，资本公积金不得用于弥补公司的亏损。

法定公积金转为资本时，所留存的该项公积金不得少于转增前公司注册资本的百分之二十五。

(二)《民法典》

第一百二十一条　没有法定的或者约定的义务，为避免他人利益受损失而进行管理的人，有权请求受益人偿还由此支出的必要费用。

第一百二十二条　因他人没有法律根据，取得不当利益，受损失的人有权请求其返还不当利益。

第一百二十五条　民事主体依法享有股权和其他投资性权利。

第一百五十七条　民事法律行为无效、被撤销或者确定不发生效力后，行为人因该行为取得的财产，应当予以返还；不能返还或者没有必要返还的，应当折价补偿。有过错的一方应当赔偿对方由此所受到的损失；各方都有过错的，应当各自承担相应的责任。法律另有规定的，依照其规定。

第二百三十四条　因物权的归属、内容发生争议的，利害关系人可以请求确认权利。

第二百三十五条　无权占有不动产或者动产的，权利人可以请求返还原物。

第二百三十六条　妨害物权或者可能妨害物权的，权利人可以请求排除妨害或者消除危险。

第二百三十七条　造成不动产或者动产毁损的，权利人可以依法请求修理、重作、更换或者恢复原状。

第二百三十八条 侵害物权，造成权利人损害的，权利人可以依法请求损害赔偿，也可以依法请求承担其他民事责任。

第五百零九条第一款 当事人应当按照约定全面履行自己的义务。

第五百六十六条 合同解除后，尚未履行的，终止履行；已经履行的，根据履行情况和合同性质，当事人可以请求恢复原状或者采取其他补救措施，并有权请求赔偿损失。

合同因违约解除的，解除权人可以请求违约方承担违约责任，但是当事人另有约定的除外。

主合同解除后，担保人对债务人应当承担的民事责任仍应当承担担保责任，但是担保合同另有约定的除外。

第五百九十八条 出卖人应当履行向买受人交付标的物或者交付提取标的物的单证，并转移标的物所有权的义务。

第六百二十六条 买受人应当按照约定的数额和支付方式支付价款。对价款的数额和支付方式没有约定或者约定不明确的，适用本法第五百一十条、第五百一十一条第二项和第五项的规定。

第九百七十九条第一款 管理人没有法定的或者约定的义务，为避免他人利益受损失而管理他人事务的，可以请求受益人偿还因管理事务而支出的必要费用；管理人因管理事务受到损失的，可以请求受益人给予适当补偿。

第一千一百六十五条 行为人因过错侵害他人民事权益造成损害的，应当承担侵权责任。

依照法律规定推定行为人有过错，其不能证明自己没有过错的，应当承担侵权责任。

(三)《企业财务通则》

第十七条 对投资者实际缴付的出资超出注册资本的差额（包括股票溢价），企业应当作为资本公积管理。

经投资者审议决定后，资本公积用于转增资本。国家另有规定的，从其规定。

撰稿人：孙波

 案例 31 如何认定股权让与担保的合同性质与效力

一、基本案情

甲公司自 2013 年起以自己或下属公司名义多次向刘某（代表乙公司）借款，累计借款本金总计 1059244471.52 元，累计利息 1333070602.41 元。2014 年 6 月 16 日、6

月 26 日，甲公司分别将其名下丙公司 100% 股权及丁公司 64% 股权作为让与担保物，以保障乙公司债权的安全和实现，股权变更登记到乙公司指定的第三人刘某名下，同时，乙公司与刘某签订了股权代持协议。2017 年初，双方约定以丙公司资产抵偿债务利息 362043732.00 元。后甲公司进入破产重整程序，其持有的丁公司股权成为破产财产。乙公司向法院起诉，请求甲公司偿还借款本金及利息，并对刘某持有的丁公司 64% 股权折价或者拍卖、变卖所得价款优先受偿。诉讼中，双方对于合同性质及效力存在争议。

二、争议焦点

1. 甲公司将其持有的丙公司、丁公司股权登记在刘某名下的法律性质如何？

2. 本案中的股权让与担保是否属于虚伪意思表示？是否有效？

3. 甲公司与刘某之间的股权让与担保是否违反物权法定及物权公示原则，违反法律禁止流押流质的规定？

4. 让与担保权人是否可以就股权价值优先受偿？

5. 刘某对该股权享有优先受偿权，是否构成《企业破产法》第 16 条所规定的个别清偿行为？

三、事实与解析

1. 甲公司将其持有的丙公司、丁公司股权登记在刘某名下的法律性质如何？

法院认为，双方签订股权转让协议的目的是以股权转让形式保证乙公司债权的实现，担保甲公司按协议约定偿还借款。甲公司仍保留对丙公司、丁公司的重大决策等股东权利。如债务不能依约清偿，债权人可就丙公司、丁公司经评估后的资产价值抵偿债务，符合让与担保法律特征，并非真正的股权转让，而是作为对刘某（代表乙公司）债权实现的非典型担保，即让与担保。

2. 本案中的股权让与担保是否属于虚伪意思表示？是否有效？

法院认为，有关让与担保的约定内容真实、自愿、合法，不具有合同无效情形，应为有效合同。《民法典》第 146 条规定，行为人与相对人以虚假的意思表示实施的民事法律行为无效。以虚假的意思表示隐藏的民事法律行为的效力，依照有关法律规定处理。是否为"以虚假的意思表示实施的民事法律行为"，应当结合当事人在主合同即借款合同和从合同即让与担保合同中作出的真实意思表示，统筹作出判断。约定将债务人或第三人股权转让给债权人的合同目的是设立担保，丁公司 64% 股权转让至乙公司代持股人刘某名下是为甲公司向乙公司的巨额借款提供担保，而非设立股权转让民事关系。对此，债权人、债务人明知。从这一角度看，债权人、债务人的真实意思是以向债权人转让丁公司股权的形式为债权实现提供担保，"显现的"是转让股权，"隐藏的"是为借款提供担保而非股权转让，均为让与担保既有法律特征的有机组成部分，均是债权人、债务人的真实意思，该意思表示不存在不真实或不一致的瑕疵，也未违反法律、行政法规的效力性强制性规定。

3. 甲公司与刘某之间的股权让与担保是否违反物权法定及物权公示原则，违反法律禁止流押流质的规定？

对于该案中股权让与担保是否违反物权法定及物权公示原则，法院认为，首先，根据物权和债权区分原则，物权法定原则并不能否定上述合同的效力，即使股权让与担保不具有物权效力，股权让与担保合同也不必然无效。其次，让与担保虽非《民法典》等法律规定的有名担保，但属在法理及司法实践中得到广泛确认的非典型担保。

对于该案中股权让与担保是否违反法律禁止流押流质的规定，《民法典》第401条规定，抵押权人在债务履行期届满前，不得与抵押人约定债务人不履行到期债务时抵押财产归债权人所有；第428条规定，质权人在债务履行期届满前，不得与出质人约定债务人不履行到期债务时质押财产归债权人所有。前述《民法典》禁止流押、禁止流质之规定，旨在避免债权人乘债务人之危而滥用其优势地位，压低担保物价值，谋取不当利益。如约定担保权人负有清算义务，当债务人不履行债务时，担保权人并非当然取得担保物所有权时，并不存在流押、流质的问题。本案中，甲公司与刘某2015年8月13日签订的《补充协议书》约定，如甲公司不能还清债务，"乙方有权对外出售丁公司股权，出售价格以评估价格为基础下浮不超过10%；出售股权比例变现的额度，不得超过未清偿借款本息"。可见，甲公司与刘某就以丁公司64%股权设定的让与担保，股权出售价格应以"评估价格为基础下浮不超过10%"的清算方式变现。法院认为，上述约定不违反禁止流质流押的法律规定，应当认定上述约定有效。

4. 让与担保权人是否可以就股权价值优先受偿？

《民法典》第425条第1款、第443条第1款、第446条规定，在股权质押中，质权人可就已办理出质登记的股权优先受偿。举轻以明重，在已将作为担保财产的股权变更登记到担保权人名下的股权让与担保中，担保权人形式上已经是作为担保标的物的股份的持有者，其就作为担保的股权所享有的优先受偿权利，更应受到保护，原则上具有对抗第三人的物权效力。这也正是股权让与担保的核心价值所在。本案中，甲公司与刘某于2014年6月就签订协议，以丁公司64%股权设定让与担保，债权人乙公司代持股人刘某和债务人甲公司协调配合已依约办妥公司股东变更登记，形式上刘某成为该股权的受让人。因此，刘某依约享有的担保物权优于一般债权，具有对抗甲公司其他一般债权人的物权效力。

5. 刘某对该股权享有优先受偿权，是否构成《企业破产法》第16条所规定的个别清偿行为？

法院认为，认定刘某对讼争股权享有优先受偿权，不构成《企业破产法》第16条规定所指的个别清偿行为。《企业破产法》第16条之所以规定人民法院受理破产申请后的个别清偿行为无效，一是，因为此种个别清偿行为减少破产财产总额；二是，因为此类个别清偿行为违反公平清偿原则。在当事人以股权设定让与担保并办理相应股权变更登记，且让与担保人进入破产程序时，认定让与担保权人就已设定让与担保的股权享有优先受偿权利，是让与担保法律制度的既有功能，是设立让与担保合同的目的。

四、律师说法

股权让与担保是让与担保的一种，是指债务人或者第三人为担保债务人的债务，将其股权转移至债权人名下并完成变更登记，在债务人不履行到期债务时，债权人可就股权转让价款优先受偿的一种非典型担保。本案甲公司将持有的丙公司、丁公司股权登记在刘某名下的目的也很明确，就是担保该债权的实现，其性质为让与担保，是一种广泛使用的非典型担保方式，协议并未违反法律及行政法规的强制性规定，是合法有效的，甲公司不能履行还款义务时，债权人有权通过清算，对担保标的物拍卖折价后，从变价款中优先受偿。

本案发生于《全国法院民商事审判工作会议纪要》出台之前，事实上《全国法院民商事审判工作会议纪要》第 66 条、第 71 条对让与担保的担保功能和效力进行了肯定。此后，《最高人民法院关于适用〈中华人民共和国民法典〉有关担保制度的解释》第 68 条也进一步进行了明确，认可了让与担保的效力。实践中，股权让与担保和股权转让在外观上都呈现出权利的转移，但二者产生的目的、当事人权利义务安排却存在很大差距。股权让与担保的目的在于担保债权的实现，股权转让的目的在于实现股权的交易。股权让与担保情形下，债权人通常不具有股东资格，也不承担股东责任。

债权人与债务人签订的名为股权转让实为股权让与担保的合同，如果未违反法律及行政法规的强制性规定，此种担保方式通常应当被认定为合法有效，以虚伪意思表示为由认定让与担保无效缺乏法律依据。根据《民法典》第 146 条第 2 款有关"以虚假的意思表示隐藏的民事法律行为的效力，依照有关法律规定处理"的规定，虚假的意思表示即股权转让协议因其并非当事人真实的意思表示而无效，而隐藏的行为即让与担保行为则要根据合同法的相关规定认定其效力。若当事人之间约定股权让与担保本身并不存在违反法律、行政法规的强制性规定的情形，应当依法认定有效。

关于股权让与担保中的流质条款问题。担保物权不重在对担保物的直接支配，而重在对担保物的交换价值的直接支配，我国民法典明确禁止流质、流押条款的重要原因正是避免债权人利用其优势地位压低担保物的价值获取暴利。实务中，如果当事人约定"债务履行期届满债务人未清偿债务的，债权人有权直接以股权抵偿或者由债权人随意处置股权"的，该约定通常会被认定为属于流质性质，属于法律禁止之列。

在股权质押中，质权人可就已办理出质登记的股权优先受偿。在已将作为担保财产的股权变更登记到担保权人名下的股权让与担保中，担保权人形式上已经是作为担保标的物的股权的持有者，其就作为担保的股权所享有的优先受偿权利，更应受到保护，原则上具有对抗第三人的物权效力。当借款人进入重整程序时，确认股权让与担保权人享有优先受偿的权利，不构成《企业破产法》第16条规定所指的个别清偿行为。

五、实务提示

股权让与担保的协议应遵循"禁止流质"的原则。实务中，与抵押、质押等传统担保方式相较而言，股权让与担保操作简单，可以作为一种债权担保的选择。需要注意的是协议双方务必要约定，债务不能按期偿还时以回购股权或以变卖股权对债务进行清偿，并对担保期间的股东权利进行约定。不要在协议中直接约定未按期还款则直接以股权抵偿或者由债权人随意处置股权之类的条款，该类约定很可能因违反"禁止流质"的原则而被认定为无效进而不能起到担保债权的作用。

根据《民法典》第414条的规定，为防止在先担保物权对清偿顺序的影响，建议在签订股权让与担保协议前核实拟受让股权是否存在质押登记，或在协议中约定若因在先担保物权导致股权无法完成转让登记的则拟受让人有权单方解除合同。在签订股权让与担保的相关协议后，应尽快办理股权转让款的支付和股东变更的相关备案手续。股权作为担保财产并办理变更登记的，担保权人形式上已作为股权持有者，具有优先受偿权。

处置股权的价格应当客观、公正、公允。我国法律对于清算型让与担保方式，并未予以禁止。在实践中，股权让与担保的实现方式主要有两种：一种是"归属清算型"，即让与担保权人将标的物予以公正估价，标的物估价如果超过担保债权数额的，超过部分的价额应交还给让与担保设定人，标的物所有权由让与担保权人取得；另一种是"处分清算型"，即让与担保权人将标的物予以拍卖、变卖，以卖得价金用以清偿债务，如有余额则返还给债务人。无论选择何种方式，双方均应当对标的股权处置的价格进行合理的评估作价，保证实际确定的转让价格是合理公允的，只有这样才能最大限度地保护担保人的利益，避免因股权处置约定而遭受过多的利益损失。

六、关联法规

（一）《民法典》

第一百四十六条　行为人与相对人以虚假的意思表示实施的民事法律行为无效。

以虚假的意思表示隐藏的民事法律行为的效力，依照有关法律规定处理。

第四百零一条　抵押权人在债务履行期限届满前，与抵押人约定债务人不履行到期债务时抵押财产归债权人所有的，只能依法就抵押财产优先受偿。

第四百二十五条　为担保债务的履行，债务人或者第三人将其动产出质给债权人占有的，债务人不履行到期债务或者发生当事人约定的实现质权的情形，债权人有权就该动产优先受偿。

前款规定的债务人或者第三人为出质人，债权人为质权人，交付的动产为质押财产。

第四百二十七条 设立质权，当事人应当采用书面形式订立质押合同。

质押合同一般包括下列条款：

（一）被担保债权的种类和数额；

（二）债务人履行债务的期限；

（三）质押财产的名称、数量等情况；

（四）担保的范围；

（五）质押财产交付的时间、方式。

第四百四十三条 以基金份额、股权出质的，质权自办理出质登记时设立。

基金份额、股权出质后，不得转让，但是出质人与质权人协商同意的除外。出质人转让基金份额、股权所得的价款，应当向质权人提前清偿债务或者提存。

第四百四十六条 权利质权除适用本节规定外，适用本章第一节的有关规定。

（二）《全国法院民商事审判工作会议纪要》（法〔2019〕254号）

66.【担保关系的认定】当事人订立的具有担保功能的合同，不存在法定无效情形的，应当认定有效。虽然合同约定的权利义务关系不属于物权法规定的典型担保类型，但是其担保功能应予肯定。

71.【让与担保】债务人或者第三人与债权人订立合同，约定将财产形式上转让至债权人名下，债务人到期清偿债务，债权人将该财产返还给债务人或第三人，债务人到期没有清偿债务，债权人可以对财产拍卖、变卖、折价偿还债权的，人民法院应当认定合同有效。合同如果约定债务人到期没有清偿债务，财产归债权人所有的，人民法院应当认定该部分约定无效，但不影响合同其他部分的效力。

当事人根据上述合同约定，已经完成财产权利变动的公示方式转让至债权人名下，债务人到期没有清偿债务，债权人请求确认财产归其所有的，人民法院不予支持，但债权人请求参照法律关于担保物权的规定对财产拍卖、变卖、折价优先偿还其债权的，人民法院依法予以支持。债务人因到期没有清偿债务，请求对该财产拍卖、变卖、折价偿还所欠债权人合同项下债务的，人民法院亦应依法予以支持。

（三）《最高人民法院关于适用〈中华人民共和国民法典〉有关担保制度的解释》

第六十八条 债务人或者第三人与债权人约定将财产形式上转移至债权人名下，债务人不履行到期债务，债权人有权对财产折价或者以拍卖、变卖该财产所得价款偿还债务的，人民法院应当认定该约定有效。当事人已经完成财产权利变动的公示，债务人不履行到期债务，债权人请求参照民法典关于担保物权的有关规定就该财产优先受偿的，人民法院应予支持。

债务人或者第三人与债权人约定将财产形式上转移至债权人名下，债务人不履行到期债务，财产归债权人所有的，人民法院应当认定该约定无效，但是不影响当事有关提供担保的意思表示的效力。当事人已经完成财产权利变动的公示，债务人不履行到期债务，债权人请求对该财产享有所有权的，人民法院不予支持；债权人请求参照民法典关于担保物权的规定对财产折价或者以拍卖、变卖该财产所得的价款优先受偿的，人民法院应予支持；债务人履行债务后请求返还财产，或者请求对财产折价或者以拍卖、变卖所得的价款清偿债务的，人民法院应予支持。

债务人与债权人约定将财产转移至债权人名下，在一定期间后再由债务人或者其指定的第三人以交易本金加上溢价款回购，债务人到期不履行回购义务，财产归债权人所有的，人民法院应当参照第二款规定处理。回购对象自始不存在的，人民法院应当依照民法典第一百四十六条第二款的规定，按照其实际构成的法律关系处理。

（四）《企业破产法》

第十六条　人民法院受理破产申请后，债务人对个别债权人的债务清偿无效。

第三十条　破产申请受理时属于债务人的全部财产，以及破产申请受理后至破产程序终结前债务人取得的财产，为债务人财产。

第三十一条　人民法院受理破产申请前一年内，涉及债务人财产的下列行为，管理人有权请求人民法院予以撤销：

（一）无偿转让财产的；

（二）以明显不合理的价格进行交易的；

（三）对没有财产担保的债务提供财产担保的；

（四）对未到期的债务提前清偿的；

（五）放弃债权的。

第三十二条　人民法院受理破产申请前六个月内，债务人有本法第二条第一款规定的情形，仍对个别债权人进行清偿的，管理人有权请求人民法院予以撤销。但是，个别清偿使债务人财产受益的除外。

第三十三条　涉及债务人财产的下列行为无效：

（一）为逃避债务而隐匿、转移财产的；

（二）虚构债务或者承认不真实的债务的。

第四十六条　未到期的债权，在破产申请受理时视为到期。

附利息的债权自破产申请受理时起停止计息。

第一百零九条　对破产人的特定财产享有担保权的权利人，对该特定财产享有优先受偿的权利。

撰稿人：杨楚

第二节　股东资格确认

 案例 32　公司内部增加股本金方案的法律效力

——能否作为确认股东资格及履行实际出资义务之依据

一、基本案情

甲公司于 2001 年 8 月 3 日成立，企业类型为有限责任公司，康某任董事长，于某、何某任董事，刘某任监事。2004 年 11 月 26 日第二届股东大会通过的《增加股本金方案》，第 2 条股本结构中内容为：总股本 1500 股（每股 1000 元），其中董事长 760 股，董事会、监事会成员及公司副经理每人 80 股，企业中层二部每人 40 股，车间班组长每人 10 股，其他人员股份不变。

董事何某认为其属于每人 80 股的人员范围，但实际只出资 7 万元，欠缴 1 万元股本金，遂请求法院确认其欠缴甲公司 1 万元股本金。

二、争议焦点

1. 如何认定股东是否履行出资义务？

2. 股东大会通过的增加股本金方案的法律效力如何？

3. 高管能否依据增加股本金方案主张股东身份？

三、事实与解析

确认股东出资额，取决于两种要件，在实际上履行的出资义务和形式上具有的出资证明书，在股东名册上的记录或经过工商登记等。本案中，何某要求确认其欠缴甲公司 1 万元股本金的诉讼请求，何某所提交的证据为 2004 年 11 月 26 日第二届股东大会通过的关于增加股本金的方案，方案第 2 条股本结构中内容为：总股本 1500 股（每股 1000 元），其中董事长 760 股，董事会、监事会成员及公司副经理每人 80 股，企业中层干部每人 40 股，车间班组长每人 10 股，其他人员股份不变。何某自述其属于每人 80 股的人员范围，但实际只出资 7 万元，欠缴 1 万元股本金，该方案只是公司内部的政策性管理规定，员工可以按照该方案确定的标准自愿认购或退回股份，该方案不能作为股东实际认购出资或占股的依据，应以实际出资股本金的数额认定实际的股份，而甲公司在 2005 年增资过程中的总股本 1500 股已经全部认购并出资完毕，何某的该项诉讼请求没有事实和法律依据，故法院不予支持。

四、律师说法

本案中，何某请求法院确认其欠缴公司1万元股本金，实际是希望通过判决确定其对公司享有1万元股本金所享有的股份。

对于股东出资的确认取决于两种要件，即实际上履行的出资义务和形式上具有的出资证明书，在股东名册上的记录或经过工商登记等。而本案中，对于股东大会通过的关于增加股本金的方案只能认定为公司的内部政策性管理规定，实为要约，员工可以按照该方案确定的标准自愿认购或退回股份，这种内部性方案不能作为股东实际认购出资或占股的依据，对股东股份的认定仍应按其实际出资股本金的数额。如果何某认缴注册资本在工商部门登记或者在公司章程中已做认缴约定，则何某可以依据该两份文件中的任何一份文件主张股东身份。

本案中，甲公司于2005年增资过程中的总股本已全部认购并出资完毕，何某以其属于本公司股东大会约定的《增加股本金方案》中"每人80股人员"的范围，并请求法院确认其属于欠缴1万元股本金的股东。显然已经过了行使权利的期限，丧失了根据《增加股本金方案》认缴股本的机会。除非各股东再行达成新的协议同意何某入股，否则，何某只能根据实际出资股本金的数额认定实际的股份。

五、实务提示

公司与股东之间发生的股东资格确认之诉，一般应以股东名册作为认定股东资格的依据。《公司法》第32条规定，记载于股东名册的股东，可以依股东名册主张行使股东权利。公司应将股东的姓名或者名称及其出资金额向公司登记机关登记；登记事项发生变更的，应当办理变更登记。未经登记或者变更登记的，不得对抗第三人。凡是记载于股东名册上的推定为股东，享有股权。股东名册的记载具有权利推定效力，除非有相反证据可以将此推翻，比如公司章程与股东名册不一致时，章程的记载要高于股东名册。同时，股东名册应体现各股东的真实意思，且需要送达到各股东。如果仅公司自行制作股东名册，未经股东会同意，未征得股东名册中股东的确认，其效力仍然有瑕疵。

六、关联法规

《公司法》

第三十一条　有限责任公司成立后，应当向股东签发出资证明书。

出资证明书应当载明下列事项：

（一）公司名称；

（二）公司成立日期；

（三）公司注册资本；

（四）股东的姓名或者名称、缴纳的出资额和出资日期；

（五）出资证明书的编号和核发日期。

出资证明书由公司盖章。

第三十二条 有限责任公司应当置备股东名册,记载下列事项:

(一) 股东的姓名或者名称及住所;

(二) 股东的出资额;

(三) 出资证明书编号。

记载于股东名册的股东,可以依股东名册主张行使股东权利。

公司应当将股东的姓名或者名称向公司登记机关登记;登记事项发生变更的,应当办理变更登记。未经登记或者变更登记的,不得对抗第三人。

撰稿人:邬锦梅

 案例 33 股东资格确认之诉中的股权善意取得

一、基本案情

2017 年 3 月,甲公司(股东纪某持股 87%,彭某持股 13%)与乙采石场合并为丙公司,约定:甲公司持股丙公司 78.5%,乙采石场持股新公司 21.5%。2017 年 4 月 18 日,彭某、张某在纪某不知情的情况下,将丙公司 100% 股权转让给第三人刘某友。2017 年 8 月,刘某友与刘某明、胡某淼签订《股权转让协议》约定:刘某友将丙公司 100% 股权转让给刘某明、胡某淼,股权转让价款 3200 万元,刘某友对其拟转让刘某明、胡某淼的股权拥有完全处分权,刘某友虽在工商登记中仅持有 20% 股权,其余股权等记载于彭某、张某名下,但刘某友保障彭某、张某将按刘某明、胡某淼要求办理股权变更登记。

后,纪某将丙公司诉至法院,要求法院确认其股东资格,并请求法院认定刘某明、胡某淼不具有股东资格。

二、争议焦点

本案中,刘某明、胡某淼是否符合善意取得股权的法定要件,即纪某是否具有股东资格?

三、事实与解析

本案的关键点在于:刘某友对于纪某在丙公司应享有的股权利益虽然无处分权,但刘某明、胡某淼在受让丙公司股权时,纪某并不在丙公司已经登记的股东之列。根据《公司法》第 32 条第 3 款规定,"公司应当将股东的姓名或者名称向公司登记机关登记;登记事项发生变更的,应当办理变更登记。未经登记或者变更登记的,不得对抗第三人"。且刘某明、胡某淼受让丙公司股权经过了丙公司当时的股东会决议同意,二人也已依约支付了股权转让款 3200 万元,结合《×××采矿权评估报告》评估结果及《采石场整合协议书》中注明的甲公司的资产总值作价为 2041 万元、乙采石场的资产总值作价为 559 万元，刘某明、胡某淼支付的 3200 万元转让款价格应属合理。

结合上述事实，刘某明、胡某淼取得丙公司的股权，符合善意取得构成要件，应认定为善意取得，纪某请求法院判令刘某明返还其所持丙公司的股权并立即办理工商登记的诉讼请求，不应予以支持。

四、律师说法

确认股东资格的一般原则是审查其是否具备股东资格的形式要件和实质要件。形式要件为公司章程、股东名册以及工商登记的记载；实质要件为取得出资证明书、实际享有股东权利等。而在涉及股东与公司之外与第三人之间的外部关系上，需要贯彻外观主义原则，即保护外部善意第三人因合理信赖公司章程的签署、公司登记机关的登记、公司股东名册的记载而作出的行为效力。

本案中，股权受让人刘某明、胡某淼基于对公司股权登记的信赖，认为刘某友等人合法持有丙公司的股权，而与之签订《股权转让协议》，且以市场合理的价格受让协议中约定的股权，符合《民法典》规定的善意取得情形，因此应当确认刘某明、胡某淼已善意取得丙公司股权，为丙公司股东。

五、关联法规

（一）《公司法》

第三十二条　有限责任公司应当置备股东名册，记载下列事项：

（一）股东的姓名或者名称及住所；

（二）股东的出资额；

（三）出资证明书编号。

记载于股东名册的股东，可以依股东名册主张行使股东权利。

公司应当将股东的姓名或者名称及其出资额向公司登记机关登记；登记事项发生变更的，应当办理变更登记。未经登记或者变更登记的，不得对抗第三人。

（二）《最高人民法院关于适用〈中华人民共和国公司法〉若干问题的规定（三）》（法释〔2020〕18 号）

第二十七条　股权转让后尚未向公司登记机关办理变更登记，原股东将仍登记于其名下的股权转让、质押或者以其他方式处分，受让股东以其对于股权享有实际权利为由，请求认定处分股权行为无效的，人民法院可以参照民法典第三百一十一条的规定处理。

原股东处分股权造成受让股东损失，受让股东请求原股东承担赔偿责任、对于未及时办理变更登记有过错的董事、高级管理人员或者实际控制人承担相应责任的，人民法院应予支持；受让股东对于未及时办理变更登记也有过错的，可以适当减轻上述董事、高级管理人员或者实际控制人的责任。

撰稿人：邬锦梅

案例 34　如何判断冒名股东

一、基本案情

2013 年 8 月，束某的表弟李某找到束某，称其欲注册公司从事贵金属交易，因其已注册了其他公司，不便担任新公司的法定代表人，要求束某出面挂名担任新公司的法定代表人，束某遂将身份证复印件交给表弟李某。2013 年 8 月 26 日，甲公司设立，束某也到甲公司工作了一段时间，2015 年束某因身体健康原因，不再担任甲公司的法定代表人。2016 年 2 月 25 日公司变更法定代表人后，束某仍于 2016 年 4 月 23 日和李某一起出席公司活动。2017 年下半年，因甲公司对外负债，债权人以束某为甲公司的股东为由，要求束某承担责任，束某方得知李某在注册甲公司时将束某冒名登记为出资 800 万元的股东，束某追问李某后，李某承认其冒用了束某的名义登记股东。据此，束某认为李某冒用其名义登记股东，该登记行为应当无效。2017 年 11 月，束某起诉要求法院确认其不具备甲公司的股东资格。

二、争议焦点

明知他人借用自己的身份证件注册公司、设出资账户，并实际出任公司活动的，是否属于法律规定的应认定为"被冒名股东"的情形？

三、事实与解析

虽然束某未在注册甲公司的文件上签名，但束某明知李某借其身份证用于注册公司，而出借身份证给李某开设出资账户，向设立的公司出资，注册成立甲公司，完成了甲公司相关股东登记公示的程序，且在公司成立后，束某实际出任公司法定代表人并代表公司从事相关经营活动。据此，应认定，束某有成为甲公司股东的意向且从形式上进行了投资，并实际完成登记公示程序。

四、律师说法

判断是否属于被冒名股东，不仅要看冒用他人名义出资者的行为，同时也要看被冒名者是否真正属于不知悉其名义被他人冒用的情况。而本案中束某虽然诉称本人未在甲公司工商资料中的授权委托书、公司章程、股东会议决议文件上签名，用于注册公司的资金也并非本人真实意思表示，且经司法鉴定确实不为束某的笔迹，但束某本人参加甲公司首次股东会，且在会上被选举为该公司法定代表人，且在公司成立后以公司负责人的身份参加了经营活动。因此应当认定束某对李某借用其身份证注册公司且开设出资账户的行为知晓，应认定束某有成为甲公司股东的意向，且从形式上进行了投资，并实际上完成了登记公示程序。束某应当确认为甲公司股东。束某虽然辩称其不知晓李某"借"其身份证用于开设出资账户，亦未在注册甲公司的文件上签名，但束某明知李某"借"其身份证用于注册成立甲公司，其作为公司法定代表人，故应视为束某对李某行为持放任态度，束某应对其行为产生的后果承担相应的法律责任。

五、实务提示

冒名股东的法律后果是，公司、其他股东或者公司债权人，有权请求冒名股东承担相应的出资义务或者赔偿责任，但不能请求被冒名的人承担相应的法律责任。

六、关联法规

《最高人民法院关于适用〈中华人民共和国公司法〉若干问题的规定（三）》（法释〔2020〕18号）

第二十八条　冒用他人名义出资并将该他人作为股东在公司登记机关登记的，冒名登记行为人应当承担相应责任；公司、其他股东或者公司债权人以未履行出资义务为由，请求被冒名登记为股东的承担补足出资责任或者对公司债务不能清偿部分的赔偿责任的，人民法院不予支持。

撰稿人：邬锦梅

 案例35　以股东名义入资后，将入股金转为借款，股东身份如何认定

一、基本案情

2008年6月，甲公司增资扩股，万某出资510万元占公司股权比例30%，当年8月，万某出资在公司章程中予以记载。2010年11月，公司股东唐某代表甲公司向万某出具借条，载明："借到万某人民币510万元，此款已于2008年8月4日打入公司账户，由公司承担归还信用社利息和本金，期限为一年半，若到期未能偿还，作为资本债转为公司股金。"借条出具前，唐某于2009年7月、2010年5月分别向万某账户汇入110万元，借条出具后，唐某再次向万某账户汇入400万元，合计510万元。甲公司主张其与万某之间的投资关系因借条的出具转变为借款关系，并通过唐某进行了清偿，万某对此予以否认，请求法院确认其系甲公司股东。

二、争议焦点

借条能否将万某对甲公司的股权出资转变为借款债权，即万某是否拥有甲公司股东身份？

三、事实与解析

甲公司以借条主张其与万某之间的投资关系变更为借款关系，万某不应成为甲公司股东，而法院认为万某的股东身份不因借条发生变化，认可万某的股东身份，理由为：其一，万某已向甲公司实缴出资510万元（甲公司会计凭证记载"实收资本"）；其二，万某股东身份记载于公司章程；其三，万某以甲公司董事长身份参与公司经营、管理，实际行使股东权利。

针对甲公司以借条主张万某股东身份灭失的观点，法院给出以下几点意见。

1. 《公司法》规定股东不得抽逃出资

本案中，万某打入甲公司账户的 510 万元性质上为出资款，且为甲公司章程所确认，该 510 万元进入甲公司的账户后，即成为甲公司的法人财产，无论是万某主动要求甲公司将其出资转变为借款，还是唐某代表甲公司向万某出具借条并将出资作为借款偿还，抑或是万某与甲公司协商一致，将出资转变为借款而归还，本质上都是根本改变万某对甲公司出资性质的违法行为，都会导致万某抽回出资并退股的法律后果，这是有违公司法的禁止性规定的，因而上述行为均应无效，万某的股东身份自然也不应因此种无效行为而改变。

股东不得抽逃出资是公司法的一项基本制度和原则，我国《公司法》对此作了明确规定。股东向公司出资后，出资财产即转变为公司的法人财产，其独立于股东个人的财产而构成公司法人格的物质基础。股东从公司抽回出资，则会减少公司资本，侵害公司、其他股东和公司债权人的利益，因而为法律所严禁。

2. 即便依据借条约定，万某支付的 510 万元也应转为出资而非借款

借条对万某打入甲公司账户的 510 万元规定了一年半的还款期限，在此期限内甲公司如未能归还本息，则该 510 万元即转为股金。万某和甲公司对一年半的借款期限应从何时起算存在争议。法院认为，在当事人没有特别约定的情况下，按照交易惯例，借款期限应从款项实际交付给借款人时起算，具体到本案，即使将万某的出资当作借款，借款期限也应从 510 万元打入甲公司账户的 2008 年 8 月 4 日起算，而甲公司主张借款期限应从借条出具的 2010 年 11 月 20 日起算，但此时万某已将该款项打入甲公司两年多，甲公司实际占有和使用此款项却不属于借款，当然也无需支付借款的利息，而万某从银行贷款帮助甲公司渡过难关，不但没有获得任何对价，还需要自行承担贷款的利息，这不但违背常理，也有失公平，故法院对甲公司的此项主张不予支持。

按 2008 年 8 月 4 日计算借款期限，至 2010 年 2 月 4 日一年半的期限届满，甲公司并未归还全部借款，按借条的约定，万某支付的 510 万元也应转为出资而非借款。据此，也应当认定万某为甲公司股东。

四、律师说法

本案中，法院认为万某具有股东身份的原因在于，其一，万某为了向甲公司增资，向合作社借款时特别注明"电站投资"，且甲公司会计凭证中写明"收讫实收资本金 510 万元"，写明款项用途，保障自身权益；其二，甲公司章程中认可万某股东身份；其三，万某积极行使股东权利，参与了公司日常生产经营。上述要点对法院认定万某身份起到至关重要的作用，因此，投资人要对涉及自身权益的法律行为做到步步留痕，防控风险。

五、关联法规

《最高人民法院关于适用〈中华人民共和国公司法〉若干问题的规定（三）》（法释〔2020〕18 号）

第十二条　公司成立后，公司、股东或者公司债权人以相关股东的行为符合下列情形之一且损害公司权益为由，请求认定该股东抽逃出资的，人民法院应予支持：

（一）制作虚假财务会计报表虚增利润进行分配；

（二）通过虚构债权债务关系将其出资转出；

（三）利用关联交易将出资转出；

（四）其他未经法定程序将出资抽回的行为。

撰稿人：邬锦梅

 案例 36　股权代持协议的效力

一、基本案情

甲实业有限公司（以下简称甲公司）、乙投资有限公司（以下简称乙公司）双方在 2011 年签订的《信托持股协议》中约定，甲公司将其拥有的丙公司 2 亿股股份委托乙公司持有。

2014 年 10 月 30 日，甲公司向乙公司发出《关于终止信托的通知》，要求乙公司依据 2011 年 11 月 3 日甲公司和乙公司签订的《信托持股协议》终止信托，将信托股份过户到甲公司名下，并结清甲公司与乙公司之间的信托报酬。

二、争议焦点

1. 乙公司与甲公司之间签订的《信托持股协议》是否有效？

2. 乙公司是否需要将信托股份过户到甲公司名下？

三、事实与解析

1. 《信托持股协议》的效力问题

甲公司、乙公司之间虽签订有《信托持股协议》，但双方是否存在讼争 2 亿股丙公司股份的委托持有关系，需依法追加丁公司等第三人参加诉讼，进一步查明相关事实后方可作出判定。但无论甲公司、乙公司之间是否存在讼争保险公司股份的委托持有关系，由于双方签订的《信托持股协议》违反了中国保险监督管理委员会《保险公司股权管理办法》〔中国保险监督管理委员会令 2010 年第 6 号〕第 8 条的规定，"任何单位或者个人不得委托他人或者接受他人委托持有保险公司的股权"，损害了社会公共利益，依法应认定为无效。

2. 信托股份的过户问题

甲公司可以在举证证明其与乙公司存在讼争股份委托持有关系的基础上，按照合同无效的法律后果依法主张相关权利。

四、律师说法

1. 原审法院依据《保险公司股权管理办法》判决信托持股协议无效，《保险公司股权管理办法》的效力级别属于部门规章，不符合合同无效情形应当由法律、行政法规规定的法典规范，人民法院依据部门规章判决合同无效违反法律相关规定。再审法院依据损害社会公共利益判决合同无效，维护了个案正义。

2. 股权代持协议原则有效，例外无效，以下情形的股权代持协议无效：

（1）公务员等禁业主体作为隐名股东订立的股权代持协议无效；

（2）违反金融机构强制性监管法律、法规的股权代持协议无效；

（3）违反外商投资主体法律禁止性规定的股权代持协议无效；

（4）违反特殊职业资格要求的股权代持协议无效；

（5）损害公共利益与违反公序良俗的股权代持协议无效。

3. 股权代持的双边法律风险

（1）名义股东面临的法律风险

隐名股东出资不实或者抽逃出资，显名股东需要履行出资义务；

公司债务履行不能时受牵连，显名股东有可能被列为强制执行的对象。

（2）隐名股东面临的法律风险

名义股东违反代持协议约定，进行股权盗卖，出质等行为，名义股东的该处分行为是有效的，如果符合善意取得的要件，善意第三人可依据善意取得制度获得该股权的物权。

代持股权被继承或分割；显名股东因死亡、离婚或者被强制执行时，显名股东名下的股权有可能被继承或者分割。

隐名股东无法获得股东资格或享受出资权益，因为由隐名股东变显名股东需要符合一定的程序条件，需要符合取得其他股东的同意或者其他股东知道等程序要件。

4. 隐名股东显名、还原为实际股东的条件放宽

《全国法院民商事审判工作会议纪要》第28条放宽了隐名股东显名，还原为实际股东的条件，不再需要其他股东过半数同意。

实际出资人能够提供证据证明有限责任公司过半数的其他股东知道其实际出资的事实，且对其实际行使股东权利未曾提出异议的，对实际出资人提出的登记为公司股东的请求，人民法院依法予以支持。公司以实际出资人的请求不符合《最高人民法院关于适用〈中华人民共和国公司法〉若干问题的规定（三）》第24条的规定为由抗辩的，人民法院不予支持。

五、实务提示

1. 为了更好地保障名义股东和显名股东双方的利益，最优采用信托合同配置双方的权利义务关系，辅之以委托合同、代理协议等权利义务配置模式。

2. 隐名股东可以在协议中约定名义股东在行使其股东表决权、选任公司管理人员权、请求分配股息红利权、新股认购权、分配剩余财产权等股东权利时，应当遵照隐名股东的意愿来确定。

3. 明确显名股东享有的股东权利，并约定上述权利必须经隐名股东书面授权方能行使，如有可能，将上述书面授权告知股东会，强化隐名股东监督权。

4. 明确将显名股东的股权财产权排除在外，避免显名股东因死亡、离婚、股权被执行等事由发生时，使得隐名股东陷入到财产追索的泥潭中难以抽身。

5. 约定违约责任。显名股东和隐名股东受契约约束，可设定严格的违约责任，对显名股东和隐名股东均起到一定的警示作用，避免任何一方滥用权利给对方造成损害。

六、关联法规

（一）《民法典》

第一百四十三条　具备下列条件的民事法律行为有效：

（一）行为人具有相应的民事行为能力；

（二）意思表示真实；

（三）不违反法律、行政法规的强制性规定，不违背公序良俗。

第一百五十三条第一款　违反法律、行政法规的强制性规定的民事法律行为无效。但是，该强制性规定不导致该民事法律行为无效的除外。

第一百五十七条　民事法律行为无效、被撤销或者确定不发生效力后，行为人因该行为取得的财产，应当予以返还；不能返还或者没有必要返还的，应当折价补偿。有过错的一方应当赔偿对方由此所受到的损失；各方都有过错的，应当各自承担相应的责任。法律另有规定的，依照其规定。

（二）《最高人民法院关于适用〈中华人民共和国公司法〉若干问题的规定（三）》（法释〔2020〕18号）

第二十四条　有限责任公司的实际出资人与名义出资人订立合同，约定由实际出资人出资并享有投资权益，以名义出资人为名义股东，实际出资人与名义股东对该合同效力发生争议的，如无法律规定的无效情形，人民法院应当认定该合同有效。

前款规定的实际出资人与名义股东因投资权益的归属发生争议，实际出资人以其实际履行了出资义务为由向名义股东主张权利的，人民法院应予支持。名义股东以公司股东名册记载、公司登记机关登记为由否认实际出资人权利的，人民法院不予支持。

实际出资人未经公司其他股东半数以上同意，请求公司变更股东、签发出资证明书、记载于股东名册、记载于公司章程并办理公司登记机关登记的，人民法院不予支持。

第二十五条　名义股东将登记于其名下的股权转让、质押或者以其他方式处分，实际出资人以其对于股权享有实际权利为由，请求认定处分股权行为无效的，人民法院可以参照民法典第三百一十一条的规定处理。

名义股东处分股权造成实际出资人损失，实际出资人请求名义股东承担赔偿责任的，人民法院应予支持。

第二十六条 公司债权人以登记于公司登记机关的股东未履行出资义务为由，请求其对公司债务不能清偿的部分在未出资本息范围内承担补充赔偿责任，股东以其仅为名义股东而非实际出资人为由进行抗辩的，人民法院不予支持。

名义股东根据前款规定承担赔偿责任后，向实际出资人追偿的，人民法院应予支持。

（三）《全国法院民商事审判工作会议纪要》（法〔2019〕254号）

28.【实际出资人显名的条件】实际出资人能够提供证据证明有限责任公司过半数的其他股东知道其实际出资的事实，且对其实际行使股东权利未曾提出异议的，对实际出资人提出的登记为公司股东的请求，人民法院依法予以支持。公司以实际出资人的请求不符合公司法司法解释（三）第24条的规定为由抗辩的，人民法院不予支持。

撰稿人：张其元

第三节 股权激励

 案例37 董事会能否回购并注销激励对象已取得的股权激励份额

一、基本案情

2012年6月，甲公司与王小二签订《授予协议》，甲公司将授予王小二限制性股票。双方达成协议如下：甲公司根据激励计划有关规定对王小二获授的限制性股票解锁，并按照规定的解锁程序办理解锁事宜；且王小二上一年度考核结果达到合格（C）以上，才具备限制性股票本年度的解锁条件。

王小二2014年考核结果为不合格（D），甲公司根据有关规定，将本次解锁的股票按授予价回购并注销。

王小二一纸诉状将甲公司告上法庭，认为其年度考核结果达到合格（C），符合限制性股票解锁条件；甲公司认为王小二的年度考核结果为不合格（D），不符合解锁条件，且即便年度考核合格，董事会也有权根据激励对象具体情况，酌情处置激励对象未解锁的限制性股票。

二、争议焦点

公司董事会能否回购并注销已经授予股权激励对象尚未解锁的限制性股票？换言之，即为公司董事会能否酌情处置激励对象尚未解锁的限制性股票？

三、事实与解析

甲公司授予限制性股票的目的是促进公司建立、健全长期激励与约束机制，有效调动公司经营管理人员、核心技术人员的积极性，吸引和稳定优秀人才。激励对象为公司的董事（不含独立董事）、高级管理人员、中层管理人员、核心技术人员等。鉴于王小二属于激励计划确定的激励对象范围，并为甲公司董事会确定为有权参与激励计划，王小二、甲公司在平等自愿基础上签订《授予协议》，并约定激励计划作为该协议附件，是该协议的组成部分，《授予协议》、激励计划对王小二、甲公司均具有约束力。

王小二 2014 年度绩效考核结果应为 C，符合约定的限制性股票解锁条件，甲公司回购并注销王小二尚未解锁的限制性股票，没有事实与法律依据，违反《授予协议》的约定。王小二有权要求甲公司对其限制性股票进行解锁，甲公司应根据《授予协议》激励计划的有关约定对王小二获授的限制性股票解锁，并按照解锁程序办理解锁事宜。

对甲公司辩称其依据《授予协议》、激励计划对于激励股权处置具有酌定权，且已先后召开董事会、股东大会决定回购王小二尚未解锁的激励股票，公司不能违背股东大会决议行事，本案诉讼请求无法执行，法院认为，根据《授予协议》、激励计划的约定，公司董事会对于规定范围之外的情形，可根据激励对象的具体情况酌情作出处置，但本案甲公司对限制性股票不予解锁的理由属于《授予协议》、激励计划所列的情形，不适用公司董事会可根据激励对象具体情况酌情处置的规定，且股东大会决议应合法、合理，其无权决定回购并注销王小二作为激励对象已经取得的限制性股票。甲公司以此为由剥夺王小二的合法权利，显属不当。对此，法院不予采信。

四、实务提示

1. 如果该情形属于股权激励授予协议中所规定的股票解锁理由，则公司董事会不可根据激励对象的具体情况进行酌情处置，并且其无权决定回购并注销作为激励对象已经取得的限制性股票，应当严格根据激励授予协议中的股票解锁理由进行处理。

2. 如果该情形不属于股权激励授予协议中所规定的股票解锁理由，则公司董事会可以根据激励对象的具体情况进行酌情处理，也存在对激励对象回购并注销其已经取得的限制性股票的可能性。

五、关联法规

《民法典》

第五百零九条　当事人应当按照约定全面履行自己的义务。

当事人应当遵循诚信原则，根据合同的性质、目的和交易习惯履行通知、协助、保密等义务。

当事人在履行合同过程中，应当避免浪费资源、污染环境和破坏生态。

撰稿人：邬锦梅

案例 38　被辞退的子公司高管，能否分得母公司股权激励

一、基本案情

2010 年 7 月至 2015 年 7 月，李某在甲公司子公司任项目经理职务，后于 2015 年 11 月被子公司辞退。2017 年，甲公司以不当得利为由要求回购甲公司 2011 年实施股权激励授予李某的股票。

2017 年，甲公司将其子公司原职工李某（曾任子公司高管）诉至法庭，要求以李某行权价回购李某于 2013 年至 2015 年期间行权甲公司股票 40000 股，李某在母公司实施股权激励期间，任其投资 75% 的子公司的业务经理。甲公司认为，李某未与其签订劳动合同，也未与其签订《股权激励协议》，李某获取的股权利益无合法依据，属于不当得利，请求法院判令甲公司以行权价回购李某持有的股票。

二、争议焦点

1. 李某作为子公司高管能否作为母公司股权激励对象？

2. 母公司是否有权因子公司高管被辞退而回购高管已行权的股票期权？

三、事实与解析

1. 李某作为子公司高管能否作为母公司股权激励对象？

根据《上市公司股权激励管理办法（2018 年修正）》第 8 条规定，激励对象可以包括上市公司的董事、高级管理人员、核心技术人员或者核心业务人员，以及公司认为应当激励的对公司经营业绩和未来发展有直接影响的其他员工，但不应当包括独立董事和监事。该文件没有明确规定子公司的员工能否成为股权激励的对象。

根据《财政部国家税务总局关于个人股票期权所得征收个人所得税问题的通知》（财税〔2005〕35 号）规定："为适应企业（包括内资企业、外商投资企业和外国企业在中国境内设立的机构场所）薪酬制度改革，加强个人所得税征管，现对企业员工（包括在中国境内有住所和无住所的个人）参与企业股票期权计划而取得的所得征收个人所得税问题通知如下……实施股票期权计划企业授予该企业员工的股票期权所得，应按《中华人民共和国个人所得税法》及其实施条例有关规定征收个人所得税。企业员工股票期权（以下简称股票期权）是指上市公司按照规定的程序授予本公司及其控股企业员工的一项权利，该权利允许被授权员工在未来时间内以某一特定价格购买本公司一定数量的股票……"

　　根据上述规定，上市公司对控股企业员工实施股权激励，法律并不禁止。就本案，李某作为子公司的高管根据母公司的股权激励计划有获得母公司授予股权激励的资格。

　　2. 母公司是否有权因子公司高管被辞退而回购高管已行权的股票期权？

　　2011 年 12 月，甲公司出台《对中层管理人员及核心技术（业务）人员的股票期权激励计划》，在甲公司两次所确定的首期股票期权激励计划激励对象名单中，李某均被作为经理、中层管理人员列入，且股权激励考核办法、激励计划修订稿及调整前后的激励名单均在证券交易所进行公示。甲公司在对其中层管理人员及核心技术人员进行股票期权激励所制定的办法中，对股票期权激励对象的确定及激励对象行权均规定了严格的程序。李某虽然不是甲公司工作人员，但其身份是其下属公司业务经理，如果甲公司不是根据其激励办法将下属公司的中层管理人员列为激励对象，不可能将李某列入激励对象名单，并予以公告、登记并让其行权。因此，甲公司称李某并非其公司员工，未与其签订《股权激励协议》，其获取的利益属于不当得利，无法律及事实依据，不应支持。

　　四、律师说法

　　法院在认定公司员工是否作为股权激励对象时，通常以公司股权激励计划相关规定及股权激励程序是否合法等作为审判基础，只要员工被认定为股权激励对象，且在行权期限内已经正常行权，则享有合法权利，与员工是否被辞退、离职无关。公司激励对象可以为控股子公司员工；在处理激励对象登记错误的认定问题时，应当以客观的登记外观为主要的判断依据，适当兼顾当事人是否具有对象认识错误的主观疏忽可能性，同时以公平与诚实信用原则综合判断。

　　五、实务提示

　　公司在做股权激励计划时，对股权激励行权情形作做明确规定，防患于未然；同时需公平合理，方能达到激励与约束双重效能。

撰稿人：邬锦梅

 案例 39　超过行权期，受股权激励的高管能否要求行权

　　一、基本案情

　　2010 年 4 月，冯某被子公司聘任为高级管理人员，2010 年 10 月，母公司与冯某签订《股票增值权协议》，对冯某进行股权激励，协议约定如下："本权利将于您与公司或其子公司的雇佣终止日为终止，以下情形除外：（i）雇佣终止日之后九十日之内，且雇佣终止为正常终止的，您享有行使已可行权部分的权利……但是，上述九十日、一年或三年期限，不能对已失效的权利进行延期。"

　　自 2011 年 4 月起，母公司先后向冯某授予了 195 股普通股股票增值权。2015 年 6

月，冯某与子公司解除劳动合同关系，冯某为主张其激励股票报酬，向当地劳动仲裁委员会提起仲裁，仲裁委认为支付股票劳动报酬不属于劳动争议仲裁受案范围，遂作出不予受理通知书。

2017 年，冯某对子公司提起诉讼，要求支付其自 2011 年 1 月 1 日起至 2014 年 12 月 31 日止已获得的母公司激励股票劳动报酬。

二、争议焦点

1. 因股票增值权发生的纠纷，属于股权纠纷还是劳动争议纠纷？

2. 超过行权期，员工还能否要求行权？

三、事实与解析

1. 因股票增值权发生的纠纷，属于股权纠纷还是劳动争议纠纷？

法院认为，因股票增值权发生的纠纷按照劳动争议纠纷处理，因冯某主张该激励股票系其劳动报酬所得，而且股票增值权也在双方劳动合同履行期间授予，该争议性质还是双方对劳动合同履行过程中的权利和义务发生争议，因此作为劳动争议处理。

2. 超过行权期，员工还能否要求行权？

法院认为，冯某与子公司已于 2015 年 6 月解除劳动关系，根据其与母公司《股票增值权协议》约定，其应在雇佣终止日之后九十日之内行权，但冯某未在该期限内行使，现要求子公司向其支付，法院难以支持。

四、实务提示

1. 公司在策划股权激励方案时，需要设定合理的行权期限及行权条件，以达到激励与约束的良好效果。

2. 在股权增值权形成后，被激励对象应当根据双方约定及时行权，否则该权利将在约定期限届满后灭失。

五、关联法规

（一）《财政部、国家税务总局关于股票增值权所得和限制性股票所得征收个人所得税有关问题的通知》（财税〔2009〕5 号）

第一条　对于个人从上市公司（含境内、外上市公司，下同）取得的股票增值权所得和限制性股票所得，比照《财政部国家税务总局关于个人股票期权所得征收个人所得税问题的通知》（财税〔2005〕35 号）、《国家税务总局关于个人股票期权所得缴纳个人所得税有关问题的补充通知》（国税函〔2006〕902 号）的有关规定，计算征收个人所得税。

第二条　本通知所称股票增值权，是指上市公司授予公司员工在未来一定时期和约定条件下，获得规定数量的股票价格上升所带来收益的权利。被授权人在约定条件下行权，上市公司按照行权日与授权日二级市场股票差价乘以授权股票数量，发放给被授权人现金。

（二）《财政部、国家税务总局关于个人股票期权所得征收个人所得税问题的通知》（财税〔2005〕35 号）

为适应企业（包括内资企业、外商投资企业和外国企业在中国境内设立的机构场所）薪酬制度改革，加强个人所得税征管，现对企业员工（包括在中国境内有住所和无住所的个人）参与企业股票期权计划而取得的所得征收个人所得税问题通知如下：

第一条　实施股票期权计划企业授予该企业员工的股票期权所得，应按《中华人民共和国个人所得税法》及其实施条例有关规定征收个人所得税。

企业员工股票期权（以下简称股票期权）是指上市公司按照规定的程序授予本公司及其控股企业员工的一项权利，该权利允许被授权员工在未来时间内以某一特定价格购买本公司一定数量的股票。

第二条　员工行权时，其从企业取得股票的实际购买价（施权价）低于购买日公平市场价（指该股票当日的收盘价，下同）的差额，是因员工在企业的表现和业绩情况而取得的与任职、受雇有关的所得，应按"工资、薪金所得"适用的规定计算缴纳个人所得税。

撰稿人：邬锦梅

案例 40　代持限售股出售的个税处理问题

一、基本案情

2014 年 10 月，原告赵四与被告王小、李二协商，就转让甲公司 20 万股权达成《个人股权转让协议书》，约定：将王小持有的甲公司 154 万股中的 20 万股股权转让给赵四，每股 14 元，价款共计 280 万元；股权过户手续费由赵四承担，因股权转让应缴纳税收由王小、李二承担。协议签订后，赵四向王小支付股权转让款 280 万元，但双方未办理股票过户手续，股票由王小代持。

2018 年 11 月，赵四通知王小将代持的 20 万股甲公司股票在证券市场卖掉，价款 357 万元，扣除限售股转让相关应缴税款 61.03 万元，王小股票账户实际收到卖出股票款 296 万元。2018 年 12 月，赵四与王小签订《代持甲公司股权交割协议》，约定原《个人股权转让协议书》无效，且同日，赵四收到由李二代王小支付的股票出卖款 296 万元。

二、争议焦点

1. 在证券市场减持 20 万股甲公司股权，所扣个人所得税承担问题；

2. 有返税政策的情况下，如何主张个人所得税返税？

三、事实与解析

1. 减持 20 万股股权，所扣个人所得税由谁承担？

王小在证券市场减持 20 万股甲公司股票时，证券公司代扣了税收 60 余万元。按照原、被告签订的股权转让协议约定，该股权以 14 元/股转让给赵四，这部分税收按照合同约定应由王小负担。在证券市场上转让，超过 14 元部分系实际持有人王小所获利，按照法律规定个人所得税应由获利人王小承担。因此，王小还应支付赵四股票卖出所得款 45 余万元。

2. 有退税政策是否就能主张退税？

赵四主张应支付其返税。由于其仅提供了某市政府就个人大小非减持财政奖励政策，该证据不足以证明王小减持代持赵四 20 万股甲公司股权获得了该项奖励。被告庭审中也否认收到了政府返税奖励。法院认为，当事人对自己提出的主张，有责任提供证据，举证不能，则承担不利后果。故，原告要求被告支付奖励的返税主张，理据不足，不予采纳。

四、律师说法

根据《个人转让上市公司限售股所得征收个人所得税有关问题的通知》（财税〔2009〕167 号）、《关于个人转让上市公司限售股所得征收个人所得税有关问题的补充通知》（财税〔2010〕70 号）、《国家税务总局所得税司关于印发〈限售股个人所得税政策解读稿〉的通知》（所便函〔2010〕5 号）的相关规定：

1. 限售股股权转让所得为股权转让收入，减除股票原值及合理税费后的余额，为应纳税所得额，适用 20% 的个人所得税。

股权转让收入 - 股票原值及合理税费 = 应纳税所得额

应纳所得税额 = 应纳税所得额 × 20%

2. 如果纳税人未能提供完整、真实的限售股原值凭证的，不能准确计算限售股原值的，主管税务机关一律按限售股转让收入的 15% 核定限售股原值及合理税费。

股权转让收入 - 股权转让收入 ×15% = 应纳税所得额

应纳所得税额 = 应纳税所得额 × 20%

回归本案，赵四从王小处所购甲公司股票属于职工持有的原始股，2018 年 11 月才能解禁上市交易。由于纳税人不能提供限售股原值，故出售时应该缴纳的税收为：

（359-359×15%）× 20% = 61.03 万元。

五、实务提示

首先，代持协议拟定过程中需要约定清楚税务承担主体；其次，应当严格按照税法规定谁受益谁承担所得税，且不容忽视扣缴义务人应当承担的扣缴义务；最后，有返税政策的情形下，除了需要证明返税政策的存在，还需要证明对方已经根据该返税政策取得返税收入，方可向对方主张返税款。

撰稿人：邬锦梅

案例41　投资人能否诉请法院要求公司履行减资程序

一、基本案情

2017年10月25日，甲公司与乙公司约定成立丙公司，注册资本8000万元，甲公司认缴5200万元（65%），乙公司认缴2800万元（35%），约定甲公司应在2017年12月31日前将首次出资款5200万元汇入目标公司丙公司相应账户，2018年1月19日，甲公司向丙公司转账5200万元，转账摘要载明为注册资本。

2017年12月21日，甲公司、乙公司、丁公司与丙公司签订《增资扩股协议》。2018年4月，乙公司向甲公司致履行催告函，称甲公司未按约定在2017年12月31日前将出资款5200万元投入目标公司，已逾期违约；且，甲公司在未对目标公司资产评估达成一致情况下，于2018年1月15日将股权转入丙公司名下的行为不符合协议约定，构成违约。2018年4月16日，乙公司向甲公司发出解除增资扩股协议通知，并诉请法院要求丙公司履行减资手续。

二、争议焦点

投资人能否诉请法院要求标的公司履行减资程序？

三、事实与解析

《公司法》第37条规定，股东会行使下列职权……（七）对公司增加或者减少注册资本作出决议……第43条第2款规定，股东会会议作出修改公司章程、增加或者减少注册资本的决议，以及公司合并、分立、解散或者变更公司形式的决议，必须经代表三分之二以上表决权的股东通过。第177条规定，公司需要减少注册资本时，必须编制资产负债表及财产清单。公司应当自作出减少注册资本决议之日起十日内通知债权人，并于三十日内在报纸上公告。债权人自接到通知书之日起三十日内，未接到通知书的自公告之日起四十五日内，有权要求公司清偿债务或者提供相应的担保。

公司减少注册资本属于公司内部自治事项，公司是否减资以及如何进行减资，按照上述法律规定，需经股东会决议通过后，编制资产负债表及财产清单，并通知债权人及在报纸上公告，如债权人在法定期限内要求公司清偿债务或提供相应担保的，还应依法清偿相关债务或提供相应担保。公司减资属于典型的公司内部自治，按法律规定，需履行较为严格和较为复杂的程序，目前法律并无规定强制公司减资的制度。对于办理公司减资，在无法律规定的情况下司法不宜直接干预，因此，乙公司请求判决丙公司办理返还其出资的相应减资手续，缺乏法律依据，法院不予支持。

四、律师说法

公司减资属于公司内部自治事项，公司法规定了经股东会决议后公司减资应履行的程序，但是目前尚无法律规定人民法院可以强制公司减资。事实上，强制公司减资也违背公司法关于公司自治的立法精神。本案中，法院认为在无法律规定的情况下司法不宜直接干预此问题，并无不当。乙公司诉请丙公司办理减资手续，于法无据。

撰稿人：邬锦梅

 案例42　公司作出的新增资本决议侵害原股东的优先认缴权的部分无效，股东优先认缴权的行使应有合理期限

一、基本案情

甲公司于2001年7月成立。在2003年12月甲公司增资扩股前，公司的注册资金为475.37万元。其中蒋某出资额67.6万元，出资比例14.22%，为公司最大股东；乙公司出资额27.6万元，出资比例5.81%。甲公司第一届董事长由蒋某担任。

2003年3月31日，甲公司作为甲方，林某、陈某作为乙方，某区管委会作为丙方，签订了合作开发建设某城市花园的合作协议书（石桥铺项目）。2003年7月2日，全体股东大会通过选举李某为公司董事长，任期两年的决议。此后蒋某在甲公司的身份为董事。

2003年12月16日下午，蒋某、乙公司的委托代表常某出席了股东会，该次股东会的议题：（1）关于吸纳陈某为新股东的问题；（2）关于公司内部股权转让问题；（3）甲公司的新股东代表、监事、会计提名等。该次股东代表会表决票反映，蒋某对上述三项议题的第（2）项投了赞成票，对第（1）项和第（3）项投了反对票；乙公司的委托代表常某对第（2）项和新会计的提名投了赞成票，对其余内容投了反对票，并在意见栏中注明："应当按照《公司法》第39条第2款规定先就增加资本拿出具体框架方案，按公司原股东所占比重、所增资本所占增资扩股后所占比重先进行讨论通过，再决定将来出资，要考虑原股东享有《公司法》规定的投资（出资）权利。"该次会议同意吸纳陈某为新股东；同意甲公司内部股份转让。会议决定蒋某在甲公司的身份为监事。

2003年12月18日，甲公司与陈某分别以甲方、乙方的身份签订了《入股协议书》，该协议主要记载：乙方同意甲方股东大会讨论通过的增资扩股方案，即同意甲方在原股本475.37万股的基础上，将总股本扩大至1090.75万股，由此，甲方原股东所持股本475.37万股占总股本1090.75万股的43.6%；乙方出资800万元人民币以每股1.3元认购615.38万股，占总股本1090.75万股的56.4%；甲公司的注册资金相应变更为1090.75万元，超出注册资本的184.62万元列为资本公积金；该项资本公积金不用于弥补上一年的经营亏损，今后如用于向股东转增股本时，乙方所拥有的股份不享有该权利；本协议签字7天内，乙方应将800万元人民币汇入甲方指定账号，款到7个工作日之内，甲方负责开始办理股东、董事及法定代表人和公司章程等变更的工商登记手续，税务等其他有关部门的变更登记手续于一个月办妥；双方同意乙方投资的800 万元人民币专项用于支付甲方通过政府挂牌出让程序已购得的石桥铺 376.65 亩住宅用地的部分地价款；乙方入股后预计先期投入 3000 万元人民币开发石桥铺 376.65亩住宅用地项目；甲乙双方与某区管委会于 2003 年 3 月 31 日签订的合作协议书继续有效，与本协议具有同等法律效力；本协议一式四份，甲乙双方各执两份，经双方签字且 800 万元人民币到账后生效。2003 年 12 月 22 日，陈某将 800 万元股金汇入甲公司的指定账户。

2003 年 12 月 22 日，乙公司向甲公司递交了《关于要求作为甲公司增资扩股增资认缴人的报告》，主张蒋某和乙公司享有优先认缴出资的权利，愿意在增资扩股方案的同等条件下，由乙公司与蒋某共同或由其中一家向甲公司认缴新增资本 800 万元人民币的出资。根据甲公司的章程规定：公司新增资本时，股东有优先认缴出资的权利。

2003 年 12 月 25 日，工商部门签发的甲公司的企业法人营业执照上记载：法定代表人陈某、注册资本壹仟零玖拾万柒仟伍佰元、营业期限自 2003 年 12 月 25 日至 2007年 12 月 24 日。2003 年 12 月 25 日甲公司变更后的章程记载：陈某出资额 615.38 万元，出资比例 56.42%；蒋某出资额 67.6 万元，出资比例 6.20%；乙公司出资额 27.6万元，出资比例 2.53%。2003 年 12 月 26 日，乙公司向工商局递交了《请就新增资本、增加新股东作不予变更登记的报告》。此后，陈某以甲公司董事长的身份对公司进行经营管理。

2005 年 3 月 30 日，甲公司向工商部门申请办理公司变更登记，提交了关于章程修正案登记备案的报告、公司章程修正案、股份转让协议书、陈某出具的将 614.38 万股股份转让给丙投资有限公司（以下简称丙公司）的股份增减变更证明、收据等材料。

2005 年 12 月 12 日，蒋某和乙公司向人民法院提起诉讼，请求确认甲公司于 2003年 12 月 16 日股东会通过的吸纳陈某为新股东的决议无效，确认甲公司和陈某于 2003年 12 月 18 日签订的《入股协议书》无效，确认其对 800 万元新增资本优先认购，甲公司承担其相应损失。

审理经过：

本案经一审、二审和最高人民法院再审。

一审法院判决：驳回乙公司、蒋某的诉讼请求。案件受理费 50010 元，其他诉讼费 25005 元，合计 75015 元，由乙公司和蒋某共同负担。

二审法院主要判决内容如下：（1）撤销一审判决；（2）甲公司于 2003 年 12 月 16日作出的股东会决议中关于吸收陈某为股东的内容无效；（3）甲公司于 2003 年 12 月18 日与陈某签订的《入股协议书》无效；（4）蒋某和乙公司享有以 800 万元购买甲公司 2003 年 12 月 16 日股东会决定新增的 615.38 万股股份的优先权；（5）蒋某和乙公司于本判决生效之日起 15 日内将 800 万元购股款支付给甲公司。

最高人民法院再审判决如下：（1）撤销二审判决，撤销一审判决；（2）甲公司2003年12月16日作出的股东会决议中由陈某出资800万元认购甲公司新增615.38万股股份的决议内容中，涉及新增股份20.03%的部分无效，涉及新增股份79.97%的部分及决议的其他内容有效；（3）驳回乙公司、蒋某的其他诉讼请求。

二、争议焦点

1. 侵害其他股东行使优先认缴权的股东会决议是否有效？

2. 股东行使优先认缴权是否有期限限制？

三、事实与解析

1. 侵害其他股东行使优先认缴权的股东会决议是否有效？

最高人民法院再审认为：2003年12月16日甲公司作出股东会决议时，《公司法》（指2005年修订的《公司法》）尚未实施，根据《最高人民法院关于适用〈中华人民共和国公司法〉若干问题的规定（一）》（法释〔2006〕3号）第2条的规定，当时的法律和司法解释没有明确规定的，可参照适用《公司法》（1999年版本）的规定。根据1999年的《公司法》第33条规定："……公司新增资本时，股东可以优先认缴出资。"根据2005年修订的《公司法》第35条规定，公司新增资本时，股东的优先认缴权应限于其实缴的出资比例。2003年12月16日甲公司作出的股东会决议，在其股东乙公司、蒋某明确表示反对的情况下，未给予乙公司和蒋某优先认缴出资的选择权，径行以股权多数决的方式通过了由股东以外的第三人陈某出资800万元认购甲公司全部新增股份615.38万股的决议内容，侵犯了乙公司和蒋某按照各自的出资比例优先认缴新增资本的权利，违反了上述法律规定。《公司法》（2005年修正）第22条第1款规定："公司股东会或者股东大会、董事会的决议内容违反法律、行政法规的无效。"根据上述规定，甲公司2003年12月16日股东会议通过的由陈某出资800万元认购甲公司新增615.38万股股份的决议内容中，涉及新增股份中14.22%和5.81%的部分因分别侵犯了蒋某和乙公司的优先认缴权而归于无效，涉及新增股份中79.97%的部分因其他股东以同意或弃权的方式放弃行使优先认缴权而发生法律效力。二审法院判决认定决议全部有效不妥，应予纠正。该股东会将吸纳陈某为新股东列为一项议题，但该议题中实际包含增资800万元和由陈某认缴新增出资两方面的内容，其中由陈某认缴新增出资的决议内容部分无效不影响增资决议的效力，上述两方面的内容并非不可分割。

2. 股东行使优先认缴权是否有期限限制？

虽然甲公司2003年12月16日股东会决议因侵犯了乙公司和蒋某按照各自的出资比例优先认缴新增资本的权利而部分无效，但乙公司和蒋某是否能够行使上述新增资本的优先认缴权还需要考虑其是否恰当地主张了权利。股东优先认缴公司新增资本的权利属形成权，虽然现行法律没有明确规定该项权利的行使期限，但为维护交易安全和稳定经济秩序，该权利应当在一定合理期间内行使，并且由于这一权利的行使属于典型的商事行为，对于合理期间的认定应当比通常的民事行为更加严格。本案中，乙公司和蒋某在甲公司 2003 年 12 月 16 日召开股东会时已经知道其优先认缴权受到侵害，且作出了要求行使优先认缴权的意思表示，但并未及时采取诉讼等方式积极主张权利。在此后甲公司召开股东会、决议通过陈某将部分股权赠与丙公司提案时，乙公司和蒋某参加了会议，且未表示反对。乙公司和蒋某在股权变动近两年后又提起诉讼，争议的股权价值已经发生了较大变化，此时允许其行使优先认缴出资的权利将导致已趋稳定的法律关系遭到破坏，并极易产生显失公平的后果，故一审法院认定乙公司和蒋某主张优先认缴权的合理期间已过并无不妥，乙公司和蒋某不能再行使对甲公司新增资本优先认缴权。

四、律师说法

本案的争议核心在于股东会决议和《入股协议书》是否有效以及乙公司、蒋某是否能对增资部分主张优先认缴权。

最高人民法院认为，股东会决议确实应当分为两个部分，其中增资的部分无效力问题。对于由陈某认缴 800 万元新增资的部分，因根据《公司法》（2005 年修正）第 35 条的规定，公司新增资本时，股东的优先认缴权应限于其实缴的出资比例，乙公司、蒋某明确表示要行使优先认缴出资的权利，但股东未理睬其份额内的优先认缴权，径行以股权多数决的方式通过了由陈某出资 800 万元认购甲公司全部新增股份 615.38 万股的决议内容，侵犯了乙公司和蒋某按照各自的出资比例优先认缴新增资本的权利。据《公司法》（2005 年修正）第 22 条第 1 款规定："公司股东会或者股东大会、董事会的决议内容违反法律、行政法规的无效。"故股东会决议中涉及新增股份中 14.22% 和 5.81% 的部分因分别侵犯了蒋某和乙公司的优先认缴权而归于无效，其他内容有效。

但最高人民法院在否定股东会决议的同时，又肯认了《入股协议书》的效力，认为甲公司达成协议的意思虽然存在瑕疵，但作为合同相对方的陈某并无审查甲公司意思形成过程的义务，甲公司对外达成协议应受其表示行为的制约。且没有证据证明双方恶意串通损害他人利益，该协议又没有其他影响效力的事由，故该协议有效。然而，股东优先认缴公司新增资本的权利属形成权，虽然现行法律没有明确规定该项权利的行使期限，但为维护交易安全和稳定经济秩序，该权利应当在一定合理期间内行使，乙公司和蒋某在股权变动近两年后又提起诉讼，争议的股权价值已经发生了较大变化，此时允许其行使优先认缴出资的权利将导致已趋稳定的法律关系遭到破坏，并极易产生显失公平的后果，故认定其优先认缴权已过合理期间，不得再行主张。

笔者认为，此种评价与之前作出的股东会决议部分无效的评价多少有些矛盾。若决议部分无效而《入股协议书》有效，那么究竟应当保护原股东的优先认缴权将股份返还以便原股东认缴，还是应当保护交易安全而不允许原股东认缴呢？最高人民法院并未对此作正面回答，而是以股东的优先认缴权已过合理期间为由认定其权利已丧失。

五、实务提示

1. 以增资方式投资公司需核实原股东优先认缴权。

2. 应以法律法规、章程规定方式通知股东，并取得股东放弃优先认购权的书面声明，否则协议因违反法律法规的效力性强制性规定可能被认定为无效。

六、关联法规

《公司法》

第三十四条 股东按照实缴的出资比例分取红利；公司新增资本时，股东有权优先按照实缴的出资比例认缴出资。但是，全体股东约定不按照出资比例分取红利或者不按照出资比例优先认缴出资的除外。

撰稿人：杨倩

 案例43 股东在公司有净利润并弥补之前的亏损后才能进行分红

一、基本案情

原告甲农业服务有限公司（以下简称甲公司）系被告乙公司和尹某于2018年投资设立的有限责任公司。其中被告出资450万元，尹某担任原告公司的法定代表人。两股东在投资协议中约定，被告每年从原告处享有其出资金额8%的固定收益。即2018年为268274元、2019年及以后每年固定收益为360000元，原告于每年的12月31日之前向被告付清当年的固定收益。

原告自成立近三年来，年年亏损。2020年10月13日，原告变更法定代表人，并起诉至法院，认为依据《公司法》第34条的规定，公司股东只有在公司盈利后才能分取红利，而本案被告直接在投资协议中约定被告每年均收取出资额8%的固定收益，明显违反了法律的强制性规定，且损害了公司的利益，故该约定无效，要求被告返还2018年和2019年的固定收益共计628274元。

被告辩称：双方在签定投资协议的同时，也签订了《农业技术服务协议》，由被告向原告提供技术服务，服务费用第一年为267832元，第二年以后为360000元/年，并且被告在2018年和2019年从原告处收取上述费用，所开据的发票均为农业技术服务培训增值税发票。因此上述费用不能依投资协议认定为被告投资款的固定收益，而应当依《农业技术服务协议》认定为被告提供服务应得的服务费用，属于有效的民事法律行为。

二、争议焦点

1. 案涉款项的性质如何认定？

2. 案涉固定收益条款是否有效？

三、事实与解析

1. 关于争议焦点，案涉款项虽形式上系农业技术服务费用，但实质上应属于固定收益，具体分析如下。

（1）投资协议已经协商一致成立，实际履行。股东均已按投资协议的约定全部注资的情况下，对投资协议中约定的固定收益如何具体业务操作方面的细化，最终约定以被告与原告签订《农业技术服务合同》的形式收取固定收益。故《农业技术服务合同》仅是出资协议中约定的固定收益在具体业务操作中的形式，是固定收益实际履行的外在体现，其实质及真实目的上仍属于被告公司每年向原告公司收取固定收益。

（2）从《农业技术服务合同》的约定及被告开具的 2018 年 267832 元、2019 年 360000 元农业技术服务培训增值税发票的数额可知，被告与原告约定的服务费用是固定的，除第一年度为 267832 元外，之后每年均为 360000 元，并非如被告所称的按技术服务实际发生量结算；而上述数额正与投资协议约定事实上的固定收益计算方法、具体数额相吻合，即被告每年享有出资金额 8% 的固定收益（450 万元×8%＝36 万元），固定收益第一年（2018 年）计算时间为自甲方注资之日起到当年 12 月 31 日止，以后按整年计算。

2. 关于争议焦点二，股东间可以约定其他股东向其支付固定收益，但股东间不能约定无论公司收益情况如何，股东有权每年从公司获取固定的收益。理由如下：

公司法明确规定只有公司在有净利润并弥补之前的亏损后才能进行分红，如果股东在不符合分红条件的情况下从公司获取固定收益，将会损害公司及公司债权人的利益。本案中，原告公司股东之间签订投资协议约定，股东乙公司（被告）每年以向甲公司（原告）收取农业技术服务费的形式收取固定收益，即被告固定收益的支付主体、收取对象为其所在的原告公司，该约定违反了投资领域风险共担的原则，也损害公司利益及公司债权人的利益，使得被告作为投资者不论原告公司经营业绩如何，均能每年取得约定收益而不承担任何风险，不符合《公司法》第 20 条第 1 款的规定，因此，上述协议关于由原告公司每年向被告公司支付固定收益的约定违反了法律、行政法规的强制性规定，该约定无效，被告向原告收取的 2018 年 267832 元、2019 年 360000 元，合计 627832 元的固定收益应予以返还。

四、律师说法

本案涉及股东权利中的分红权，《公司法》第 34 条规定"股东按照实缴的出资比例分取红利"。但是，《公司法》第 166 条规定，"公司弥补亏损和提取公积金后所余税后利润，有限责任公司依照本法第三十四条的规定分配。股东会、股东大会或者董事会违反前款规定，在公司弥补亏损和提取法定公积金之前向股东分配利润的，股东必须将违反规定分配的利润退还公司"。

可见，公司只有在有净利润并弥补之前的亏损后才能进行分红，如果股东在不符合分红条件的情况下从公司获取固定收益，将会损害公司及公司债权人的利益。股东违反公司法规定所获得的分红应当依法退还给公司。

五、实务提示

在投资协议中，往往这种固定收益的支付主体应当是其他股东，而不是目标公司。同时，尽管股东之间可以约定公司股东向其他股东支付固定收益，但笔者建议，股东在订立该等条款时一定要严谨，并设定好一切可能发生的变数。例如：要求按出资额获取固定收益的股东，是否放弃按照出资比例分红，以及如遇其他股东退出时或公司解散、清算时该等固定收益如何处理等，以避免产生不必要的争议。

由此可见，在公司设立和运营的过程中，每一份法律文书，包括章程、合同等都需要专业律师把关，否则，一份有缺陷的合同，不仅无法保障自己的权益，还可能会给自己造成很大的法律风险。

六、关联法规

《公司法》

第二十一条　公司的控股股东、实际控制人、董事、监事、高级管理人员不得利用其关联关系损害公司利益。

违反前款规定，给公司造成损失的，应当承担赔偿责任。

第三十四条　股东按照实缴的出资比例分取红利。

第一百六十六条第四款　公司弥补亏损和提取公积金后所余税后利润，有限责任公司依照本法第三十四条的规定分配；

第一百六十六条第五款　股东会、股东大会或者董事会违反前款规定，在公司弥补亏损和提取法定公积金之前向股东分配利润的，股东必须将违反规定分配的利润退还公司。

撰稿人：邻红琴

 ## 案例44　金融借款合同保证人能否以银行违反监管义务为由主张免责

一、基本案情

2007年8月至12月间，甲公司分五次向某支行申请粮食收购专项贷款，共计11940万元，并由某宾馆为上述贷款提供连带保证担保，支行将全部款项支付至甲公司粮食收购资金贷款专户。贷款到期后甲公司未足额如期还款，截至2014年5月，甲公司尚欠支行贷款本金10377万元，欠利息2341万元。支行将甲公司及宾馆诉至法院，要求甲公司还本付息，宾馆承担连带保证责任。

诉讼中宾馆辩称：一、本案涉嫌经济犯罪，应当先刑后民；二、本案证据证明，借贷双方没有履行封闭运行管理义务，恶意改变借款用途，保证人宾馆应依法免责，请求法院依法驳回支行的起诉或驳回其诉讼请求。宾馆指出某支行在履行借款合同中没有按相关监管规定实行封闭运行的管理，对本案贷款没有设立台账，也没有对贷款使用情况实施全程监督。虽将全部贷款 11940 万元汇入指定专户内，但只有 5600 万元电汇至粮库，另有 5820 万元被提现，520 万元被转账。

一审法院认为由于支行怠于履行监管义务，导致了保证人承担保证责任的风险增加，对此，支行应当承担相应的民事责任，从而减轻保证人的保证责任，但不能因此免除保证人的保证责任。故宾馆对甲公司到期未能偿还的 10377 万元款项部分承担三分之一的连带保证责任比较适当，随即作出判决。支行不服一审判决上诉至最高人民法院请求二审法院依法撤销一审判决，二审法院依法支持了支行的上诉请求。

二、争议焦点

宾馆应否对案涉债务承担担保责任及该担保责任能否减轻乃至免除？

三、事实与解析

担保合同是一种以保障债权人实现债权为目的的单务合同。在债务人不履行到期债务时，债权人有权要求保证人按照约定履行债务或承担责任。在担保法律关系中，保证人应是基于对债务人利益的考虑及对债务人履约能力的信任而向债权人作出承诺。债务人是否如约履行合同义务，是保证人是否承担保证责任的关键。本案中，宾馆主张其是基于主债务是粮食收购贷款、支行会履行封闭运行管理义务才提供的连带责任保证，但封闭运行管理仅是债权人对贷款风险进行防范和控制的手段，如债权人不履行封闭管理义务，则导致其贷款不能收回的风险加大，使债权人处于一种不利益状态，但并不影响债务人的利益，也不超出保证人承担责任的预期。宾馆将其提供保证的基础归结于支行的封闭运行管理义务而非对债务人履约能力的信任，与担保制度的目的与特点不符，其主张不能成立。

在债务人未能按期履行债务之情形下，为了保障债权人债权的实现，保证人行使抗辩权应基于法律的明确规定或合同双方的特别约定。本案中，支行与宾馆在《保证合同》中并未约定宾馆可以免责的抗辩事项，故应审查宾馆依照法律规定提出的三项抗辩事由是否成立。

宾馆主张支行与甲公司双方串通，骗取其提供保证，依照《担保法》① 第 30 条第1 项的规定，其不应承担保证责任。首先，宾馆对其主张并未提供证据予以证明，仅以其所认为的支行自始没有准备对涉案粮食收购贷款实行封闭运行管理为由，作出此项推断，缺乏事实依据。其次，宾馆与甲公司在签订《流动资金借款合同》及《保证合同》时，属关联企业，宾馆基于甲公司的利益提供连带责任保证，应系宾馆的真实意思表示。依照现有在案证据，不足以认定"骗取"情形的存在，宾馆的此项抗辩事由不能成立。

---

① 《担保法》现已废止，相关规定参见《民法典》第 392 条。

宾馆主张甲公司采取欺诈、胁迫等手段，使其在违背真实意思的情况下提供保证，支行知道或者应当知道欺诈、胁迫事实，依照《最高人民法院关于适用〈中华人民共和国担保法〉若干问题的解释》①第 40 条的规定，其不应承担保证责任。如前所述，宾馆对其该项主张并未提供证据予以证明，并且其基于和甲公司的关联企业关系，为甲公司提供连带责任保证，应系其真实意思表示。依照现有在案证据，不能认定"欺诈""胁迫"情形的存在，宾馆的此项抗辩事由不能成立。

宾馆主张支行与甲公司擅自变更借款的性质及用途，无限加重其保证责任，依照《最高人民法院关于适用〈中华人民共和国担保法〉若干问题的解释》第 30 条的规定，其不应承担保证责任。首先，宾馆未能举证证明支行与甲公司就借款性质及用途的变更达成合意。按照合同约定的借款性质及用途使用借款是甲公司负有的合同义务，如果借款被挪作他用，应属甲公司的违约行为。其次，借款在发放后，由甲公司实际掌控，甲公司对借款性质及用途的变更不同于《最高人民法院关于适用〈中华人民共和国担保法〉若干问题的解释》第 30 条所规定的借款数量、价款、币种、利率等内容的变更，并未加重甲公司的债务，宾馆的保证责任亦不能因该条法律规定而免除。故宾馆的此项抗辩事由亦不能成立。

另外，一审判决认定对粮食收购贷款承担封闭运行管理系支行的法定义务，并据此减轻了保证人宾馆的保证责任。诚然，支行作为政策性银行的分支机构，应当按照国务院及中国发展银行的相关文件，对粮食收购贷款进行封闭运行管理，以实现对贷款风险的防范和控制，否则即应按照相关文件规定承担相应责任。但法定义务是直接依据法律规定产生的义务，国务院规范性文件及中国农业发展银行行业规定，均非法律范畴，在法律无明确规定之情形下，不能将之涉及事项直接认定为法定义务。

综上所述，宾馆作为保证人，与支行签订多份《保证合同》，为支行与甲公司之间的金融借款合同提供连带责任保证。上述《保证合同》为各方当事人真实意思表示，内容不违反法律、行政法规的强制性规定，合法有效。支行是否对案涉贷款进行封闭运行管理并履行资金监管义务，不影响保证人宾馆基于其对甲公司履约能力的信任所作出的保证承诺。宾馆应当按照其与支行的合同约定，对于甲公司对支行所负的全部债务履行连带保证义务。

四、律师说法

本案为保证人以债权人未尽到相关义务，增加了保证人风险为由拒绝承担保证责任的实例。保证人认为债权人存在过错，其怠于履行义务的行为增加了债务人信用风险，从而导致债务人逾期未还款，故应减轻或免除保证人责任。具体到本案，保证人宾馆认为支行对"粮食收购专项贷款"未采取"封闭式管理"的风控措施，进而使得

---

① 此司法解释现已废止，相关规定参照《民法典》，余同。

借款人甲公司改变款项用途，导致无法及时偿还借款，支行存在过错，故而保证人应减免责任。那么银行若未全面履行风控措施是否应当减免保证人责任呢？

首先，债权人未全面履行风控措施是否与触发保证责任存在因果关系？

债权人未全面履行风控措施相当于放松了对债务人的监控，从逻辑角度分析的确会增加债务人信用风险，从而提升债权人资金损失风险，进而增加保证责任风险。所以债权人未尽风控义务的确可能使债务人信用风险程度偏离保证人最初判断，但该影响仅为间接关系，并不构成法律上的因果关系。

其次，保证人将债权人的风控措施作为是否提供担保的条件则缺乏法律依据。

1. 不符合"保证担保"的立法初衷。无论是原《担保法》还是现《民法典》均规定保证合同是以保证人就债务人是否履行义务向债权人提供信用担保，目的是为债务人增信，降低债权人风险；保证合同为单务合同，在条件触发后保证人依约承担责任，而债权人无须向保证人履行义务；因此，保证人应依据债务人的信用程度来判断担保与否，而不应依赖于债权人为降低自身风险而采取的风控措施，否则会导致保证人放松对债务人偿债能力、资信状况的考察，如此反而会增加保证人的风险，增加保证担保的内在风险程度，进而影响到保证担保的市场效用。

2. 风控措施虽为相关规范性文件的规定义务，但其并非债权人的合同义务，反而是债权人的合同权利。若因债权以债权人存在过错为由进行抗辩，但保证人以债权人未行使合同权利为由进行抗辩确无根据；况且本案中的相关规范性文件仅为监管规定，无法构成债权人法定义务，亦不能对主合同及保证合同形成实质影响；即便风控措施是法律规定的义务，其是否一定会影响到保证责任，笔者认为也不尽然。

五、实务提示

首先，保证人作为"增信人"应当将债务人的资信作为其提供保证的重要判断依据，应尽到高于债权人的注意义务，对债务人展开尽职调查，在保障自身权益的同时起到充分保护债权人利益的作用，如此方能体现出保证担保应有的市场作用，同时借助债权人和保证人对债务人尽调的合力进而改善市场主体的整体资信状况。

其次，若特定业务中保证人相对"弱势"而债权人又具备"强势"专业风控能力，保证人想利用债权人专业能力来降低自身保证风险，那么保证人就应当将相关保证责任条件约定在合同中，将债权人在主债务合同中的权利转化成其在保证合同中的义务，如此才能在债权人未履行风控义务时利用违约责任来对抗债权人。

六、关联法规

（一）《民法典》

第一百四十六条　行为人与相对人以虚假的意思表示实施的民事法律行为无效。

以虚假的意思表示隐藏的民事法律行为的效力，依照有关法律规定处理。

第一百五十四条　行为人与相对人恶意串通，损害他人合法权益的民事法律行为无效。

第五百零二条第一款、第二款　依法成立的合同，自成立时生效，但是法律另有规定或者当事人另有约定的除外。

依照法律、行政法规的规定，合同应当办理批准等手续的，依照其规定。未办理批准等手续影响合同生效的，不影响合同中履行报批等义务条款以及相关条款的效力。应当办理申请批准等手续的当事人未履行义务的，对方可以请求其承担违反该义务的责任。

第五百零九条　当事人应当按照约定全面履行自己的义务。

当事人应当遵循诚信原则，根据合同的性质、目的和交易习惯履行通知、协助、保密等义务。

当事人在履行合同过程中，应当避免浪费资源、污染环境和破坏生态。

第六百六十七条　借款合同是借款人向贷款人借款，到期返还借款并支付利息的合同。

第六百七十四条　借款人应当按照约定的期限支付利息。对支付利息的期限没有约定或者约定不明确，依据本法第五百一十条的规定仍不能确定，借款期间不满一年的，应当在返还借款时一并支付；借款期间一年以上的，应当在每届满一年时支付，剩余期间不满一年的，应当在返还借款时一并支付。

第六百九十五条第一款　债权人和债务人未经保证人书面同意，协商变更主债权债务合同内容，减轻债务的，保证人仍对变更后的债务承担保证责任；加重债务的，保证人对加重的部分不承担保证责任。

（二）《当前推进粮食流通体制改革的意见》（国发〔1998〕35号）

五、确保粮食收购资金的封闭运行

农业发展银行要继续加强对粮食收购资金的监管，杜绝各种挤占挪用收购资金的现象。

1. 国有粮食收储企业要积极配合农业发展银行做好粮食收购资金的封闭运行，粮食顺价销售后要及时足额归还银行贷款本息，不得挤占挪用。

2. 农业发展银行要进一步提高服务质量，积极支持粮食收储企业敞开收购、顺价销售。农业发展银行要根据粮食收储企业的收购价格和收购数量，保证收购贷款的及时发放，并提前发放必要的收购费用贷款。在当前市场粮价偏低、销售困难的情况下，对顺价销售回笼的货款，在按规定收回其贷款本金及应付的利息后，其余部分应留给企业作为经营资金。

3. 国有粮食收储企业要按规定尽快分离附营业务。中国人民银行要继续协调各有关商业银行，尽快解决已分离的附营业务贷款的划转问题，为加快粮食企业改革、搞好收购资金封闭运行和促进附营业务发展创造有利条件。

撰稿人：邬锦梅

案例 45　售后回租与借贷应当如何分辨，又当如何选择

一、基本案情

案例 1：甲公司、乙金融租赁有限责任公司融资租赁合同纠纷案

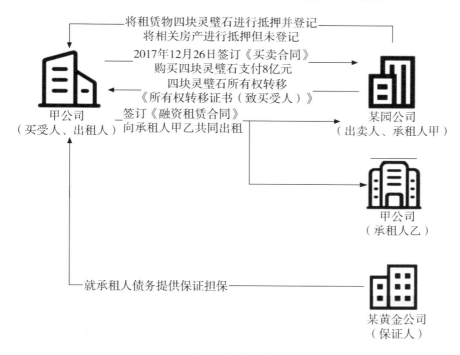

图 3　基本案情

2017 年 12 月 26 日，乙金融租赁有限责任公司（以下简称乙公司）（买受人、出租人）与某园公司（出卖人、承租人）签订《买卖合同》及《融资租赁合同》，约定某园公司将其所有的四块灵璧石以 8 亿元出售给乙公司，并以售后回租的方式再将四块灵璧石进行租赁使用，甲公司作为共同承租人。起租日为 2018 年 1 月 5 日，租赁期限为 24 月，还租期共计 8 期，自起租日起算；租金总额 815659747.22 元，第 1 期付款日：2018 年 3 月 20 日，支付租金金额 804684888.89 元；第 2 期付款日：2018 年 7 月 20 日，支付租金金额 1731199.21 元；第 3 期付款日：2018 年 10 月 19 日，支付租金金额 1622054.76 元；第 4 期付款日：2019 年 1 月 18 日，支付租金金额 1589807.54 元；第 5 期付款日：2019 年 4 月 19 日，支付租金金额 1557560.32 元；第 6 期付款日：2019 年 7 月 19 日，支付租金金额 1525313.10 元；第 7 期付款日：2019 年 10 月 18 日，支付租金金额 1493065.87 元；第 8 期付款日：2020 年 1 月 3 日，支付租金金额

1455857.53 元。

同日，乙公司（甲方、抵押权人）与某园公司（乙方、抵押人）又签订《抵押合同》约定，为保证上述《融资租赁合同》所涉乙公司债权的实现，某园公司以标的租赁物四块灵璧石向乙公司提供抵押担保，并办理了抵押登记。

上述合同签订后，2018 年 1 月 5 日，乙公司依《买卖合同》的约定一次性向某园公司支付了租赁物购买价款 8 亿元整。同日，某园公司向乙公司出具《所有权转移证书（致买受人）》，确认已于 2018 年 1 月 5 日收到租赁物购买价款，共计 8 亿元。

2018 年 3 月 1 日，乙公司向某园公司、甲公司发出租金收取通知书，载明：租金付款日 2018 年 3 月 20 日前，第 1 期租金 804684888.89 元，请贵公司按上述内容将该期租金按时支付至我公司。2018 年 3 月 21 日，乙公司向某园公司、甲公司发出租金逾期催收通知书，告知两公司截至约定支付日 2018 年 3 月 20 日，未收到租金 7.9 亿元，就逾期支付的租金（含逾期支付的利息及本金），我司将按实际逾期天数收取违约金。2018 年 3 月 22 日，某园公司、甲公司对该通知出具《回执》并予以盖章确认。2018 年 3 月 21 日，某园公司、甲公司向乙公司支付第 1 期租金利息 14684888.89 元，该笔款项延期一天支付产生违约金 7342.44 元；截至乙公司起诉之日，某园公司、甲公司欠付第 1 期租金本金 7.9 亿元、未到期租金（第 2 期至第 8 期）共计 10974858.33 元（含本金及利息）。

本案经一审、最高人民法院二审，均认可了《融资租赁合同》的效力。

案例 2：A 银行与 B 公司融资租赁合同纠纷

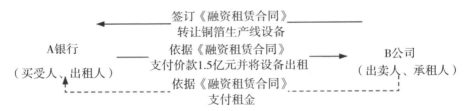

图 4 基本案情

2012 年 4 月 23 日，工银租赁与华纳公司签订《融资租赁合同》，约定：一、华纳公司以筹措资金为目的，以回租方式向工银租赁转让租赁物，工银租赁根据华纳公司上述目的融资受让租赁物，租赁物为售后回租资产清单中载明的铜箔生产线设备，转让价款为 1.5 亿元；二、工银租赁购买华纳公司转让的租赁物并回租给华纳公司使用，华纳公司承租租赁物须向工银租赁支付租金，租金支付按租赁附表（概算表）及实际租金支付表的规定办理；三、租赁期限为四年，每三个月支付一次租金，共分 16 期，每期按等额本金方式支付，租金由租赁成本与租赁利息构成，租赁利息以中国人民银行公布的人民币三年到五年期贷款基准利率（年 6.9%）上浮 15% 计算，当中国人民银行调整基准利率，工银租赁以租金调整通知书通知华纳公司，对华纳公司欠付的租金部分，如遇利率上调，则按新租赁利率相应调整，如遇利率下调，则按原利率执行；四、在租赁期内，华纳公司确保工银租赁是租赁设备的唯一合法所有权人，保证不会利用其对标的物的占有而在租赁物上设置对出租人不利的权利负担；五、若华纳公司根本违约，工银租赁有权向华纳公司追索合同项下应付所有到期未付租金、滞纳金、未到期剩余租赁成本、留购价款或终止合同、取回租赁物，并要求赔偿损失等。

租赁附表记载起租日为 2012 年 4 月 15 日，应付租金总额为 17565.856557 万元，租赁物留购价为 1 元。上述合同签订后，工银租赁于 2012 年 4 月 28 日将 14400 万元合同款（扣除了 600 万元手续费）通过网银汇入华纳公司账户。

2015 年 5 月 15 日，法院裁定受理对华纳公司的破产清算申请，工银租赁向破产管理人申请行使租赁物取回权，但经破产管理人核实并经公证，工银租赁申报债权资料中的 2 份发票复印件在华纳公司找不到与之相对应的发票原件，另外 31 份发票复印件与华纳公司会计凭证中号码相同的发票原件记载的内容不一致：如编号 007777×× 发票，售后回租资产清单附件中的发票复印件记载名称为造液系统设备，金额为 1165.6 万元，发票原件记载名称为不锈钢花纹板，金额为 10.4104 万元。售后回租附件发票复印件总金额为 17951.2567 万元，华纳公司与之相对应的发票原件总金额为 1068.8652 万元。由此，华纳公司向一审法院提起诉讼主张《融资租赁合同》无效。

本案经一审、二审、最高人民法院再审，均认定《融资租赁合同》实为借贷融资关系。

二、争议焦点

案例 1 的争议焦点是，案涉《融资租赁合同》的性质及效力如何认定。

上诉人甲公司认为涉诉合同名为《融资租赁合同》实为金融借款合同。因乙公司属于非银行类金融机构，无权从事金融贷款业务，本案融资租赁交易属于以合法形式掩盖非法目的的行为。人民法院应当依照《合同法》第 52 条①规定，认定案涉《融资租赁合同》无效。

案例 2 的争议焦点为，（1）工银租赁与华纳公司签订的《融资租赁合同》的性质及效力；（2）工银租赁对《融资租赁合同》项下的动产是否享有物权。

三、事实与解析

1. 对案例 1 的分析

上诉人甲公司主张案涉交易行为性质系金融贷款业务，主要理由是案涉《融资租赁合同》约定年租金利率 8.93% 并且在合同签订之后的不到三个月内返还本金，符合

---

① 《合同法》已废止，其第 52 条第 3 项现为《民法典》第 146 条："行为人与相对人以虚假的意思表示实施的民事法律行为无效。以虚假的意思表示隐藏的民事法律行为的效力，依照有关法律规定处理。"

金融贷款的法律特征。对此，分析如下：

商事交易法律关系性质的认定应首先从交易当事人的意思表示内容和交易本质来判断，最主要的就是当事人之间形成的交易合同。从案涉合同订立情况而言，2017年12月26日，乙公司（买受人）与某园公司签订《买卖合同》，约定乙公司收购某园公司的四块灵璧石，并由某园公司回租，还约定租赁物购买价格及支付、租赁物交付及所有权转移、双方当事人权利义务等内容。同日，乙公司作为出租人与承租人某园公司、甲公司签订了《融资租赁合同》，约定乙公司将案涉四块灵璧石租赁给某园公司、甲公司，后者采用售后回租方式租用案涉四块灵璧石。首先，根据《最高人民法院关于审理融资租赁合同纠纷案件适用法律问题的解释》第2条规定，双方当事人同时签订了租赁合同和买卖合同，并且租赁合同中的承租人同时也是买卖合同中的出卖人，案涉《买卖合同》《融资租赁合同》在形式上符合售后回租交易的特征。其次，从当事人的履行情况而言，2018年1月5日，乙公司向某园公司付款8亿元用于支付案涉四块灵璧石的价款。同日，某园公司向乙公司出具所有权转移证书（致买受人）确认收到租赁物购买价款8亿元；2018年3月21日，某园公司、甲公司向乙公司支付第1期租金利息14684888.89元及该笔款项延期一天支付产生的违约金7342.44元。故双方当事人已经根据案涉《买卖合同》《融资租赁合同》实际履行各自的权利义务。因此，乙公司支付了对价购买了案涉四块灵璧石，某园公司向其出具了《所有权转移证书（致买受人）》即将案涉四块灵璧石的所有权转让给乙公司；乙公司作为承租人将案涉四块灵璧石出租给某园公司、甲公司，后者已经部分履行给付租金的义务。对于乙公司而言，取得了案涉四块灵璧石的所有权，从而实现了融资的担保和破产隔离的法律价值；对于某园公司而言，盘活了自有资产，更大地发挥社会资本的价值。故案涉交易在权利与义务安排和交易本质上均符合售后回租交易的法律特征。

因融资租赁交易性质与抵押借款关系难以区分，故《最高人民法院关于审理融资租赁合同纠纷案件适用法律问题的解释》（以下简称《融资租赁司法解释》）第1条规定，判断案涉交易行为的性质，不仅应当审查合同中双方当事人的权利义务，还要综合考虑标的物的性质、价值及租金的构成等相关因素，有必要对合同等书面证据之外的相关事实予以进一步查证，推翻合同等书面证据之证明力仅属例外。结合甲公司的上诉理由具体分析如下：1. 关于案涉四块灵璧石，甲公司主张不属于可租赁范围，理由是根据《融资租赁企业监督管理办法》第19条、第20条规定，租赁物应当为不可消耗物，国家允许流通的物。但甲公司所引规范依据与主张的理由内容不一致，且关于租赁物的范围系监管部门行使监管职责的内容，并非人民法院认定融资租赁合同关系的依据。2. 关于四块灵璧石的价值，双方当事人在案涉《融资租赁合同》中约定案涉四块灵璧石的购买价款按照评估价值协商确定。双方当事人在庭审中均认可案涉四块灵璧石的评估价值11.06亿元，案涉合同约定的购买价低于评估价。上引司法解释将租赁物价值作为参考因素，主要针对的是价值明显偏低、无法担保租赁债权实现的情形，而本案中甲公司并未对 11.06 亿元的评估价值提出异议。3. 关于年租金利率8.9%和短时间归还融资本金利息，租金的确定应当根据购买租赁物的大部分或者全部成本以及出租人的合理利润确定，即租金当中包括租赁物购买款项、利益及其他成本。年租金利率8.9%是参照中国人民银行贷款利率作出的租金利率计算方式，并不能仅凭以年利率作为租金计算方式而否定合同性质。至于案涉《融资租赁合同》约定不足三个月内返还购买款项，甲公司并未举示对融资租赁交易中返还本金的方式及租金的期间作出限定的法律依据。故甲公司提出上述理由不能达到证明案涉交易系金融借贷业务的证明标准，法院不予采信。

售后回租交易当中，承租人向出租人让渡租赁物的价值，同时取得租赁物的使用收益，从而达到融资的效果，其内容是融资，表现形式是融物。参照中国人民银行同期贷款利率作为计算租金利率的方法，在一定期限内收回本金均是售后回租交易的特征，也是融资租赁业务具有融资功能的体现。但上述两个特征是众多融资业务的基本特征，甲公司以此认定案涉交易系金融借贷业务，本质上是以融资租赁业务的一般交易特征来否认细分领域的某一具体交易的法律性质，不符合法律论证的逻辑，未能合理解释案涉四块灵璧石所有权已经转移的事实。《金融租赁公司管理办法》第 26 条规定金融租赁公司可以经营融资租赁业务，即有权开展基于购买租赁物而发生的融资业务。甲公司主张案涉交易系金融借贷业务，乙公司有意规避监管要求，案涉交易合同因违反《合同法》第 52 条第 3 项的规定应认定无效的理由，法院不予采信。一审法院认定案涉《买卖合同》《融资租赁合同》有效，认定事实及适用法律并无不当。

2. 对案例 2 的分析

关于案涉《融资租赁合同》的性质及效力问题。《融资租赁司法解释》第 1 条规定，"人民法院应当根据合同法第二百三十七条的规定，结合标的物的性质、价值、租金的构成以及当事人的合同权利和义务，对是否构成融资租赁法律关系作出认定。对名为融资租赁合同，但实际不构成融资租赁法律关系的，人民法院应按照其实际构成的法律关系处理"。《合同法》第 237 条[①]规定，"融资租赁合同是出租人根据承租人对出卖人、租赁物的选择，向出卖人购买租赁物，提供给承租人使用，承租人支付租金的合同"。从以上规定可以看出，融资租赁合同具有以下特征：一是通常涉及三方合同主体（即出租人、承租人、出卖人）并由两个合同构成，即出租人与承租人之间的融资租赁合同以及出租人与出卖人就租赁物签订的买卖合同；二是出租人根据承租人对出卖人和租赁物的选择购买租赁物；三是租赁物的所有权在租赁期间归出租人享有。

---

① 《合同法》已废止，现参见《民法典》第 735 条："融资租赁合同是出租人根据承租人对出卖人、租赁物的选择，向出卖人购买租赁物，提供给承租人使用，承租人支付租金的合同。"

融资租赁合同具有融资与融物相结合的特点，融资租赁关系中包括两个交易行为，一是供货人和出租人之间的买卖合同，二是承租人与出租人之间的租赁合同。两个合同相互结合才能构成融资租赁合同关系，缺一不可。如无实际租赁物或者租赁物所有权未从出卖人处转移至出租人或者租赁物的价值明显偏低，则应认定该类融资租赁合同没有融物属性，系以融资租赁之名行借贷之实，应属借款合同。

本案所涉《融资租赁合同》系动产设备售后回租业务，出卖人和承租人均为华纳公司，租赁物系华纳公司的部分生产设备。双方虽有工银租赁购买华纳公司租赁物即"造液系统等设备"的约定，但根据工银租赁提交的售后回租资产清单及发票复印件所记载的租赁物与公证书所证实的华纳公司实有机械设备严重不符。因增值税发票具有唯一性，同一编号的增值税发票不可能出现不同名称、价值的货物，工银租赁的主张与华纳公司同一编号的发票原件在价值及名称上均不符，其主张权利的发票与设备照片亦无法一一对应。工银租赁提供的租赁物保险单及调查法律意见书以证明当时履行对设备的"双重查验"，但调查法律意见书调查的只是设备复印件发票，租赁物保险单也仅是一种设立保障的形式，两者均不能证明工银租赁所主张设备客观存在。此外，涉案租赁物的价值与约定的转让价款差异巨大，工银租赁所提交的设备发票的价款总额为 17951.2567 万元，华纳公司与之相对应票号的发票原件的价款总额为 1068.8652 万元，合同约定的货款为 15000 万元。同时，双方还约定了租金利息，可见，本案所述主合同系单纯的融资，并不具备融物特征，故工银租赁对《融资租赁合同》项下的动产并不享有物权。

四、律师说法

1. 融资租赁合同关系的认定

结合上述两个认定"截然相反"的案例可以看出，融资租赁尤其是"售后回租"的模式很容易与抵押借款关系混淆，二者在外观上均具备设定物权、融资以及收回本息的特征，若无法加以区分将会直接影响当事人合法权益，亦会间接对融资租赁业务的发展造成负面影响，因此如何在司法实践中对二者进行有效识别便显得尤为重要。

首先，融资以及还本付息是几乎所有债权类融资工具的基本特征，而设定物权亦是各类担保物权性融资的共同点，因此要将融资租赁从各种融资工具中进行区分，就必须要抓住其个性化特征，由此就应当从融资租赁的产生原因进行分析，即承租人因生产经营需要采购设备或不动产等资产，但由于现金流不足无法完成采购，故通过承诺租赁的方式由出租人（融资租赁公司）进行定向采购后将标的物出租给承租人进行使用，由承租人定期支付租金，通过这种方式将承租人一次性大额支出转变为分期小额支付，从而解决了承租人经营受制于现金流的困境；这其中融资租赁公司采购并出租标的物的行为实质起到了为承租人提供融资的目的，但承租人却主要是为了定向获取该出租物而融资，因此"融物"才是融资租赁业务中的核心要素。

其次，如何理解"融物"，笔者认为应当把握如下几个要点：（1）出租人要有购买租赁物的行为；（2）租赁物真实存在；（3）租赁物转让价款不能明显高于租赁物价值；（4）租赁物所有权要转移至出租人处；（5）售后回租时承租人应当对标的租赁物拥有所有权。上述条件为融物的必要条件，应当同时具备。另外，面对复杂的交易结构还有一个因素可以作为参考，即"因租赁物对承租人资金占用过大而产生融资租赁的需求"。

最后，抵押借款、质押借款是在标的物上设置抵押或质押这两种物权，而融资租赁则是发生标的物所有权的转移，其权利人拥有的物权种类不同，权利登记的规则亦不同。

2. 关于出租人对租赁物所有权的受偿顺序问题

《民法典》第 745 条规定："出租人对租赁物享有的所有权，未经登记，不得对抗善意第三人。"本条是《民法典》关于融资租赁的新增条款，笔者认为本条是将出租人所有权这种"对世权"进行了约束，从而起到对其他类物权的保护作用。

根据《民法典》立法解释及笔者的理解，融资租赁业务中之所以将租赁物所有权转移给出租人，其根本目的是保障租金债权的实现，也就是说"融物"和"融资"是密不可分的，所以出租人受让租赁物所有权并非为了常规的占有、使用、收益等目的，而是为了起到担保作用。以往在售后回租业务中，一旦出租人受让了租赁物所有权后便当然获得了"对世权"，因此可以对抗其他物权人，可以在承租人破产时行使取回权等。但往往很多租赁物都是动产，这其中要么是无需做权利登记，要么是无强制性登记要求，所以大量出租人对租赁物的所有权未被公示，而此时租赁物又由承租人进行占有、使用、收益，这便造成出租人对租赁物所有权的外观不明显，而承租人在形式上却具备租赁物所有权的外观，由此第三人很容易会对租赁物的物权形成错误判断，如承租人利用租赁物向第三人设置抵押等。那么如果不对出租人的"对世权"作出一定限制，将会对大量商业交易的稳定性造成负面影响。

故《民法典》明确了"登记对抗"原则，并规定出租人的所有权实现亦需要参照《民法典》第 414 条抵押权清偿顺序执行，由此合理限制了出租人具有担保性质的所有权，进而促进了商业交易的稳定性。

五、实务提示

1. 融资租赁公司种类

国内目前从事融资租赁业务的机构主要分为两类，一是"融资租赁公司"，二是"金融租赁公司"；适用规则分别为《融资租赁公司监督管理暂行办法》和《金融租赁公司管理办法》，均由中国银保监会监管，其中融资租赁公司监管职责是于 2018 年 5 月由商务部转至银保监会。在业务实操中应注意两类公司的业务差别，根据实际需求选择不同的公司进行合作，从而避免出现违规操作，两类公司主要经营范围如下。

融资租赁公司，可以经营下列部分或全部业务：

（一）融资租赁业务；

（二）租赁业务；

（三）与融资租赁和租赁业务相关的租赁物购买、残值处理与维修、租赁交易咨询、接受租赁保证金；

（四）转让与受让融资租赁或租赁资产；

（五）固定收益类证券投资业务。

金融租赁公司，经银监会批准，可以经营下列部分或全部本外币业务：

（一）融资租赁业务；

（二）转让和受让融资租赁资产；

（三）固定收益类证券投资业务；

（四）接受承租人的租赁保证金；

（五）吸收非银行股东3个月（含）以上定期存款；

（六）同业拆借；

（七）向金融机构借款；

（八）境外借款；

（九）租赁物变卖及处理业务；

（十）经济咨询。

2. 注意"融物"特征，适当选择融资租赁业务

如前文所述"融物"是融资租赁的基本要素，因此是选择通过融资租赁还是抵质押贷款等方式融资，应考量标的物属性、融资金额、目的、期限等因素进行综合判断，切不可仅考虑融资成本或放款时效而进行虚构标的物、虚假转让等违规、违法操作，以免自身权益遭受重大损失。

六、关联法规

（一）《民法典》

第七百三十五条　融资租赁合同是出租人根据承租人对出卖人、租赁物的选择，向出卖人购买租赁物，提供给承租人使用，承租人支付租金的合同。

第七百三十六条　融资租赁合同的内容一般包括租赁物的名称、数量、规格、技术性能、检验方法，租赁期限，租金构成及其支付期限和方式、币种，租赁期限届满租赁物的归属等条款。

融资租赁合同应当采用书面形式。

第七百四十五条　出租人对租赁物享有的所有权，未经登记，不得对抗善意第三人。

（二）《最高人民法院关于审理融资租赁合同纠纷案件适用法律问题的解释》

第一条　人民法院应当根据民法典第七百三十五条的规定，结合标的物的性质、价值、租金的构成以及当事人的合同权利和义务，对是否构成融资租赁法律关系作出认定。

对名为融资租赁合同，但实际不构成融资租赁法律关系的，人民法院应按照其实际构成的法律关系处理。

第二条　承租人将其自有物出卖给出租人，再通过融资租赁合同将租赁物从出租人处租回的，人民法院不应仅以承租人和出卖人系同一人为由认定不构成融资租赁法律关系。

（三）《最高人民法院关于审理民间借贷案件适用法律若干问题的规定》

第十条　法人之间、非法人组织之间以及它们相互之间为生产、经营需要订立的民间借贷合同，除存在民法典第一百四十六条、第一百五十三条、第一百五十四条以及本规定第十三条规定的情形外，当事人主张民间借贷合同有效的，人民法院应予支持。

（四）《融资租赁公司监督管理暂行办法》

第五条　融资租赁公司可以经营下列部分或全部业务：

（一）融资租赁业务；

（二）租赁业务；

（三）与融资租赁和租赁业务相关的租赁物购买、残值处理与维修、租赁交易咨询、接受租赁保证金；

（四）转让与受让融资租赁或租赁资产；

（五）固定收益类证券投资业务。

（五）《金融租赁公司管理办法》

第二十六条　经银监会批准，金融租赁公司可以经营下列部分或全部本外币业务：

（一）融资租赁业务；

（二）转让和受让融资租赁资产；

（三）固定收益类证券投资业务；

（四）接受承租人的租赁保证金；

（五）吸收非银行股东3个月（含）以上定期存款；

（六）同业拆借；

（七）向金融机构借款；

（八）境外借款；

（九）租赁物变卖及处理业务；

（十）经济咨询。

撰稿人：孙波

案例46　保理业务中应收账款债务人不得以基础交易债权虚假为由对
抗善意保理人

一、基本案情

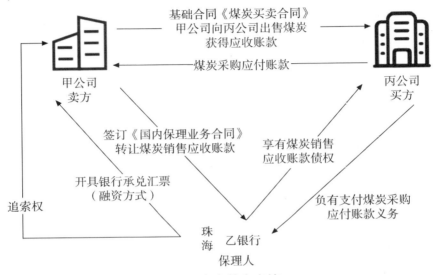

基础合同《煤炭买卖合同》
甲公司向丙公司出售煤炭
获得应收账款

煤炭采购应付账款

甲公司
卖方

丙公司
买方

签订《国内保理业务合同》
转让煤炭销售应收账款

享有煤炭销售
应收账款债权

开具银行承兑汇票
（融资方式）

追索权

负有支付煤炭采购
应付账款义务

珠
海　乙银行

保理人

图 5　本案基本案情

2012年9月6日，甲公司与丙公司签署《煤炭买卖合同》，采购数量为5.5万吨、价款为2450万元。2013年9月6日，甲公司将与丙公司签署的《煤炭买卖合同》将采购数量私自变造为9.5万吨，采购价款为4611万元。2013年9月17日，甲公司利用变造的《煤炭买卖合同》与乙银行签署《综合授信协议》，约定乙银行在相应额度内向甲公司提供有追索权的保理融资业务。在甲公司与乙银行签署《综合授信协议》后，丙公司分别于2013年9月30日、10月12日向甲公司支付煤炭采购款共计1400万元。随后甲公司便因其他资金需求事项以对乙公司的应收账款向丙银行申请保理融资3680万元，并向乙银行提供了丙公司签署的应收账款转让确认书及应收账款转让通知确认书确认丙公司应付甲公司煤炭采购账款4611万元。2013年10月24日，乙银行的工作人员王某和甲公司的工作人员共同到丙公司就案涉保理业务相关应收账款的真实性进行核查，丙公司认可上述应收账款。丙公司在收到甲公司的应收账款转让通知后仍分别于2013年11月13日、12月31日向甲公司支付采购煤炭货款共计1279万余元。应收账款到期后乙银行向丙公司主张债权无果便以金融借款纠纷将甲公司、丙公司以及融资保证人诉至广东省某市中级人民法院。2015年11月20日，广东省某市中级人民法院以返还借款为由，判令甲公司向乙银行偿还保理融资款本金人民币3680万元及利息，保证人对上述还款义务承担连带清偿责任。但因甲公司进入破产程序，乙银行上述债权一直未获得清偿，随后乙银行以其他合同纠纷向江西省某市中级人民法院提起诉讼要求乙公司履行应付账款义务。

2012年9月6日 甲公司与丙公司签署《煤炭买卖合同》合同编号：JXDY1306；采购数量为5.5万吨、价款为2450万元

2013年9月6日 甲公司变造与丙公司签署的《煤炭买卖合同》采购数量为9.5万吨、价款为4611万元

2013年9月17日 甲公司利用变造的《煤炭买卖合同》与乙银行签署《综合授信协议》确定额度内可开展有追索权保理业务

2013年9月30日 丙公司向甲公司支付采购煤炭货款1000万元

2013年10月12日 丙公司向甲公司支付采购煤炭货款400万元

2013年10月24日 01 丙公司签署应收账款转让确认书及应收账款转让通知确认书确认丙公司应付甲公司账款4611534470元

02 乙银行的工作人员王某和甲公司的工作人员共同到丙公司就案涉保理业务相关应收账款的真实性进行核查，丙公司认可上述应收账款

2013年11月8日 乙银行通过向甲公司债权人出具银行承兑汇票的方式向甲公司提供3680万元的保理款

2013年11月13日 丙公司在收到债权转让通知后继续向甲公司通过汇票支付采购煤炭货款900万元

2013年12月31日 丙公司在收到债权转让通知后继续向甲公司支付剩余采购煤炭货款379.091132万元

2014年4月8日 乙银行向甲公司债权人承兑3680万元汇票后进而完成保理款的支付

诉讼中，丙公司认为《煤炭买卖合同》及应收账款转让确认书、应收账款转让通知确认书均系甲公司伪造、变造，基础债权并不存在，实际应收账款亦未发生转移，故乙银行作为保理人无权向其主张债权。

本案经江西省某市中级人民法院一审、江西省高级人民法院二审均未认可乙银行债权，经最高人民法院再审判决支持了乙银行诉请债权。

二、争议焦点

1. 丙公司所称的基础债权瑕疵能否对抗乙银行？

2. 丙公司在另案诉讼中向甲公司主张的权利是追索权还是债权反转让，其是否有权继续要求丙公司清偿债务？

三、事实与解析

根据案涉《国内保理业务合同》的约定，本案当事人所开展的保理业务是乙银行以约定的折扣受让甲公司对丙公司、案外某公司等客户一定额度的国内应收账款，为甲公司提供保理融资，且乙银行不承担甲公司等客户信用风险的有追索权的保理业务。从本案中各方当事人的诉辩理由来看，当事人之间的争议主要是围绕着丙公司与甲公司之间的煤炭买卖合同关系、甲公司与乙银行之间的保理融资合同关系、甲公司与乙银行之间的债权转让关系这3个基本法律关系展开。

1. 关于丙公司所称的基础债权瑕疵能否对抗债权受让人乙银行的问题

本案中，丙公司和甲公司之间的基础债权债务关系是基于煤炭买卖合同关系而发生。根据各方当事人在诉讼中的陈述和举证情况，可以认定双方于2012年9月6日签订的数量为5.5万吨、价款为2450万元的《煤炭买卖合同》系真实发生的业务，甲公司据此而对丙公司享有相应的债权。但在本案保理融资业务的办理过程中，甲公司并未向乙银行提交前述《煤炭买卖合同》，而是变造了《煤炭买卖合同》，将合同签订时间更改为2013年9月6日、数量更改为9.5万吨、价款更改为4611万余元。对该变造行为，虽然甲公司和丙公司在诉讼中均坚称系甲公司和乙银行所为，丙公司并不知情。但在案证据表明，甲公司和丙公司对上述变造行为均知情，并且存在合谋行为。

综上，法院认定，丙公司事实上知道甲公司变造案涉9.5万吨煤炭买卖合同的行为，且在乙银行向其调查、核实的过程中，与甲公司共同实施欺诈行为，制造双方之间存在4611万元应收账款的假象，亦因此该9.5万吨合同系甲公司和丙公司双方共同通谋实施的虚伪意思表示，依法应当认定为无效合同。

《合同法》第82条①规定："债务人接到债权转让通知后，债务人对让与人的抗辩，可以向受让人主张"。上述规定之规范意旨，系为保护债务人之利益不至因债权转让而受损害，就债务人能否以系争债权系通谋虚构为由向受让人抗辩这一问题，立

---

① 现为《民法典》合同编第548条，条文内容不变。

法本身未设明文规定。根据民法基本原理，双方当事人通谋所为的虚伪意思表示，在当事人之间发生绝对无效的法律后果。但在虚伪表示的当事人与第三人之间，则应视该第三人是否知道或应当知道该虚伪意思表示而发生不同的法律后果：当第三人知道该当事人之间的虚伪意思表示时，虚伪表示的无效可以对抗该第三人；当第三人不知道当事人之间的虚伪意思表示时，该虚伪意思表示的无效不得对抗善意第三人。据此，丙公司关于案涉应收账款虚假的诉讼理由能否对抗乙银行，取决于乙银行在受让债权时是否善意。本案中，乙银行在签订案涉《国内保理业务合同》之前，不仅审核了甲公司提交的《煤炭买卖合同》和增值税发票的原件，还指派工作人员王某到丙公司调查贸易背景的真实性，并对丙公司签署应收账款转让确认书、应收账款转让通知确认书等行为进行面签见证，向丙公司送达了应收账款转让通知书，应当认定在案涉保理合同签订之前，乙银行已经就基础债权的真实性问题进行了必要的调查和核实，甲公司和丙公司共同向乙银行确认了基础债权真实、合法、有效，乙银行已经尽到了审慎的注意义务，其有理由相信甲公司对丙公司享有4611万元债权。综上，申请人乙银行关于丙公司应当以其承诺行为向乙银行承担清偿责任的申请理由成立，法院予以支持。丙公司关于乙银行作为债权受让人的权利不能超越原权利的范围，其有权以基础债权已经不存在的事由对抗乙银行的诉讼理由不能成立，法院不予支持。

2. 关于乙银行在已经通过另案诉讼向甲公司主张权利的情况下，能否继续要求丙公司清偿债务的问题

法院认为，根据《国内保理业务合同》的约定，本案保理业务属于乙银行不承担买方信用风险担保的有追索权的明保理，在乙银行的债权不能获得清偿时，乙银行除有权以债权受让人身份要求应收账款债务人丙公司清偿债务外，还有权向甲公司行使追索权和反转让应收账款的权利。具言之，乙银行对丙公司享有求偿权是基于债权转让合同的约定，其因受让债权而取代甲公司成为丙公司的债权人；对甲公司享有反转让和追索权是基于其和甲公司之间的借款合同法律关系。由于保理业务是从境外引进的业务类型，在国内开展的时间还不长，学说和实务层面对该项业务中所使用的源自英美法背景的相关术语、惯例如何纳入我国固有法律体系中相应的概念、范畴还没有开展充分的讨论。对这一问题的评判，关键在于厘清乙银行对丙公司的求偿权和对甲公司所享有的债权反转让和追索权等合同权利的法律性质，以及前述权利依其法律性质能否同时并存。

关于乙银行对甲公司的反转让应收账款的权利与对丙公司的求偿权能否并存的问题。关于应收账款的反转让，案涉《国内保理业务合同》第2条第18项约定了两种类型：在合同所约定的特定情形下，乙银行向甲公司转回已经受让的应收账款；在乙银行提供保理融资的情况下，甲公司向其支付保理融资款及相关未结清费用后，与该应收账款有关的一切权利亦应同时转让回甲公司。关于特定情形下的反转让，该合同第

38 条和第 39 条约定：出现基础合同发生商业纠纷，但基础合同双方当事人未向乙银行提交商业纠纷处理意见等情形的，乙银行可以向甲公司发出应收账款反转让通知书，同时要求甲公司向乙银行支付保理融资款及相关未结清费用；在乙银行要求反转让的情况下，甲公司应按照应收账款反转让通知书的要求向乙银行支付本息和费用，未及时足额支付的，乙银行有权从甲公司账户中主动扣款或采用其他办法强行收回有关款项。根据上述约定，保理商向债权出让方反转让债权的法律效果依法应当认定为解除债权转让合同，将债权返还给出让人，故应收账款的反转让应受《合同法》总则中关于合同解除的规定的调整。案涉《国内保理业务合同》中关于甲公司归还了保理融资款及相关未结清费用后，与该应收账款有关的一切权利亦应同时转回，以及发生丙公司不履行偿还义务等情形乙银行有权通知甲公司反转让债权的约定，应当解释为案涉债权转让合同的约定解除条件。因此，在合同约定的解除条件成就的情况下，如果乙银行向甲公司反转让债权，因债权转让合同解除后其已不再具有丙公司的债权人身份，其要求丙公司清偿债务的权利基础已不存在，故该项权利与其对丙公司的求偿权在法律性质上不能同时并存。据此，乙银行在本案中要求丙公司清偿债务的诉讼请求能否得到支持，取决于其另案提起的诉讼是否应当认定为已经行使了解除债权转让合同的权利，将债权返还给甲公司。

2015 年 11 月 20 日，广东省某市中级人民法院作出判决，判令甲公司向乙银行偿还保理融资款本金人民币 3680 万元及利息。在乙银行主张权利的过程中，并无书面文件证明其表达过向甲公司反转让债权的意思。而且，从乙银行所实施的系列诉讼行为的实际情况来看，其真实意思是坚持要求丙公司和甲公司同时承担债务，核心诉求是要求甲公司与丙公司共同归还所欠借款，始终没有包含向甲公司归还债权的意思表示。故法院认定，乙银行在另案诉讼中所主张的权利，在性质上属于要求甲公司归还借款的追索权，并非债权的反转让。丙公司关于乙银行已经将案涉应收账款反转让给甲公司的诉讼理由，并无相应的事实依据，本院不予采信。

关于乙银行向丙公司的求偿权和向甲公司追索权能否同时并存的问题。学术界主流说法认为，有追索权的保理业务所包含的债权转让合同的法律性质并非纯正的债权让与，而应认定为具有担保债务履行功能的间接给付契约。间接给付，学说上又称为新债清偿、新债抵旧，或为清偿之给付。根据民法基本原理，间接给付作为债务清偿的方法之一，是指为清偿债务而以他种给付代替原定给付的清偿，并不具有消灭原有债务的效力，在新债务履行前，原债务并不消灭，只有当新债务履行且债权人的原债权因此得以实现后，原债务才同时消灭。从司法实践中的情况来看，对保理商有追索权的保理业务中，在债权未获清偿的情况下，保理商不仅有权请求基础合同的债务人向其清偿债务，同时有权向基础合同债权的让与人追索这一问题，并无分歧认识，但在原有债务和受让债权的数额不一致的情况下应当如何确定清偿义务范围和顺序，还没有先例判决可以遵循。案涉《国内保理业务合同》第40条约定：如发生买方/债务人明确表示或以自己行为表明将拒绝支付全部或部分的应收账款等情形的，乙银行有权立即向甲公司追索尚未收回的应收账款，有权从甲公司在乙银行开立的账户上扣收其应付给其银行的款项。根据双方在《国内保理业务合同》中的约定和间接给付的法理，乙银行本应先向丙公司求偿，在未获清偿时，才能够向甲公司主张权利，追索权的功能相当于甲公司为丙公司的债务清偿能力提供了担保，这一担保的功能与放弃先诉抗辩权的一般保证相当。参照《担保法》关于一般保证的法律规定，丙公司应当就其所负债务承担第一顺位的清偿责任，对其不能清偿的部分，由甲公司承担补充赔偿责任。就这一法律问题，广东省某市中级人民法院另案中裁定的认定并不正确，导致当事人因同一事件所引发的纠纷不能通过一个诉讼程序加以解决，本应予以纠正，但考虑到乙银行的实体权利能够在本案中得到救济，不再通过审判监督程序对该院的相关裁判予以纠正。因乙银行对甲公司债权并未得到实际清偿，故其虽然通过另案向甲公司行使了追索权，但仍然有权就未获清偿的部分向丙公司主张，故本院对乙银行在本案中的诉讼主张，予以支持。但丙公司应当承担的清偿义务范围方面，依据间接给付的基本法理，因乙银行并不承担该应收账款不能收回的商业风险，其受让甲公司对丙公司所享有的债权，目的是清偿甲公司对其所欠的债务，乙银行实际向甲公司发放的借款本金为3680万元，故乙银行在本案中对丙公司所能主张的权利范围，依法应当限缩至3680万元借款本金及其利息的范围之内。同时，乙银行基于该笔贷款受让了对丙公司的4611万元的应收账款，其对丙公司清偿债务的信赖利益仅为应收账款本金4611万元及其利息，这一信赖利益范围也应当成为丙公司对其承担责任的最高上限，故丙公司向乙银行清偿该3680万元本金的利息的实际数额，不能超过该4611万元本金及相应利息。丙公司关于甲公司让与的债权虚假、真实债权已经清偿完毕的诉讼理由，不影响其在本案中的责任承担，丙公司在承担责任后，可以根据其实际履行情况向甲公司另行主张。此外，因本案判决的执行涉及广东省某市中级人民法院先前判决的执行，以及广东省某市中级人民法院受理的甲公司的破产清算程序，在执行本案判决的时候应当注意，甲公司、丙公司任何一方对债务的清偿或部分清偿，都应相应免除另一方的清偿义务，以避免乙银行就同一债权双重受偿。二审判决关于在有追索权保理业务中，乙银行对应收账款转让方享有追索权，其有权依据保理合同约定选择向应收账款债权人或债务人主张权利，应收账款债权人或债务人一方对保理银行履行义务，则另一方免除相应的清偿责任的认定正确，本院予以确认。

四、律师说法

1. 案件概述

本案事实略显复杂，笔者将其简要概括为：甲公司为获得高额保理融资，与丙公司合谋变造《煤炭买卖合同》并将该合同项下应收账款债权转让于保理人乙银行从而获得保理融资，待保理人乙银行向丙公司以债权人身份主张债权时，丙公司以《煤炭买卖合同》系虚假交易、合同无效为由否定乙银行债权。

最高人民法院彼时以民法基本原理认定，双方当事人通谋所为的虚伪意思表示，在当事人之间发生绝对无效的法律后果，但该虚伪表示不得对抗善意第三人；本案保理人乙银行即为善意第三人，因此丙公司以《煤炭买卖合同》无效为由拒绝向乙银行偿付于法无据。

2. 法律分析

2021 年 1 月 1 日《民法典》正式实施，将保理合同作为专节进行规定，凸显出对保理这一金融服务行为的重视，其中第 763 条规定："应收账款债权人与债务人虚构应收账款作为转让标的，与保理人订立保理合同的，应收账款债务人不得以应收账款不存在为由对抗保理人，但是保理人明知虚构的除外。"本条明确了债务人不得以虚构应收账款对抗善意保理人。

本案中最高人民法院再审判决作出日期为 2017 年，彼时国内法律并未对保理业务作出明确规定，亦无关于保理的诉讼案由，司法实践多以《合同法》《民法通则》《担保法》等法律关系对保理关系进行认定和约束，因此常会将保理关系简单认定为借贷或债权转让行为，从而导致裁判结果出现偏差的情形。但本案最高法对保理关系的认定却相当准确，裁判结果与《民法典》关于保理合同的规定并不冲突。

首先是保理关系的认定，根据《民法典》认定保理关系应把握如下四个要素：一是主体，即保理人必须是经营保理业务的银行或持牌商业保理公司；二是前提，保理申请人（基础交易卖方）必须具有基于实体商业交易而产生的应收账款即债权，该商业交易可以是货物买卖、提供服务以及借贷，但不能是因证券、票据等形成的债权；三是核心，保理申请人必须将特定应收账款转让给保理人即进行债权转让；四是内容，保理人在受让特定债权后必须向保理申请人提供资金融通、应收账款管理或者催收、应收账款债务人付款担保等服务中的至少一项服务。上述四要素应当同时具备方能构成保理法律关系。

其次是虚假基础交易是否影响保理人债权，如上文所述《民法典》第 763 条规定应收账款债务人不得以应收账款不存在为由对抗善意保理人，即只要没有证据证明保理人对虚假基础交易知情，且保理人已尽到应有的审查义务，则保理人即可构成善意。只要保理人是善意的，任凭保理申请人如何伪造、变造、虚构基础交易，只要保理关系形成，保理人所受让的债权就有法律效力，应收账款债务人就有义务向保理人偿付。之所以如此规定，目的就是要构建独立的保理法律关系，实现保理在促进实体经济发展中的重要作用，区别于贷款、信托、融租等其他的金融模式。

最后是保理追索权与应收账款债权是否可以并存，根据《民法典》第 766 条之规定，保理人的追索权为法定权利，来源于保理合同约定，而应收账款债权则来自基础交易合同，因此两项权利是两个不同的法律关系，可以并存。但是需要注意，追索权可通过要求返还保理融资本息或回购应收账款债权两种方式实现，两种方式所产生的法律后果截然不同，若选择要求债务人返还保理融资本息，则追索权与应收账款债权可同时行使，并不冲突；若选择要求债务人回购应收账款债权，则当债权因回购而发生转移时，保理人不再享有应收账款债权，故其无权再向应收账款债务人主张债权。至于具体应用哪种追索方式，则法律尊重当事人意思自治，由保理申请人与保理人根据保理业务的实际需求进行合同约定。

本案中最高人民法院综合运用民法基本原则、《合同法》并结合保理的金融业务属性，得出"保理业务中应收账款债务人不得以基础交易债权虚假为由对抗善意保理人"的结论，不得不说在当时是具有很强的前瞻性和极高的理论功底的，并且在《民法典》正式实施后本案的法理分析仍具有指导性。

五、实务提示

通过本案的裁判分析以及《民法典》保理合同的相关规定，笔者认为保理业务参与人应当注意以下几点问题。

1. 保理申请人

保理申请人即基础商业交易中的卖方，务必要明确保理基本法律关系和申请条件。申请人一般是产业体系中的供应商，有相对稳定的销货渠道和较为固定的下游采购商，因赊销等销售模式原因易在商业往来中形成大量应收账款，且账期较长影响到供应商的现金流周转，此类供应商方才适合通过保理解决资金周转和账务管理的问题。切不可将保理视为变相贷款，将债权转让视为完成贷款审核的条件，从而产生虚构交易、变造合同的违规、违法行为，如此不仅有悖于民商事法律规定，亦可能会触犯刑事法律，最终造成双输的局面。

2. 保理人

保理原本属于银行业务范畴，但由于银行业各类风控指标要求以及经营理念原因，银行保理往往侧重于融资功能，保理业务的开展更类似于贷款，无法发挥出保理应有的产业促进功能。故商务部于 2012 年发布了《关于商业保理试点有关工作的通知》，商业保理公司正式踏入历史舞台，彼时商业保理公司并未被纳入金融机构，主要由商务部进行业务管理，因缺乏监管，商业保理经过多年"自由"发展后也"乱象丛生"，为保障保理业务的健康发展，发挥其应有功能，2018 年 5 月商务部将商业保理公司纳入银保监会监管范畴，2019 年 10 月银保监会发布《关于加强商业保理企业监督管理的通知》对商业保理的准入进行了详细规定，自此保理业务进入持牌经营时代。因此，建议无牌机构切勿从事保理业务，否则不但自身违规，还会耽误保理申请人的实际业务需求。

业务实操中保理人务必要注意业务结构的设计，在满足申请人需求的同时亦要保障自身风险程度的合理性。比如本案关于保理追索权的问题，有追索权保理又称回购型保理，是指保理人不承担为债务人核定信用额度和提供坏账担保的义务，仅提供包括融资在内的其他金融服务，在应收账款到期无法从债务人处收回时，保理人可以向债权人反转让应收账款，或者要求债权人回购应收账款以及要求归还融资本息。所以在融资性保理业务中，追索权如何行使将直接影响到保理人所承受的风险程度，但是如何选择追索方式又取决于具体的融资方式，而选择通过贷款还是债权受让款的方式融资则需要综合考量基础交易情况、应收账款账期、债务人和债权人资信情况等因素进行判断。因此，保理人应严格遵循情况核查、事实认定、方案设计、保理融资的业务顺序开展融资性保理业务，从而确保业务风险可控。

3. 应收账款债务人

伴随我国各领域产业化大发展的趋势，供应链金融逐渐兴起，其中保理是最为重要的金融工具，尤其是"反向保理"业务。反向保理不是一种具体产品或者合同名称，而是一种保理营销策略，之所以称为"反向保理"，主要是因为主导保理业务合作的不是卖方（应收账款债权人）而是买方（应收账款债务人），即供应链体系中的核心企业。因此，作为应收账款债务人亦可以充分利用保理这项金融服务，在缓解自身现金流压力的同时亦能对各供应商进行支持和管理，促进供应链体系的良性循环。

另外，作为债务人切忌不可为了满足债权人进行保理融资的需求，帮助其虚构基础交易、签署变造合同和文件或虚开发票等违法违规行为。由此，债务人不但无法对抗善意保理人的债权，还易触犯行政或刑事法律，导致严重不利后果。

六、关联法规

（一）《商业银行保理业务管理暂行办法》

第六条　本办法所称保理业务是以债权人转让其应收账款为前提，集应收账款催收、管理、坏账担保及融资于一体的综合性金融服务。债权人将其应收账款转让给商业银行，由商业银行向其提供下列服务中至少一项的，即为保理业务：

（一）应收账款催收：商业银行根据应收账款账期，主动或应债权人要求，采取电话、函件、上门等方式或运用法律手段等对债务人进行催收。

（二）应收账款管理：商业银行根据债权人的要求，定期或不定期向其提供关于应收账款的回收情况、逾期账款情况、对账单等财务和统计报表，协助其进行应收账款管理。

（三）坏账担保：商业银行与债权人签订保理协议后，为债务人核定信用额度，并在核准额度内，对债权人无商业纠纷的应收账款，提供约定的付款担保。

（四）保理融资：以应收账款合法、有效转让为前提的银行融资服务。

以应收账款为质押的贷款，不属于保理业务范围。

第八条　本办法所称应收账款，是指企业因提供商品、服务或者出租资产而形成的金钱债权及其产生的收益，但不包括因票据或其他有价证券而产生的付款请求权。

第九条 本办法所指应收账款的转让，是指与应收账款相关的全部权利及权益的让渡。

第十条 保理业务分类：

（一）国内保理和国际保理

按照基础交易的性质和债权人、债务人所在地，分为国际保理和国内保理。

国内保理是债权人和债务人均在境内的保理业务。

国际保理是债权人和债务人中至少有一方在境外（包括保税区、自贸区、境内关外等）的保理业务。

（二）有追索权保理和无追索权保理

按照商业银行在债务人破产、无理拖欠或无法偿付应收账款时，是否可以向债权人反转让应收账款、要求债权人回购应收账款或归还融资，分为有追索权保理和无追索权保理。

有追索权保理是指在应收账款到期无法从债务人处收回时，商业银行可以向债权人反转让应收账款、要求债权人回购应收账款或归还融资。有追索权保理又称回购型保理。

无追索权保理是指应收账款在无商业纠纷等情况下无法得到清偿的，由商业银行承担应收账款的坏账风险。无追索权保理又称买断型保理。

（三）单保理和双保理

按照参与保理服务的保理机构个数，分为单保理和双保理。

单保理是由一家保理机构单独为买卖双方提供保理服务。

双保理是由两家保理机构分别向买卖双方提供保理服务。

买卖双方保理机构为同一银行不同分支机构的，原则上可视作双保理。商业银行应当在相关业务管理办法中同时明确作为买方保理机构和卖方保理机构的职责。

有保险公司承保买方信用风险的银保合作，视同双保理。

（二）《民法典》

第七百六十一条 保理合同是应收账款债权人将现有的或者将有的应收账款转让给保理人，保理人提供资金融通、应收账款管理或者催收、应收账款债务人付款担保等服务的合同。

第七百六十二条 保理合同的内容一般包括业务类型、服务范围、服务期限、基础交易合同情况、应收账款信息、保理融资款或者服务报酬及其支付方式等条款。

保理合同应当采用书面形式。

第七百六十三条 应收账款债权人与债务人虚构应收账款作为转让标的，与保理人订立保理合同的，应收账款债务人不得以应收账款不存在为由对抗保理人，但是保理人明知虚构的除外。

第七百六十四条 保理人向应收账款债务人发出应收账款转让通知的,应当表明保理人身份并附有必要凭证。

第七百六十五条 应收账款债务人接到应收账款转让通知后,应收账款债权人与债务人无正当理由协商变更或者终止基础交易合同,对保理人产生不利影响的,对保理人不发生效力。

第七百六十六条 当事人约定有追索权保理的,保理人可以向应收账款债权人主张返还保理融资款本息或者回购应收账款债权,也可以向应收账款债务人主张应收账款债权。保理人向应收账款债务人主张应收账款债权,在扣除保理融资款本息和相关费用后有剩余的,剩余部分应当返还给应收账款债权人。

第七百六十七条 当事人约定无追索权保理的,保理人应当向应收账款债务人主张应收账款债权,保理人取得超过保理融资款本息和相关费用的部分,无需向应收账款债权人返还。

第七百六十八条 应收账款债权人就同一应收账款订立多个保理合同,致使多个保理人主张权利的,已经登记的先于未登记的取得应收账款;均已经登记的,按照登记时间的先后顺序取得应收账款;均未登记的,由最先到达应收账款债务人的转让通知中载明的保理人取得应收账款;既未登记也未通知的,按照保理融资款或者服务报酬的比例取得应收账款。

(三) 中国银保监会《关于加强商业保理企业监督管理的通知》

一、依法合规经营

(一) 商业保理企业开展业务,应遵守《合同法》等法律法规的有关规定,回归本源,专注主业,诚实守信,合规经营,不断提升服务实体经济质效。

(二) 商业保理企业应完善公司治理,健全内部控制制度和风险管理体系,防范化解各类风险,保障安全稳健运行。

(三) 商业保理业务是供应商将其基于真实交易的应收账款转让给商业保理企业,由商业保理企业向其提供的以下服务:

1. 保理融资;

2. 销售分户 (分类) 账管理;

3. 应收账款催收;

4. 非商业性坏账担保。

商业保理企业应主要经营商业保理业务,同时还可经营客户资信调查与评估、与商业保理相关的咨询服务。

（四）商务部《关于融资租赁公司、商业保理公司和典当行管理职责调整有关事宜的通知》

各省、自治区、直辖市、计划单列市及新疆生产建设兵团商务主管部门：

根据《中共中央关于深化党和国家机构改革的决定》等文件要求和全国金融工作会议精神，商务部已将制定融资租赁公司、商业保理公司、典当行业务经营和监管规则职责划给中国银行保险监督管理委员会（以下称银保监会），自4月20日起，有关职责由银保监会履行。

请各地商务主管部门按照党中央、国务院关于机构改革的有关要求，在地方政府的统一部署下，积极开展相关工作。

商务部办公厅

2018年5月8日

撰稿人：孙波

 ·案例47 债券纠纷中如何认定发行人构成交叉违约

一、基本案情

2017年4月25日，甲公司发布募集说明书发行债券"17甲01"，期限为3年，起息日为2017年5月2日，兑付日为2020年5月2日。募集说明书对于债券交叉违约条款约定：甲公司或合并范围内子公司的债务出现违约或宽限期到期后应付未付，或上述债务或累计的总金额达到甲公司最近一年或最近一个季度合并财务报表净资产的150%，视同发生违约事件。王某和作为甲公司的实际控制人，以其拥有的全部合法财产向该债券提供全额无条件不可撤销的连带责任保证。

2017年5月4日，乙证券公司以其担任管理人的资产管理计划，认购甲公司"17甲01"债券共计1亿元。后甲公司面临极大的再融资压力及流动性压力，"17甲03""17甲04""17甲05"三只债券分别于2018年10月12日、2018年10月12日、2018年11月15日发生实质违约，王某和未履行相应的保证责任。2018年11月2日，"17甲01"债券召开了第一次债券持有人会议，要求发行人甲公司提供增信措施、追加抵押，但甲公司并未补充任何增信措施。

2019年5月16日，乙证券公司向法院提起诉讼，认为甲公司已构成债券违约。法院一审认为，由于"17甲03""17甲04""17甲05"已经出现了违约情形，根据募集说明书的约定已构成交叉违约。由于甲公司触发案涉债券的加速到期条款，在宽限期内未提供任何额外增信措施，乙证券公司有权要求甲公司提前兑付债券本息。甲公司不服，提起上诉，二审判决驳回上诉，维持原判。

二、争议焦点

本案是否构成募集说明书中交叉违约致使债券加速到期？

三、事实与解析

一审法院认为，首先，根据已查明的事实，募集说明书、担保协议及担保函系各方真实意思表示，合法有效。债券持有人、甲公司及王某和均应恪守募集说明书、担保协议及担保函的相关约定。其次，根据募集说明书约定，在该保证合同项下的债券到期之前，保证人发生足以影响债券持有人利益的重大事项时，债券发行人应在一定期限内提供新的保证，债券发行人不提供新的保证时，债券持有人有权要求债券发行人、担保人提前兑付债券本息。王某和未能履行对"17甲03""17甲04"及"17甲05"债券违约保证责任的行为，已达到募集说明书关于交叉违约的约定条件，进而触发债券的加速到期条款，债券持有人可依据上述约定要求涉案债券加速到期。

二审法院认为，涉案募集说明书、担保协议及担保函均系当事人的真实意思表示，且不违反法律、法规的禁止性规定，应为合法有效，各方当事人均应恪守。因甲公司未能按期足额兑付利息，王某和未能履行保证责任，且甲公司未能提供新的保证，触发案涉债券的加速到期条款，乙证券公司有权要求甲公司和王某和提前兑付债券本息。

四、律师说法

债券中的交叉违约是指债券各方在募集说明书中约定，发行人在其他债务出现违约或宽限期到期后应付未付，就视为发生本债券违约，本债券权利人可以采取相应的救济措施。

我国法律中与交叉违约联系最为紧密的是《民法典》第527条、第578条中关于不安抗辩权和预期违约的规定。而不安抗辩权实际上属于一种消极的防御权，在于对抗对方的履行请求权；预期违约则更具积极主动性，权利方可以在履行期限届满前要求对方解除合同并承担违约责任。交叉违约条款在实质上更接近于预期违约。

在交叉违约条款的设置方面，通常应当由发行人和持有人在募集说明书中进行约定。尽管此类条款属于意思自治的范畴，但也应当完整、明确，否则很难得到法院的支持。中国银行间市场交易商协会的《投资人保护条款范例》通过条款范本对限制性条款进行规范化引导，提供交叉违约条款范例，有关要点主要包括合同条款适用的相对人、同类债务的范围、起算金额以及触发交叉违约条款的后果等。

在交叉违约的认定方面，若各方在发行文件中事先对交叉违约进行有效约定，则在债券发行后，发行人的其他债务发生违约，且无法提供新的担保的，无论案涉债券是否已至付息日或者清偿期，均可以被认定为交叉违约。该种违约情形主要是为了在发行人偿债能力下降的情况下，保护债券持有人的利益，因此不以发行人无法按时支付案涉本金和利息为前提。

实践中，与交叉违约关联性较强的是加速到期条款，可以说加速到期是发生交叉违约后的主要救济措施。加速到期是指在债券合同中约定，一旦触发特定情形，经过特定程序后，债券还款期限即提前到期的一种法律后果。一般情况下，案涉债券发生交叉事件后，宽限期内未解除该情形的，债券持有人会议有权宣布债券加速到期，债务人应立刻履行还本付息责任。之所以将加速到期设置为交叉违约的救济措施主要是因为发行人因其他债务违约，故其市场信用已经丧失，只有提前还本付息才能最大限度保障债券持有人的利益，当然若发行人可以提供适当的担保措施并经由持有人会议同意，也可暂缓触发加速到期。本案中乙证券公司明确其诉请之基础为募集说明书的加速到期条款，事实上，甲公司的三只债券发生实质违约，相对涉案债券而言，已构成了募集说明书交叉违约。一审法院认为募集说明书对在触发加速到期时，债券发行人重新提供保证的期限没有约定的前提下，比照交叉违约条款的宽限期约定，既符合各方当事人的真实意思表示，又符合商业惯例，客观合理。

五、实务提示

1. 站在投资人角度，交叉违约条款需在债券发行文件中事先进行明确，且条款必须完整、明确，若事先未约定完整有效的条款，发行人发生其他违约事件时，往往难以得到法院的认可。具体来说，首先应确定交叉违约范围，可将发行人其他债务违约以及其控股股东、实际控制人的债务违约均纳入本次债券交叉违约范围；其次，明确交叉违约的救济措施，发生交叉违约后应触发"新担保条款"由发行人在宽限期内提供新担保措施，超期未提供担保则再触发加速到期条款。

2. 对于债券发行人来讲，交叉违约条款是一把"双刃剑"，其优点是能够给债券发行增信，助力债券的发行和销售，缺点是交叉违约条款可能会使自身的违约风险加大，当债券持有人主张权利时，难以控制自身的债务风险，需要发行人有较高的风险承受能力，因此对于交叉违约条款要谨慎对待，不可为了募资一味扩大交叉范围，不然会严重影响到债券的稳定性，导致发债目的的落空。

六、关联法规

（一）《全国法院审理债券纠纷案件座谈会纪要》（法〔2020〕185号）

第二十一条第一款、第二款　发行人的违约责任范围。债券发行人未能如约偿付债券当期利息或者到期本息的，债券持有人请求发行人支付当期利息或者到期本息，并支付逾期利息、违约金、实现债权的合理费用的，人民法院应当予以支持。

债券持有人以发行人出现债券募集文件约定的违约情形为由，要求发行人提前还本付息的，人民法院应当综合考量债券募集文件关于预期违约、交叉违约等的具体约定以及发生事件的具体情形予以判断。

（二）《中国证券期货市场衍生品交易主协议》（中证协发〔2018〕321号）

4.5　交叉违约

如补充协议明确约定适用交叉违约条款，则交叉违约指以下任何情形：

4.5.1　交易一方、其履约保障提供方在特定债务下发生到期未支付的违约行为（且在宽限期内未予补救），所涉累计违约金额（单独或与第 4.5.2 条所述金额合计）达到补充协议规定的交叉违约触发金额。

4.5.2　交易一方、其履约保障提供方在特定债务下发生违约行为并导致该特定债务被通知或可被通知提前到期，且所涉累计本金数额（单独或与第 4.5.1 条所述金额合计）达到补充协议规定的交叉违约触发金额。

4.5.3　如果在特定债务下违约：（1）是因为在操作或处理方面失误、遗漏或疏忽而未能支付或交付所导致的，且（2）该方有资金或资产在到期时进行支付或交付，且（3）在对方就该等事实发出通知后的 3 个营业日内做出了支付或交付，则不构成主协议第 4.5 条下的交叉违约。

撰稿人：杨楚

 案例 48　如何区分债务加入、保证，及公司对外担保的程序

一、基本案情

2016 年 7 月 26 日，甲银行与乙公司签订《并购借款合同》，约定：借款人乙公司作为甲方，贷款人甲银行作为乙方。该合同项下贷款由甲方用于支付并购交易价款，用于支付甲方收购丙公司和丁公司 100% 股权。贷款金额为 175389 万元，贷款期限自 2016 年 7 月 26 日至 2023 年 3 月 17 日。

2016 年 7 月 26 日，贾某作为保证人（甲方）与作为债权人（乙方）的甲银行签订《保证合同》，约定：为确保乙方与主合同债务人乙公司签订的《并购借款合同》的履行，甲方愿意为主合同项下乙方对主合同债务人依主合同所形成的债权提供保证担保。

2016 年 8 月 23 日，乙公司向甲银行出具函件，称：鉴于乙公司已与甲银行签署了《并购借款合同》，乙公司确认知晓并认可该合同的全部条款和条件。如出现逾期或拖欠贷款本息的情况，乙公司承诺对借款人在《并购借款合同》项下的还款义务承担差额补足责任。

2016 年 11 月 16 日，乙公司作为出质人（甲方）与作为质权人（乙方）的甲银行签订了《权利质押合同》，约定：为确保乙方与主合同债务人乙公司签订的《并购借款合同》的履行，甲方愿意以其享有的权利为乙方依据主合同对主合同债务人享有的全部债权提供质押担保。

2016 年 11 月 18 日，工商行政管理局向甲银行出具股权出质设立登记通知书，载明：出质股权所在公司为丙公司，出质股权数额为 101000 万元，出质人为乙公司，质权人为甲银行。

2017 年 1 月 9 日，丙公司和丁公司分别将《抵押合同》项下不动产抵押给案外人某融资再担保有限公司，并办理了抵押登记。

2017 年 2 月 24 日，乙公司向甲银行偿还本金 87694500 元；2016 年 9 月 20 日，乙公司向甲银行偿还利息 7412377.61 元；2016 年 12 月 20 日，乙公司向甲银行偿还利息 24982457.88 元；2017 年 3 月 20 日，乙公司向甲银行偿还利息 24378486.38 元；2017 年 6 月 21 日，乙公司向甲银行偿还利息 23994140.86 元。其余本金和利息，乙公司尚未归还。

二、争议焦点

1. 乙公司出具的承诺承担差额补足责任的函件的效力问题？
2. 乙公司是否应当依其承诺对乙公司的还款义务承担差额补足责任？

三、事实与解析

1. 关于乙公司出具的承诺承担差额补足责任的函件的效力问题

法院经审理认为，应当先确认该函件的性质。第一，《并购借款合同》第 11 条约定了担保方式和具体的担保合同名称，但并未将乙公司承诺差额补足责任的函件列入，说明当事人各方在签订《并购借款合同》及一系列担保合同时并未将乙公司的承诺认定为担保。第二，保证系从合同，保证人是从债务人，是为他人债务负责；并存的债务承担系独立的合同，承担人是主债务人之一，是为自己的债务负责。在乙公司的函件中，乙公司承诺只要出现逾期或拖欠贷款本息的情况，就承担差额补足责任。乙公司的上述承诺，没有保证的意思表示。相反，乙公司的承诺更具有主动加入债务的意思表示。第三，由于保证属典型的担保方式，其设立、生效、保证期间、履行方式等都有较为严格的规定。在当事人之间没有非常清晰、明确合意的情况下，亦不宜轻易认定为保证。故，乙公司承诺承担差额补足责任的函件属于乙公司自愿作出的、对其股东乙公司的债务作出的债务加入的意思表示。

2. 关于乙公司是否应当依其承诺对乙公司的还款义务承担差额补足责任的问题

法院经审理认为，因二审中乙公司和甲银行均认可 2016 年 8 月 23 日函件的内容构成债务加入，法院对原审判决关于乙公司出具的承诺承担差额补足责任函件的性质构成债务加入的认定，予以维持。根据民法一般原理，债务加入是指第三人加入到既存的债务关系中，与债务人就其债务对债权人负连带之责，其效果相当于加入人为自己创设了一项独立的债务。与保证责任相比，加入人承担的债务较保证人的负担更重。

本案中，作为上市公司的乙公司在函件中承诺承担的债务，是其控制股东乙公司的债务。根据《合同法》第 124 条①的规定，在现行立法未就债务加入的生效要件作出明确规定的情况下，原审判决类推适用法律关于上市公司为其股东提供保证的相关

---

① 《合同法》已废止，相关规定现参见《民法典》中关于无名合同的规定。

规定来认定其效果归属，法律依据充分，亦符合"举轻以明重"的法律解释方法。上诉人甲银行关于原审判决适用《公司法》第16条的规定认定函件效果归属系适用法律错误的上诉理由不能成立，法院不予支持。

根据《公司法》第16条的规定可知，在公司为他人提供担保这一可能影响股东利益的场合，立法规定了公司机关决议前置程序以限制法定代表人的代表权限。在公司内部，为他人提供担保的事项并非法定代表人所能单独决定，其决定权限交由公司章程自治：要么是由公司股东决定，要么是委诸商业判断原则由董事会集体讨论决定；在为公司股东或实际控制人提供担保的场合，则必须交由公司其他股东决定。这种以决议前置的方式限制法定代表人担保权限的立法安排，其规范意旨在于确保该担保行为符合公司的意思，不损害公司、股东的利益。从本案当事人自身实际具有的认知水平和注意能力来看，甲银行本身作为上市公司，对立法关于上市公司为股东提供担保须经股东大会决议的相关规定系属明知。故原审判决关于甲银行应当知道乙公司的人员采用以出具债务加入承诺函件的方式规避法律规定的做法的认定，符合本案的实际情况。乙公司作为上市公司，其相关人员未经依法决议，擅自以公司名义出具债务加入承诺函承担股东债务，不能认定为属于公司的意思，依法不应当认定乙公司为承诺函的出具主体。

四、律师说法

本案的关键点一在于区分债务加入和保证。债务承担和保证在实质上均是第三人为债权人实现债权提供保障，同属人的担保范畴，尤其在并存的债务承担与连带责任保证中，两者的外在表征和责任承担更为相似。实践中，第三人往往以担保债之履行为目的而加入合同关系，容易导致难以区分是债务加人还是保证。对于二者的区别，具体应把握以下几点：（1）保证关系中，保证债务是主债务的从债务，体现了相对独立性和从属性。债务承担中第三人所承担的债务与原债务人的债务具有同一性，二者并不是主从债务的关系，第三人加人原债之关系后，成为一个新的主债务人。（2）保证责任之承担必须在主债务履行期届满后才能发生，且保证期间系除斥期间；而债务承担的期限不必待原债务人之履行期届满，可以协议提前亦可以延后，如果第三人在期限届满后未履行债务，则受诉讼时效的约束。（3）保证要求当事人有明确的意思表示，不得推定；而债务加人并不必然要求当事人有明确的意思表示，可以根据当时的具体情形加以确定，如债务承担人对债务加人有自己的利益，就可以推定为债务加人。本案中，乙公司在其出具的函件中承诺只要出现逾期或拖欠贷款本息的情况，就承担差额补足责任，该承诺没有保证的意思表示。相反，具有主动加入债务的意思表示，因此，不能视为保证，而应视为债务加入。

本案的关键点二在于公司对外担保的决议前置程序。《公司法》第16条以立法规定了公司向其他企业投资或为他人提供担保，依照公司章程的规定，须经董事会或者股东会、股东大会决议。这条规范的意旨在于限制法定代表人的代表权限，确保该担保行为符合公司的意思，不损害公司、股东的利益。本案中，乙公司作为上市公司，应该具有实际的认知水平和注意能力，对立法中关于上市公司为股东提供担保须经股东大会决议的相关规定应属明知，其相关人员未经依法决议，擅自以公司名义出具债务加入承诺函承担股东债务，不能认定为属于公司的意思，依法不应当认定乙公司为承诺函的出具主体。

五、实务提示

1. 实践中，区分保证和债务加入的关键在于看其是否具有从属性。因保证责任产生的保证债务和因债权债务产生的主债务具有主从关系，而债务加入则不具有主从关系。保证债务适用保证期间，债务加入适用一般的诉讼时效。保证债务可以先诉抗辩权要求债务人先履行债务，债务加入没有债务履行的清偿顺序。保证人承担责任后可以对债务人进行追偿，债务加入则不行。

2. 公司对外担保须经过公司机关的决议前置程序，即：公司向其他企业投资或为他人提供担保，须经董事会或者股东会、股东大会决议。

六、关联法规

（一）《民法典》

第四条　民事主体在民事活动中的法律地位一律平等。

第一百七十一条　行为人没有代理权、超越代理权或者代理权终止后，仍然实施代理行为，未经被代理人追认的，对被代理人不发生效力。

相对人可以催告被代理人自收到通知之日起三十日内予以追认。被代理人未作表示的，视为拒绝追认。行为人实施的行为被追认前，善意相对人有撤销的权利。撤销应当以通知的方式作出。

行为人实施的行为未被追认的，善意相对人有权请求行为人履行债务或者就其受到的损害请求行为人赔偿。但是，赔偿的范围不得超过被代理人追认时相对人所能获得的利益。

相对人知道或者应当知道行为人无权代理的，相对人和行为人按照各自的过错承担责任。

第三百九十二条　被担保的债权既有物的担保又有人的担保的，债务人不履行到期债务或者发生当事人约定的实现担保物权的情形，债权人应当按照约定实现债权；没有约定或者约定不明确，债务人自己提供物的担保的，债权人应当先就该物的担保实现债权；第三人提供物的担保的，债权人可以就物的担保实现债权，也可以请求保证人承担保证责任。提供担保的第三人承担担保责任后，有权向债务人追偿。

第三百九十四条第一款　为担保债务的履行，债务人或者第三人不转移财产的占有，将该财产抵押给债权人的，债务人不履行到期债务或者发生当事人约定的实现抵押权的情形，债权人有权就该财产优先受偿。

第四百四十条　债务人或者第三人有权处分的下列权利可以出质：

（一）汇票、本票、支票；

（二）债券、存款单；

（三）仓单、提单；

（四）可以转让的基金份额、股权；

（五）可以转让的注册商标专用权、专利权、著作权等知识产权中的财产权；

（六）现有的以及将有的应收账款；

（七）法律、行政法规规定可以出质的其他财产权利。

第五百零九条　当事人应当按照约定全面履行自己的义务。

当事人应当遵循诚信原则，根据合同的性质、目的和交易习惯履行通知、协助、保密等义务。

当事人在履行合同过程中，应当避免浪费资源、污染环境和破坏生态。

第五百七十七条　当事人一方不履行合同义务或者履行合同义务不符合约定的，应当承担继续履行、采取补救措施或者赔偿损失等违约责任。

第六百八十一条　保证合同是为保障债权的实现，保证人和债权人约定，当债务人不履行到期债务或者发生当事人约定的情形时，保证人履行债务或者承担责任的合同。

第六百八十八条　当事人在保证合同中约定保证人和债务人对债务承担连带责任的，为连带责任保证。

连带责任保证的债务人不履行到期债务或者发生当事人约定的情形时，债权人可以请求债务人履行债务，也可以请求保证人在其保证范围内承担保证责任。

第七百条　保证人承担保证责任后，除当事人另有约定外，有权在其承担保证责任的范围内向债务人追偿，享有债权人对债务人的权利，但是不得损害债权人的利益。

（二）《公司法》

第十六条　公司向其他企业投资或者为他人提供担保，依照公司章程的规定，由董事会或者股东会、股东大会决议；公司章程对投资或者担保的总额及单项投资或者担保的数额有限额规定的，不得超过规定的限额。

公司为公司股东或者实际控制人提供担保的，必须经股东会或者股东大会决议。

前款规定的股东或者受前款规定的实际控制人支配的股东，不得参加前款规定事项的表决。该项表决由出席会议的其他股东所持表决权的过半数通过。

（三）《民事诉讼法》

第一百七十七条　第二审人民法院对上诉案件，经过审理，按照下列情形，分别处理：

（一）原判决、裁定认定事实清楚，适用法律正确的，以判决、裁定方式驳回上诉，维持原判决、裁定；

（二）原判决、裁定认定事实错误或者适用法律错误的，以判决、裁定方式依法改判、撤销或者变更；

（三）原判决认定基本事实不清的，裁定撤销原判决，发回原审人民法院重审，或者查清事实后改判；

（四）原判决遗漏当事人或者违法缺席判决等严重违反法定程序的，裁定撤销原判决，发回原审人民法院重审。

原审人民法院对发回重审的案件作出判决后，当事人提起上诉的，第二审人民法院不得再次发回重审。

第二百六十条　被执行人未按判决、裁定和其他法律文书指定的期间履行给付金钱义务的，应当加倍支付迟延履行期间的债务利息。被执行人未按判决、裁定和其他法律文书指定的期间履行其他义务的，应当支付迟延履行金。

撰稿人：黄文娟

案例49　公司对外担保的责任承担：是否应给付违约金

一、基本案情

2017年，甲证券公司作为委托人和受益人与受托人乙信托签订了《丙公司和甲证券公司集合资金信托合同》（以下简称《资金信托合同》），该合同主要约定了信托计划募集资金不超过人民币30000万元，当募集资金达到人民币3000万元，信托计划成立，信托合同终止，受托人向委托人返还信托资金及信托资金获得的当期银行存款利息。

2017年，乙信托作为贷款人与丙公司作为借款人签订了《信托贷款合同》，该合同主要约定：1.贷款人接受《资金信托合同》中委托人的委托，同意向借款人发放人民币资金信托贷款。2.2015年4月1日起新发行的融资性资金信托，融资人需按照新发行金额的1%认购保障基金。

为了确保《信托贷款合同》的履行，王某作为保证人与乙信托作为债权人签订了《保证合同》，该保证合同主要约定了担保的主债权的金额为30000万元，借款期限为24个月；保证的范围为主合同项下的全部债权，保证的方式为连带责任保证，保证的期间自该合同生效之日起至主合同项下债务履行期限届满之日后两年止。

2017年11月21日，甲证券公司向乙信托发出了指令函，该函主要内容为：根据《信托贷款合同》，丙公司应于2017年11月20日支付利息2401506.67元（本息结息日/付息日实为11月19日，因遇非工作日，根据合同约定，可顺延至11月20日支付），由于该公司偿还利息账户网银到期，前述利息实际延期于 2017 年 11 月 21 日支付。现指令贵司向丙公司收取延迟 1 天支付利息的罚息 1180.74 元。

乙信托向丙公司及王某发出了通知函，该通知函主要记载，乙信托设立了丙公司和甲证券公司集合资金信托计划，将信托计划募集的全部初始信托财产人民币 24250 万元用于向丙公司发放信托贷款，乙信托与丙公司签署了《信托贷款合同》，合同项下的信托贷款分三笔发放，第一笔贷款本金 8480 万元将于 2019 年 2 月 21 日到期，第二笔贷款本金 10040 万元将于 2019 年 5 月 5 日到期，第三笔贷款本金 5730 万元将于 2019 年 5 月 19 日到期。根据 2018 年 4 月 25 日、2018 年 4 月 26 日丙公司发布的公告内容，丙公司因债务纠纷已被多个债权人起诉，涉及多项重大诉讼；保证人王某持有的全部股票已被司法机关采取冻结措施且存在多次轮候冻结；王某已与第三方就公司股权转让、项目合作等事宜签订企业重组合作框架协议；丙公司 2017 年度归属于股东的净利润近负 13 亿元，发生重大亏损；丙公司因部分对外提供担保存在违规及部分债务逾期信息未及时披露的事宜，受到中国证券监督管理委员会某省监管局给予的警示处罚。丙公司及王某在发生上述情形后，未及时书面通知乙信托，前述重大事件的发生及行为触发《信托贷款合同》第 8 条、第 10 条，《保证合同》第 8 条、第 10 条等条款的约定，构成违约。现根据《信托贷款合同》的约定，要求丙公司：1. 于 2018 年 5 月 7 日前纠正丙公司在《信托贷款合同》《保证合同》项下的违约行为。2. 请丙公司于 2018 年 5 月 7 日前提供信托认可的新的担保物。若未在上述时限内纠正违约行为并提供新的担保物，将按照《信托贷款合同》第 10 条之约定行使宣布全部信托贷款立即到期、提前终止《信托贷款合同》及行使其他相关权利。

本案一审判决：一、丙公司于一审判决生效后十日内偿还甲证券贷款本金 24150 万元及利息、罚息（截至 2018 年 5 月 21 日的利息 9572088.89 元；自 2018 年 5 月 22 日至 2018 年 5 月 31 日的利息、罚息 1606018.74 元，2018 年 6 月 1 日之后的罚息以 252678107.63 元为基数按 13.8% 年利率计算至实际给付之日止），以及律师费 110 万元；二、王某对上述第一项判决中的本金及利息、罚息、律师费承担连带清偿责任。保证人承担保证责任后，有权向债务人丙公司追偿。如未按一审判决指定的期限履行金钱给付义务，应当按照《中华人民共和国民事诉讼法》第二百五十三条之规定，加倍支付延迟履行期间的债务利息。案件受理费 1555364 元，保全费 5000 元，由丙公司、王某共同负担。

本案二审判决：一、变更一审判决第一项为：丙公司于一审判决生效后十日内给付甲证券贷款本金 24150 万元及利息、罚息（截至 2018 年 5 月 21 日的利息为 9572088.89 元；自 2018 年 5 月 8 日至 2018 年 5 月 21 日的罚息为 1389966.67 元，自 2018 年 5 月 22 日至 2018 年 5 月 31 日的利息、罚息为 1606018.74 元，2018 年 6 月 1 日之后的罚息以 252678107.63 元为基数按 13.8% 年利率计算至实际给付之日止）；二、变更一审判决第二项为：王某对本判决第一项判项中的应由丙公司给付的本金、利息、罚息以及该公司应承担的一审诉讼费、二审诉讼费承担连带清偿责任。王某承担保证责任后，有权向丙公司追偿。

二、争议焦点

1. 丙公司是否应当向甲证券公司支付本金及利息、罚息，数额是多少？

2. 丙公司是否应当支付违约金4830万元？

3. 王某是否应当对上述款项承担连带保证责任？

三、事实与解析

1. 关于丙公司是否应当向甲证券公司支付本金及利息、罚息，数额是多少

一审法院认为，丙公司与乙信托所签订的《信托贷款合同》是双方当事人的真实意思表示，双方当事人对《信托贷款合同》的真实性均无异议，该合同不违反法律和行政法规的强制性规定，不存在导致合同无效的其他法定情形，依法成立有效，对双方当事人均具有法律约束力。丙公司应当偿还甲证券公司贷款本金24150万元，截至2018年5月21日的利息9572088.89元，自2018年5月22日至2018年5月31日的利息、罚息1606018.74元，2018年6月1日之后的罚息按第10.2.2条约定的罚息计算方式以13.8%年利率计算至实际给付之日止。

2. 关于丙公司是否应当支付违约金4830万元

一审法院认为，对于甲证券公司主张的丙公司应当支付违约金4830万元，丙公司认为甲证券公司主张的违约金过高，甲证券公司主张的利息、罚息的相关利率标准高于银行同期利率，其损失已经足以弥补，再主张4830万元的违约金明显过高。根据《最高人民法院关于适用〈中华人民共和国合同法〉若干问题的解释（二）》第29条的规定，罚息和违约金均是为了起到惩罚和弥补损失的作用，甲证券公司对于其所受到的实际损失并未举证证明，并且其主张的罚息具有弥补损失的作用，再主张违约金，对丙公司具有双重惩罚的性质。因此对于甲证券公司关于丙公司应当支付违约金4830万元的主张，一审法院不予支持。

3. 关于王某是否应当对上述款项承担连带保证责任

一审法院认为，为了确保《信托贷款合同》的履行，王某作为保证人与乙信托作为债权人签订了《保证合同》，约定了保证范围和保证方式为连带责任保证。保证期间自该合同生效之日起至主合同项下债务履行期限届满之日后两年止。该《保证合同》是双方当事人的真实意思表示，不违反法律和行政法规的强制性规定，不存在导致合同无效的其他法定情形，依法成立有效，对双方当事人均具有法律约束力。

四、律师说法

本案的关键点之一在于合同的效力问题。我国民法充分保障当事人的意思自治，只要合同是双方当事人的真实意思表示，不违反法律、行政法规的强制性规定，不存

在合同无效的其他法定情形，合同就依法成立并生效，对双方当事人均有法律约束力。

本案的关键点之二在于违约金问题。根据《民法典》第588条"当事人既约定违约金，又约定定金的，一方违约时，对方可以选择适用违约金或者定金条款。定金不足以弥补一方违约造成的损失的，对方可以请求赔偿超过定金数额的损失"的规定，合同中同时约定罚金与违约金的，可以选择适用罚金或者违约金，不能同时适用。本案中甲证券公司在主张利息、罚息基础上，再主张违约金，法院不予支持。

五、实务提示

1. 合同当事人既约定了违约金，又约定了定金的情况下，如果一方当事人违约，对方当事人可以选择适用违约金或者定金条款，即对方享有选择权，可以选择适用违约金条款，也可以选择适用定金条款，但二者不能并用。

2. 要注意担保期间与诉讼时效的区别，及时主张保证权利。债权债务关系中设立保证，就是尽最大限度保证债权的实现，如因保证期间的原因导致保证权的丧失是非常可惜的事情。担保期间和诉讼时效都是法律关于权利期间的规定，超过担保期间不主张权利，担保权人的担保权就得不到法律保护，超过诉讼时效期间，债权人的债权就得不到法律保护。

3. 合同当事人可以自行设定保证期间的长短。为了更好地保证债权人的权益，更好地发挥担保的效力，建议当事人在担保合同中，以专门的合同条款约定保证期间，这个期间最好在六个月以上，与主债权履行期限相适应。

4. 保证权人要注意按合同和法律规定及时向债务人、保证人主张权利。债权人行使了保证权后，其与保证人的权利义务关系就开始适用诉讼时效的规定，对债权人是比较有利的。

六、关联法规

（一）《民法典》

第五百七十七条 当事人一方不履行合同义务或者履行合同义务不符合约定的，应当承担继续履行、采取补救措施或者赔偿损失等违约责任。

第五百七十八条 当事人一方明确表示或者以自己的行为表明不履行合同义务的，对方可以在履行期限届满之前要求其承担违约责任。

第六百七十四条 借款人应当按照约定的期限支付利息。对支付利息的期限没有约定或者约定不明确，依据本法第五百一十条的规定仍不能确定，借款期间不满一年的，应当在返还借款时一并支付；借款期间一年以上的，应当在每届满一年时支付，剩余期间不满一年的，应当在返还借款时一并支付。

第六百七十五条 借款人应当按照约定的期限返还借款。对借款期限没有约定或者约定不明确，依据本法第五百一十条的规定仍不能确定的，借款人可以随时返还；贷款人可以催告借款人在合理期限内返还。

第六百七十六条　借款人未按照约定的期限返还借款的，应当按照约定或者国家有关规定支付逾期利息。

第六百八十八条　当事人在保证合同中约定保证人和债务人对债务承担连带责任的，为连带责任保证。

连带责任保证的债务人不履行到期债务或者发生当事人约定的情形时，债权人可以请求债务人履行债务，也可以请求保证人在其保证范围内承担保证责任。

第六百九十一条　保证的范围包括主债权及其利息、违约金、损害赔偿金和实现债权的费用。当事人另有约定的，按照其约定。

（二）《民事诉讼法》

第一百五十二条　判决书应当写明判决结果和作出该判决的理由。判决书内容包括：

（一）案由、诉讼请求、争议的事实和理由；

（二）判决认定的事实和理由、适用的法律和理由；

（三）判决结果和诉讼费用的负担；

（四）上诉期间和上诉的法院。判决书由审判人员、书记员署名，加盖人民法院印章。

第一百七十条第一款　第二审人民法院对上诉案件，经过审理，按照下列情形，分别处理：

（一）原判决、裁定认定事实清楚，适用法律正确的，以判决、裁定方式驳回上诉，维持原判决、裁定；

（二）原判决、裁定认定事实错误或者适用法律错误的，以判决、裁定方式依法改判、撤销或者变更；

（三）原判决认定基本事实不清的，裁定撤销原判决，发回原审人民法院重审，或者查清事实后改判；

（四）原判决遗漏当事人或者违法缺席判决等严重违反法定程序的，裁定撤销原判决，发回原审人民法院重审。

撰稿人：黄文娟

 案例 50　股东以公司的名义对外提供担保是否构成表见代理

一、基本案情

2012 年 4 月 17 日，甲公司与罗某签订《借款合同》，甲公司向罗某提供金额为人民币 300 万元的借款，借款期限为 3 个月，自 2012 年 4 月 17 日起至 2012 年 7 月 16 日止，合同项下借款自贷款发放之日起按日计息，利率为 2%（月率），结息日为每月 15

日，结息日为非法定工作日的，则顺延至下一个工作日，借款到期，利随本清。该合同第 8 条第 3 款、第 4 款约定：借款到期，罗某未按约偿还的，自逾期之日起在原利率基础上加收 100% 的利息。2012 年 4 月 17 日，罗某、侯某、张某、叶某分别向甲公司出具股东/董事或个人连带责任保证担保承诺书，对上述借款本金加利息，罗某、侯某、张某、叶某承诺承担连带偿还责任。

2012 年 4 月 17 日，甲公司与罗某签订 1 号《抵押/最高额抵押合同》，2012 年 4 月 17 日，甲公司与乙公司签订 3 号《抵押/最高额抵押合同》，2012 年 4 月 17 日，甲公司与丙公司签订 2 号《抵押/最高额抵押合同》，上述三份合同均约定：担保的主债权为自 2012 年 4 月 17 日至 2012 年 7 月 16 日，在人民币 300 万元的最高余额内，甲公司依据主合同发放的所有贷款而享有的对主债务人的债权，不论该债权在上述期间届满时已经到期或尚未到期。担保的范围包括主合同项下全部债务本金、利息、逾期利息、复利、违约金、赔偿金、实现抵押权的费用和所有其他应付费用。但合同约定的担保物均未办理抵押登记。

2012 年 4 月 17 日，甲公司与罗某、侯某签订 1 号《保证/最高额保证合同》，为保证甲公司债权的实现，罗某、侯某自愿向甲公司提供保证担保。2012 年 4 月 17 日，甲公司与张某、叶某签订 3 号《保证/最高额保证合同》，为保证甲公司债权的实现，张某、叶某自愿向甲公司提供保证担保。2012 年 4 月 17 日，甲公司与雷某签订 8 号《保证/最高额保证合同》，为保证甲公司债权的实现，雷某自愿向甲公司提供保证担保。2012 年 4 月 17 日，甲公司与乙公司签订 2 号《保证/最高额保证合同》，为保证甲公司债权的实现，乙公司自愿向甲公司提供保证担保。2012 年 4 月 17 日，甲公司与丙公司签订 4 号《保证/最高额保证合同》，为保证甲公司债权的实现，丙公司自愿向甲公司提供保证担保。2012 年 4 月 17 日，甲公司与赣宏公司签订 5 号《保证/最高额保证合同》，为保证甲公司债权的实现，赣宏公司自愿向甲公司提供保证担保。2012 年 4 月 17 日，甲公司与丁公司签订 7 号《保证/最高额保证合同》，为保证甲公司债权的实现，丁公司自愿向甲公司提供保证担保。上述七份合同均约定：担保的主债权为自 2012 年 4 月 17 日至 2012 年 7 月 16 日，在人民币 300 万元的最高余额内，甲公司依据主合同发放的所有贷款而享有的对主债务人的债权。保证方式为连带责任保证，保证范围包括主合同项下的债务本金、利息、逾期利息、复利、违约金、赔偿金、实现债权的费用和所有其他应付费用。保证期间为自主合同项下的借款期限届满之次日起两年，甲公司根据主合同之约定宣布借款提前到期的，则保证期间为自甲公司向借款人通知的还款日之次日起两年。2012 年 9 月 29 日，甲公司通过胡某向罗某分两笔分别转款 100 万元、200 万元。

二、争议焦点

1. 本案所涉的借款合同、抵押合同和保证合同是否合法有效？

2. 借款合同约定的借款利息是否合法？

3. 丁公司应否对甲公司借款承担连带清偿责任？

4. 张某的行为是否构成表见代理，案涉保证合同对丁公司是否发生效力？

三、事实与解析

1. 关于本案所涉的借款合同、抵押合同和保证合同是否合法有效

一审法院认为，甲公司与罗某签订的《借款合同》，罗某、侯某、张某、叶某分别向甲公司出具的股东/董事或个人连带责任保证担保承诺书，甲公司与罗某签订的《抵押/最高额抵押合同》，甲公司与乙公司签订的《抵押/最高额抵押合同》，甲公司与丙公司签订的《抵押/最高额抵押合同》，甲公司与罗某、侯某签订的《保证/最高额保证合同》，甲公司与张某、叶某签订的《保证/最高额保证合同》，甲公司与雷某签订的《保证/最高额保证合同》，甲公司与乙公司签订的《保证/最高额保证合同》，甲公司与丙公司签订的《保证/最高额保证合同》，甲公司与赣宏公司签订的《保证/最高额保证合同》，甲公司与丁公司签订的《保证/最高额保证合同》，均系各方当事人的真实意思表示，内容并不违反法律、行政法规的强制性规定，应认定为合法有效。

2. 关于借款合同约定的借款利息是否合法

一审法院认为，甲公司在合同签订后，依约向罗某转款300万元，罗某在借款到期后未按约归还本息，已构成违约，对甲公司请求判令罗某向甲公司偿还借款本金300万元的诉请，予以支持。对借款利息，双方签订的《借款合同》约定借款利率为月利率2%，借款到期，罗某未按约偿还的，自逾期之日起在原利率基础上加收100%的利息。对此，一审法院认为，双方当事人在借款合同中对借款利率的约定，已超过中国人民银行同期贷款利率的四倍，因此，对借款内的利率，应以300万元为基数按中国人民银行同期贷款利率的四倍计算（自2012年9月29日至2012年12月28日对应的同期同类贷款年利率为5.6%，四倍即22.4%），对逾期后的利率，应以300万元为基数按中国人民银行同期同类贷款利率的四倍计算（自2012年12月29日起至今对应的同期同类银行贷款年利率为6.15%，四倍即24.6%）。

3. 关于丁公司应否对甲公司借款承担连带清偿责任

二审法院认为，丁公司应否对甲公司借款承担连带保证清偿责任，关键在于7号《保证/最高额保证合同》上丁公司的公章对外是否具有公示效力，是否能够使甲公司对该印章形成合理信赖。根据一、二审查明事实，在某汽车站的土地开发过程中，张某与丁公司存在挂靠合作关系，张某系以挂靠丁公司的名义开发上述土地，并长期多次使用丁公司印章从事经营活动及在某县房管局等行政部门办理他项权证等。张某在某县房管局等行政部门办理他项权证等相关手续所使用的丁公司印章与7号《保证/最高额保证合同》上丁公司的印章一致。虽然丁公司的该枚印章被某县公安机关认定为伪造，但张某多次使用该枚公章从事经营活动，且该枚公章已为相关政府职能部门确

认。因此，张某挂靠丁公司并使用该公司公章的行为对外具有公示效力，应推定丁公司对于张某使用该枚公章对外从事民事活动是知晓的，甲公司基于对该枚公章的合理信赖而与罗某签订《借款合同》，并与丁公司签订 7 号《保证/最高额保证合同》，甲公司的合理信赖利益应当得到保护。一审判决认定丁公司承担连带清偿责任并无不当，应予维持。

4. 关于张某的行为是否构成表见代理，案涉保证合同对丁公司是否发生效力

再审法院认为，表见代理行为的本质是无权代理，认定无权代理人的行为构成表见代理则意味着本人必须承受其意思以外的他人决定的约束，有违当事人自主决定的民法基本原则，故立法将相对人的信赖利益保护限定在其善意无过失的场合。据此，在判断甲公司是否有理由相信张某有代理权这一问题时，需从张某是否具有表征代理权存在的外观、甲公司对相关的权利外观的信赖是否合理、丁公司作为被代理人对该权利外观的存在是否具有可归责性及其程度这三个方面进行综合考量。

（1）关于张某是否具有以丁公司名义为他人提供担保的代理权外观的问题。再审法院认为，在公司内部，为他人提供担保的事项并非法定代表人所能单独决定，其决定权限交由公司章程自治：或由公司股东决定，或是委诸商业判断原则由董事会集体讨论决定；在为公司股东或实际控制人提供担保的场合，则必须交由公司其他股东决定。这种以决议前置的方式限制法定代表人担保权限的立法安排，其规范意旨在于确保该担保行为符合公司的意思，不损害公司、股东的利益。据此，能够证明张某享有以丁公司名义为他人提供担保的代理权外观的证据，只能限于丁公司的股东会决议或者执行董事的授权，或者是能够证明案涉担保行为确系丁公司真实意思的其他相关证据。而在本案中，无论是张某与丁公司之间的挂靠关系，还是张某因此而持有相关印章、文件的事实，均不足以表彰其代理权限的存在。

（2）关于甲公司对张某代理权的信赖是否合理的问题。再审法院认为，张某虽然持有丁公司的印章，但甲公司作为实际知道法律对公司为他人提供担保存在须经公司机关决议的法定要求的专业贷款经营机构，应当知道公章不能等同于公司决议。在张某所提交的材料既不能证明其系丁公司的股东，又不能证明其系丁公司的实际控制人的情况下，在 2012 年 4 月 17 日签订合同至 2012 年 9 月 29 日实际发放贷款这一长达五个月的时间内，既未向丁公司核实张某的代理权限，亦未要求张某出示委托书、公司决议等能够证明代理权限存在的证据，甲公司的行为既与其公司经营业务特性不符，也未尽通常情形下的注意义务。本案中，只要甲公司向丁公司做一核实了解，就可以获悉张某的行为系无权代理，由此可以认定，甲公司对张某的无权代理行为至少属于因重大过失而不知。

（3）关于丁公司作为被代理人对张某的行为是否具有可归责性的问题。再审法院认为，丁公司虽与张某存在挂靠开发的关系，客观上使得张某存在职务代理的授权外

观，但第三人对该外观的合理信赖应当限于与工程开发相关的事务为宜。在与挂靠开发有关的事项范围内，张某以丁公司名义对外从事的法律行为，应当由丁公司承受相应的法律后果。根据生效刑事判决认定的事实，张某私刻丁公司的印章系为用于其与甲公司之间的贷款担保事宜，本案中并无证据表明丁公司同意张某另行刻制印章，或者对张某私刻其印章对外开展民事活动存在放任不管的情形。故原审判决关于张某挂靠丁公司并使用该公司公章的行为对外具有公示效力，应推定丁公司对于张某使用该枚公章对外从事民事活动是知晓的认定不当。

综上所述，再审法院认为，甲公司关于其有理由相信张某有权代理丁公司为他人作保的诉讼理由不能成立，再审法院不予支持。张某的行为不构成表见代理，案涉保证合同对丁公司不生效力。申请人丁公司的申请理由成立，再审法院予以支持。原审判决认定事实和适用法律均有不当之处，再审法院予以纠正。

四、律师说法

本案的关键点之一在于张某是否构成表见代理。表见代理的本质是无权代理，认定无权代理人的行为构成表见代理则意味着本人必须承受其意思以为的他人决定的约束，有违当事人自主决定的民法基本原则，故立法将相对人的信赖利益保护限定在其善意无过失的场合。据此，在判断张某是否构成表见代理这一问题时，需要认定：第一，张某是否具有表征代理权存在的外观？第二，甲公司对相关的权力外观的信赖是否合理？第三，丁公司作为被代理人对该权力外观的存在是否具有可归责性及其程度？本案中，首先，张某与丁公司是挂靠关系，其虽持有丁公司印章和文件，但其以丁公司名义对外担保并未经过股东会决议或者执行董事的授权，因此其不具有表征代理权存在的外观。其次，甲公司作为实际知道法律对公司为他人提供担保存在须经公司机关决议的法定要求的专业贷款经营机构，应当知道公章不能等同于公司决议，其在张某所提交的材料既不能证明其系丁公司的股东，又不能证明其系丁公司的实际控制人的情况下，仍然向其发放了贷款并且在此后也未加以核实，因此，甲公司对张某无权代理至少存在重大过失，其信赖并不合理。最后，丁公司虽与张某存在挂靠开发的关系，客观上使得张某存在职务代理的授权外观，但第三人对该外观的合理信赖应当限于与工程开发相关的事务为宜。因此，丁公司对于张某使用该枚公章对外从事民事活动并不知晓，张某的行为不构成表见代理，案涉保证合同对丁公司不生效力。

本案的关键点之二在于借款合同所约定的利息是否合法。根据《最高人民法院关于审理民间借贷案件适用法律若干问题的规定》（法释〔2020〕17号）第25条"出借人请求借款人按照合同约定利率支付利息的，人民法院应予支持，但是双方约定的利率超过合同成立时一年期贷款市场报价利率四倍的除外。前款所称'一年期贷款市场报价利率'，是指中国人民银行授权全国银行间同业拆借中心自2019年8月20日起每月发布的一年期贷款市场报价利率"的规定，本案中，双方签订的《借款合同》约定借款利率为月利率 2%，年利率为 24%，已经超过了中国人民银行同期贷款利率的四倍，因此，对借款内的利率，应以 300 万元为基数按中国人民银行同期贷款利率的四倍计算（自 2012 年 9 月 29 日至 2012 年 12 月 28 日对应的同期同类贷款年利率为 5.6%，四倍即 22.4%），对逾期后的利率，应以 300 万元为基数按中国人民银行同期同类贷款利率的四倍计算（自 2012 年 12 月 29 日起至今对应的同期同类银行贷款年利率为 6.15%，四倍即 24.6%）。

五、实务提示

1. 实践中，持有公司公章和文件对外从事民事活动不一定构成表见代理，第一，要看该行为是否经过公司机关的决议前置程序，是否具有表征代理权存在的外观；第二，要看相对人是否尽了谨慎注意义务，其对相关的权力外观的信赖是否合理；第三，要看相对人是否具有可归责性及其程度。

2. 根据最新的民间借贷司法解释的相关规定，借款合同约定的利息不得超过合同成立时一年期贷款市场报价利率四倍。

六、关联法规

《公司法》

第十六条　公司向其他企业投资或者为他人提供担保，依照公司章程的规定，由董事会或者股东会、股东大会决议；公司章程对投资或者担保的总额及单项投资或者担保的数额有限额规定的，不得超过规定的限额。

公司为公司股东或者实际控制人提供担保的，必须经股东会或者股东大会决议。

前款规定的股东或者受前款规定的实际控制人支配的股东，不得参加前款规定事项的表决。该项表决由出席会议的其他股东所持表决权的过半数通过。

撰稿人：黄文娟

 案例 51　公司的法定代表人未经过公司机关的决议前置程序对外提供担保是否有效

一、基本案情

2017 年 6 月 1 日，甲制造厂（甲方）与乙银行（乙方）签订《流动资金借款合同》，约定甲制造厂向乙银行借款 1970 万元，借款期限 2017 年 6 月 2 日至 2018 年 6 月 1 日。《流动资金借款合同》第 4.1 条、第 4.2.1 条、第 9.4 条分别约定："本合同项下借款自实际提款日起依据实际借款天数按日计息，按月结息，结息日为每月的 20 日。""年利率为 5.5% 的固定利率，合同期内不调整。""甲方到期不偿还本合同项下借款本金及利息的……同时对逾期借款按合同利率加收 50% 的利率计收罚息，并对未支付的利息按合同利率加收 50% 的利率计收复利。"

同日，丙公司、丁公司、戊公司分别与乙银行签订《保证合同》，约定丙公司、丁公司、戊公司为甲制造厂与乙银行签订《流动资金借款合同》形成的债务提供连带保证责任担保，担保期间为主合同确定的借款到期次日起两年，担保范围包括本金、利息、罚息、复利等。同日，胡某忠、杜某、胡某伟、齐某梅分别向乙银行出具《个人担保声明书》，为甲制造厂与乙银行签订《流动资金借款合同》形成的债务提供连带保证责任担保，担保期间为主债务履行期限届满之日起两年，担保范围包括本金、利息、罚息、复利等。2017 年 6 月 2 日，乙银行向甲制造厂支付了 1970 万元借款。甲制造厂偿还利息至 2017 年 12 月 27 日，未偿还本金。

二、争议焦点

1. 甲制造厂是否违约？

2. 乙银行分别与丙公司、丁公司签订的《保证合同》是否有效？

3. 戊公司是否应对甲制造厂的借款向乙银行承担保证责任？

三、事实与解析

1. 关于甲制造厂是否违约

法院经审理认为，乙银行与甲制造厂签订《流动资金借款合同》后，按约定支付了借款，甲制造厂只偿还利息至 2017 年 12 月 27 日、未偿还本金显属违约，根据《流动资金借款合同》第 4.1 条、第 4.2.1 条、第 9.4 条约定，乙银行主张甲制造厂应自 2017 年 12 月 28 日欠息之日起至 2018 年 6 月 1 日借款到期之日止按年利率 5.5% 支付借款期限内的利息、自 2018 年 6 月 2 日起至付清之日止按年利率 8.25%（5.5%×1.5 倍）支付逾期利息、以欠息为基数，自 2018 年 1 月 21 日起至 2018 年 6 月 1 日止按年利率 5.5% 支付复利、自 2018 年 6 月 2 日起至付清之日止按年利率 8.25% 支付复利理据充分，该院予以支持。

2. 关于乙银行分别与丙公司、丁公司签订的《保证合同》是否有效

二审法院认为，乙银行与甲制造厂签订《流动资金借款合同》，乙银行分别与丙公司、丁公司签订的《保证合同》均是双方当事人真实意思表示，不违反法律、行政法规强制性规定，为有效合同。乙银行已经履行合同项下的出借义务，甲制造厂未按约定偿付借款本息，构成违约，应依据双方合同约定承担偿还欠款本息、罚息和复利的责任。丙公司、丁公司、胡某忠、杜某、胡某伟、齐某梅作为涉案债务的保证人，在一审中均认可应对甲制造厂的债务承担连带偿还责任，故一审判决甲制造厂偿还乙银行借款本息、罚息、复利，丙公司、丁公司、胡某忠、杜某、胡某伟、齐某梅承担连带偿还责任并无不当，法院予以维持。

3. 关于戊公司是否应对甲制造厂的借款向乙银行承担保证责任

再审法院认为，为防止法定代表人随意代表公司为他人提供担保给公司造成损失，《公司法》第 16 条对法定代表人的代表权进行了限制。根据第 16 条第 1 款的规定，公

司向其他企业投资或者为他人提供担保，依照公司章程的规定，由董事会或者股东会、股东大会决议。根据该规定，法定代表人未经授权擅自为他人提供担保的，构成越权代表，应当根据《合同法》第 50 条①的规定，按照订立合同时债权人是否善意来认定担保合同效力。一般情况下，判断债权人是否善意，主要基于其在订立担保合同时是否对董事会决议或者股东会决议进行一般形式审查。

乙银行主张，戊公司提供担保时，向其提交了经工商部门备案的 2007 年内资公司设立登记审核表中的公司章程，根据该章程规定，戊公司不设董事会，设执行董事一人，对公司股东会负责。该章程未规定为他人提供担保时，由董事会还是股东会决议，故执行董事有权决定对外担保，乙银行已尽到了合理的审查义务。经查明，戊公司已于 2012 年重新制定了新的公司章程，并于 2014 年进行了工商备案。新公司章程已明确规定，公司设立股东会和董事会，董事会审议批准公司对外提供担保。本案中，乙银行虽审查了戊公司提供的同意担保承诺函、执行董事决议、证明，但如前所述，乙银行对于戊公司提供担保行为的审查范围，还应包括对董事会或股东会同意对外担保决议的审查。戊公司对外担保的意思表示系由时任法定代表人毛某民作出，现乙银行并无证据证明其与毛某民签订案涉《保证合同》时，已对戊公司董事会或股东会决议进行了审查，其并未尽到必要的注意义务。乙银行关于其与戊公司签订的《保证合同》有效的主张，缺乏事实和法律依据，法院不予支持。

四、律师说法

本案的关键点之一在于甲制造厂是否构成违约。借款合同是实践性合同，自实际借款日起合同生效。本案中，乙银行作为出借方已履行了自己的出借义务，甲制造厂作为借款方未按合同约定偿还借款本息，构成违约，应依据双方合同的约定承担偿还本息借款、罚息及复利的责任。

本案的关键点之二在于戊公司的法定代表人未经过公司机关的决议前置程序对外担保是否有效。本案中，戊公司的法定代表人未经公司董事会或者股东会、股东大会决议和授权，擅自为他人提供担保的，构成越权代表。这种情况下，需要判断债权人乙银行是否善意，判断的标准为其在订立担保合同时是否对董事会决议或者股东会决议进行一般形式审查。本案中，戊公司对外担保的意思表示系由时任法定代表人毛某民作出，现债权人乙银行并无证据证明其与毛某民签订案涉《保证合同》时，已对戊公司董事会或股东会决议进行了审查，其并未尽到必要的注意义务。因此，乙银行关于其与戊公司签订的《保证合同》无效。

---

① 《合同法》已废止，现参见《民法典》第 504 条："法人的法定代表人或者非法人组织的负责人超越权限订立的合同，除相对人知道或者应当知道其超越权限外，该代表行为有效，订立的合同对法人或者非法人组织发生效力。"

五、实务提示

1. 实践中，借款合同自实际借款日成立并生效。合同约定的利息只要不超过中国人民银行同期贷款利率的四倍，即视为有效。

2. 公司的法定代表人对外担保须经过公司机关的决议前置程序，若未经过即对外担保，则构成越权代表。公司的法定代表人越权代表是否有效，要看债权人是否善意，判断的标准为其在订立担保合同时是否对董事会决议或者股东会决议进行一般形式审查。

六、关联法规

（一）《民法典》

第七条 民事主体从事民事活动，应当遵循诚信原则，秉持诚实，恪守承诺。

第一百三十七条 以对话方式作出的意思表示，相对人知道其内容时生效。

以非对话方式作出的意思表示，到达相对人时生效。以非对话方式作出的采用数据电文形式的意思表示，相对人指定特定系统接收数据电文的，该数据电文进入该特定系统时生效；未指定特定系统的，相对人知道或者应当知道该数据电文进入其系统时生效。当事人对采用数据电文形式的意思表示的生效时间另有约定的，按照其约定。

第四百七十四条 要约生效的时间适用本法第一百三十七条的规定。

第五百零四条 法人的法定代表人或者非法人组织的负责人超越权限订立的合同，除相对人知道或者应当知道其超越权限外，该代表行为有效，订立的合同对法人或者非法人组织发生效力。

第七百条 保证人承担保证责任后，除当事人另有约定外，有权在其承担保证责任的范围内向债务人追偿，享有债权人对债务人的权利，但是不得损害债权人的利益。

（二）《公司法》

第十六条 公司向其他企业投资或者为他人提供担保，依照公司章程的规定，由董事会或者股东会、股东大会决议；公司章程对投资或者担保的总额及单项投资或者担保的数额有限额规定的，不得超过规定的限额。

公司为公司股东或者实际控制人提供担保的，必须经股东会或者股东大会决议。

前款规定的股东或者受前款规定的实际控制人支配的股东，不得参加前款规定事项的表决。该项表决由出席会议的其他股东所持表决权的过半数通过。

（三）《民事诉讼法》

第二百零七条 当事人的申请符合下列情形之一的，人民法院应当再审：

（一）有新的证据，足以推翻原判决、裁定的；

（二）原判决、裁定认定的基本事实缺乏证据证明的；

（三）原判决、裁定认定事实的主要证据是伪造的；

（四）原判决、裁定认定事实的主要证据未经质证的；

（五）对审理案件需要的主要证据，当事人因客观原因不能自行收集，书面申请人民法院调查收集，人民法院未调查收集的；

（六）原判决、裁定适用法律确有错误的；

（七）审判组织的组成不合法或者依法应当回避的审判人员没有回避的；

（八）无诉讼行为能力人未经法定代理人代为诉讼或者应当参加诉讼的当事人，因不能归责于本人或者其诉讼代理人的事由，未参加诉讼的；

（九）违反法律规定，剥夺当事人辩论权利的；

（十）未经传票传唤，缺席判决的；

（十一）原判决、裁定遗漏或者超出诉讼请求的；

（十二）据以作出原判决、裁定的法律文书被撤销或者变更的；

（十三）审判人员审理该案件时有贪污受贿，徇私舞弊，枉法裁判行为的。

第二百一十一条　人民法院应当自收到再审申请书之日起三个月内审查，符合本法规定的，裁定再审；不符合本法规定的，裁定驳回申请。有特殊情况需要延长的，由本院院长批准。

因当事人申请裁定再审的案件由中级人民法院以上的人民法院审理，但当事人依照本法第二百零六条的规定选择向基层人民法院申请再审的除外。最高人民法院、高级人民法院裁定再审的案件，由本院再审或者交其他人民法院再审，也可以交原审人民法院再审。

第二百六十条　被执行人未按判决、裁定和其他法律文书指定的期间履行给付金钱义务的，应当加倍支付迟延履行期间的债务利息。被执行人未按判决、裁定和其他法律文书指定的期间履行其他义务的，应当支付迟延履行金。

（四）《最高人民法院关于适用〈中华人民共和国民事诉讼法〉的解释》

第三百九十三条　当事人主张的再审事由成立，且符合民事诉讼法和本解释规定的申请再审条件的，人民法院应当裁定再审。

当事人主张的再审事由不成立，或者当事人申请再审超过法定申请再审期限、超出法定再审事由范围等不符合民事诉讼法和本解释规定的申请再审条件的，人民法院应当裁定驳回再审申请。

撰稿人：黄文娟

 ## 案例52　以合法形式掩盖非法目的的无效合同认定问题

一、基本案情

2002年10月间，崔某（时任某机场公司总经理、董事会董事，主持某机场公司的日常工作）使用某机场公司的公章以某机场公司名义与乙银行签订了1.3亿元的银行承兑合同。贷出的 1.3 亿元被转入由张某任董事长的甲信息技术公司（以下简称甲公司），由甲公司开出汇票在某农行贴现。2003 年 3 月，崔某使用某机场公司的公章以某机场公司名义与丙银行签订了贷款 1.6 亿元的合同，以该 1.6 亿元贷款偿还了前笔向乙银行的借款本息。

在此笔贷款到期时，崔某亲自与丁银行人员商谈贷款，并向丁银行人员介绍甲公司出纳员李某为某机场公司助理会计师，指使李某假冒某机场公司工作人员（崔某涂改自己的名片给李某印制名片），使用私刻的某机场公司公章于 2003 年 7 月 11 日与丁银行签订《基本授信合同》，约定丁银行向某机场公司提供最高限额为人民币 3 亿元的基本授信额度，用于解决某机场公司正常的流动资金周转，授信有效期自 2003 年 7 月 11 日起至 2004 年 7 月 10 日止。

同年 7 月 14 日和 12 月 9 日，李某按崔某的授意代表某机场公司在崔某办公室与丁银行分别签订了数额为 2 亿元和 2500 万元的两份贷款合同，共贷款 2.25 亿元，年利率 4.779%，贷款期限一年。

二、争议焦点

1. 某机场公司和丁银行签订的《基本授信合同》和相关贷款合同是否有效？

2. 崔某的行为是否构成表见代理？

3. 某机场公司和丁银行的民事责任如何承担？

三、事实与解析

1. 关于某机场公司和丁银行签订的《基本授信合同》和相关贷款合同的效力问题

二审法院认为，本案所涉贷款系崔某等人伪造文件，虚构贷款用途，通过私刻公章以某机场公司的名义与丁银行签订贷款合同诈骗而来，所骗款项全部由张某控制的甲公司非法占有，张某、崔某、李某正在接受国家司法机关的刑事追究。崔某等人的真实目的是骗取银行信贷资产，签订本案所涉《基本授信合同》及相关贷款合同只是诈骗银行信贷资产的形式和手段。上述行为符合《合同法》第 52 条第 3 项①规定的合同无效情形，因此本案所涉《基本授信合同》及相关贷款合同无效。

2. 关于崔某的行为是否构成表见代理

二审法院认为，表见代理是行为人没有代理权、超越代理权或者代理权终止后继续以代理人名义订立合同，而善意相对人客观上有充分的理由相信行为人具有代理权，则该代理行为有效，被代理人应按合同约定承担其与相对人之间的民事责任。但是，在相对方有过错的场合，不论该种过错是故意还是过失，均无表见代理适用之余地。因本案《基本授信合同》及相关贷款合同，均为以合法的形式掩盖非法目的的无效合同，且丁银行在本案所涉贷款过程中具有过错，故本案不适用关于表见代理的规定，

---

① 《合同法》已废止，现参见《民法典》相关规定。

某机场公司和丁银行应根据各自的过错程度承担相应的民事责任。

3. 关于某机场公司和丁银行的民事责任承担问题

二审法院认为，关于双方对本案民事责任的承担问题，原审法院将 2.25 亿元中的 1.6 亿元认定为某机场公司应当偿还欠丙银行的前一笔债务，该部分损失应当由某机场公司承担全部责任，而其余的 6500 万元由某机场公司和丁银行双方各自承担 50% 责任。

四、律师说法

本案的关键点之一在于以合法形式掩盖非法目的的无效合同的认定。以合法形式掩盖非法目的的合同是指当事人签订合同的行为表面上合法，其真实目的却是非法的合同。此类合同从表面上看符合法律规定，但这并不是基于当事人所期望达到的结果，当事人真正希望达到的，却是在合法形式掩盖下的非法目的。合同无效后，当事人因该合同取得的财产，应当予以返还；不能返还或者没有必要返还的，应当折价补偿。有过错的一方应当赔偿对方因此所受到的损失，如果双方都有过错的，应当各自承担相应的责任。如果合同双方当事人存在恶意串通行为，损害国家、集体或者第三人利益的，当事人因此而取得的财产应当收归国家所有或者返还相应的集体或者第三人。

本案的关键点之二在于表见代理必须以相对人无过错为前提，否则就不能适用。表见代理是指行为人没有代理权、超越代理权或者代理权终止后仍以代理人名义订立合同，而善意相对人客观上有充分的理由相信代理人具有代理权的，该代理行为有效，被代理人应按照合同约定承担民事责任。但是，在相对方有过错的情况下，不论该种过错是故意还是过失，均无表见代理适用的余地。

五、实务提示

1. 当合同当事人发现对方是以合法形式掩盖非法目的后，可以向人民法院提起民事诉讼，或按照双方的协议向约定的促裁机关申请仲裁，主张该合同无效。自己因此而遭受损失的，还可以在诉讼或仲裁中要求对方给予损害赔偿。

2. 合同相对人主张构成表见代理的，应当承担举证责任，不仅应当举证证明代理行为存在有权代理的客观表象形式要素，而且应当证明其善意无过失地相信行为人具有代理权。这就需要综合考虑合同的缔结时间、以谁的名义签订合同、是否盖有相关印章等各种因素来判断。

六、关联法规

（一）《民法典》

第一百四十三条　具备下列条件的民事法律行为有效：

（一）行为人具有相应的民事行为能力；

（二）意思表示真实；

（三）不违反法律、行政法规的强制性规定，不违背公序良俗。

第一百四十四条　无民事行为能力人实施的民事法律行为无效。第一百四十六条：

行为人与相对人以虚假的意思表示实施的民事法律行为无效。以虚假的意思表示隐藏的民事法律行为的效力，依照有关法律规定处理。

第一百五十七条　民事法律行为无效、被撤销或者确定不发生效力后，行为人因该行为取得的财产，应当予以返还；不能返还或者没有必要返还的，应当折价补偿。有过错的一方应当赔偿对方由此所受到的损失；各方都有过错的，应当各自承担相应的责任。法律另有规定的，依照其规定。

（二）《商业银行法》

第三十五条　商业银行贷款，应当对借款人的借款用途、偿还能力、还款方式等情况进行严格审查。

商业银行贷款，应当实行审贷分离、分级审批的制度。

（三）《民事诉讼法》

第一百四十一条　法庭调查按照下列顺序进行：

（一）当事人陈述；

（二）告知证人的权利义务，证人作证，宣读未到庭的证人证言；

（三）出示书证、物证、视听资料和电子数据；

（四）宣读鉴定意见；

（五）宣读勘验笔录。

第一百五十六条　人民法院审理案件，其中一部分事实已经清楚，可以就该部分先行判决。

（四）《最高人民法院关于在审理经济纠纷案件中涉及经济犯罪嫌疑若干问题的规定》

第五条第二款　行为人私刻单位公章或者擅自使用单位公章、业务介绍信、盖有公章的空白合同书以签订经济合同的方法进行的犯罪行为，单位有明显过错，且该过错行为与被害人的经济损失之间具有因果关系的，单位对该犯罪行为所造成的经济损失，依法应当承担赔偿责任。

撰稿人：邬锦梅

第三章　公司解散、清算

第一节　公司自行解散的情形

 案例 53　公司的营业期限届满，若无法通过修订章程而存续的，公司应当解散

一、基本案情

甲公司于 1994 年 7 月 29 日成立，工商登记部门颁发的营业执照显示营业期限为 1998 年 12 月 7 日至 2018 年 12 月 6 日。工商资料显示，公司章程第 42 条约定，公司规定的经营期限届满（现为二十年）或其他解散事由出现时公司可以解散。甲公司的股东乙公司以公司营业执照登记的经营期限届满为由起诉请求法院判决解散甲公司，甲公司辩称其持有一份内部存档的 2005 年 11 月 10 日的公司章程，约定营业期限为"不约定期限"，该章程尾页有所有股东签章，因此公司营业期限相当于"无固定期限"。公司不具备解散事由，不同意解散公司。

二、争议焦点

登记机关备案的章程与甲公司提交的章程对公司经营期限存在不同约定，应以哪个认定公司的营业期限？甲公司解散事由是否成立？

三、事实与解析

1. 多份章程对营业期限约定冲突时，应以提交工商登记备案的章程为准。

甲公司 1999 年修改的公司章程亦明确营业期限为"二十年"，即至 2018 年 12 月 6 日止。2005 年内部存档的公司章程尾页虽有所有股东签章，但同日形成的股东会决议并未涉及公司营业期限修改的内容，该份存档章程中记载营业期限为"不约定期限"的页面亦无各股东签章确认或加盖骑缝章，真实性难以完全确定。公司依法应当向工商部门提交经各股东确认的章程以作备案，且甲公司内部存档的 2005 年 11 月 10 日章程第 31 条亦约定"公司登记事项以公司登记机关核定的为准"，由此可见，截至工商登记备案时，各股东对于公司章程中营业期限约定为二十年的意思表示真实明确。同时，经过工商登记备案的公司章程，对外具有公示效力。

2. 公司营业期限届满后，若股东未就公司继续存续形成有效决议，公司应当依法解散。

甲公司在经营期限届满后，应当停止经营，或者通过股东会决议变更经营期限并申请换发营业执照，现各方股东无法作出符合法定比例的决议以修改备案章程并延长经营期限，故甲公司无法再申请换发营业执照，客观上亦不再具有继续合法经营的可能性，甲公司应当依法解散。

四、律师说法

公司的营业期限是《公司登记管理条例》所规定的公司登记事项，如果营业期限届满而需要继续经营的，应依法召开股东会或股东大会，按照法定的表决程序，通过修改公司章程决定公司继续存续事宜，并及时向工商登记机关办理变更登记。此时，对公司继续存续决议存有异议的股东，可以要求公司按照合理价格收购其股权，自股东会会议决议通过之日起60日内，股东与公司不能达成股权收购协议的，股东可以自会议决议通过之日起90日内向人民法院起诉。《公司法》的此项规定，既解决了公司继续运营发展的问题，也通过创设异议股东回购制度解决了股东合理退出公司经营的问题。

五、实务提示

1. 公司章程修改，应以决议或决定的方式通过章程修正案，同时及时进行工商备案，避免存档内容与公示内容不一致的情形出现。同时，根据《市场主体登记管理条例》第九条明确：章程应当向登记机关办理备案。第47条也明确：市场主体未依照本条例办理备案的，有登记机关责令改正；拒不改正的，处5万以下的罚款。因此，建议在经营公司时，针对公司章程或章程修正案及时向市场监管局备案。

2. 公司章程约定的营业期限届满，股东可以通过修改公司章程而延续公司，此时修改公司章程，有限责任公司须经持有三分之二以上表决权的股东通过，股份有限公司须经出席股东大会会议的股东所持表决权的三分之二以上通过。同时，《公司法》第74条还进一步明确了，针对延续公司经营期限的决议事项投反对票的股东可以请求公司按照合理价格收购其股权。

3. 营业期限届满后，若公司未能通过修改章程延续经营期限亦未及时办理解散注销手续，也将面临无法正常年检并被工商机关列入异常经营名录并对社会公示。

六、关联法规

（一）《公司法》

第一百八十条　公司因下列原因解散：

（一）公司章程规定的营业期限届满或者公司章程规定的其他解散事由出现；

（二）股东会或者股东大会决议解散；

（三）因公司合并或者分立需要解散；

（四）依法被吊销营业执照、责令关闭或者被撤销；

（五）人民法院依照本法第一百八十二条的规定予以解散。

第一百八十一条　公司有本法第一百八十条第（一）项情形的，可以通过修改公司章程而存续。

依照前款规定修改公司章程，有限责任公司须经持有三分之二以上表决权的股东通过，股份有限公司须经出席股东大会会议的股东所持表决权的三分之二以上通过。

（二）《市场主体登记管理条例》

第九条 市场主体的下列事项应当向登记机关办理备案：

（一）章程或者合伙协议；

（二）经营期限或者合伙期限；

（三）有限责任公司股东或者股份有限公司发起人认缴的出资数额，合伙企业合伙人认缴或者实际缴付的出资数额、缴付期限和出资方式；

（四）公司董事、监事、高级管理人员；

（五）农民专业合作社（联合社）成员；

（六）参加经营的个体工商户家庭成员姓名；

（七）市场主体登记联络员、外商投资企业法律文件送达接受人；

（八）公司、合伙企业等市场主体受益所有人相关信息；

（九）法律、行政法规规定的其他事项。

第四十七条 市场主体未依照本条例办理备案的，由登记机关责令改正；拒不改正的，处5万元以下的罚款。

撰稿人：张婕

案例 54 股东会或股东大会决议解散公司属于公司解散的法定情形，股东无须再向法院起诉解散公司

一、基本案情

甲商贸公司经改制后成立有限责任公司，注册资本 50 万元，有 9 名自然人股东，改制后甲商贸公司长期未正常经营，亦未按章程规定召开股东会，执行董事和监事在任期届满后也未改选，在 2010 年、2017 年先后有 2 名自然人股东死亡。2018 年 3 月 22 日，甲商贸公司形成股东会决议，解散公司并成立清算组。后有 5 名自然人股东（合计持有全部股东表决权 38.48%）以公司管理混乱、资产不断流失、经营发生严重困难为由依法提起解散公司的诉讼。诉讼中，甲商贸公司辩称，公司已经解散，5 名股东诉讼要求的事项是公司进行中的事项，属于滥用诉权。

二、争议焦点

股东会或者股东大会已经决议解散公司，股东是否有权起诉解散公司？

三、事实与解析

根据《公司法》第 180 条第 2 项规定，有限责任公司因股东会决议而解散。因甲

商贸公司已召开股东会，所有股东均同意解散公司并形成决议，故甲商贸公司已发生法定解散事由，5 名股东的起诉已无事实和法律依据，不符合起诉条件。裁定驳回 5 名原告的起诉。

四、律师说法

公司解散是一种事实状态，《公司法》第 180 条明确了公司解散的五种情形，其中第 1 项至第 4 项属于公司合意解散、行政解散的情形，并不适用司法解散。针对司法解散，《公司法》第 182 条作出了明确的规定："公司经营管理发生严重困难，继续存续会使股东利益受到重大损失，通过其他途径不能解决的，持有公司全部股东表决权百分之十以上的股东，可以请求人民法院解散公司。"显然，只有公司僵局时，股东才可以起诉要求法院判决解散公司。因此，在股东会已经决议解散公司的情况下，再起诉要求法院解散公司属于重复解散。

如果公司在决议解散后怠于实施清算事宜，那么股东可以申请法院强制清算，以维护股东权益。因此，起诉解散与申请强制清算是两个截然不同的程序，应当明确加以区分。

五、实务提示

1. 在股东会已经决议解散的情况下，如果股东对解散存在争议，且涉及召集程序、表决方式违反法律规定或公司章程时，或者决议内容违反公司章程的，可以依据《公司法》第 22 条的规定，自决议作出起 60 日内，请求法院确认公司已于股东会决议做出之日起解散。

2. 公司因股东会决议解散的，应当在解散事由出现之日起 15 日内成立清算组，开始清算。逾期不成立清算组时，债权人、股东、董事或其他利害关系人申请人民法院指定清算组进行清算。

六、关联法规

（一）《公司法》

第一百八十条　公司因下列原因解散：

（一）公司章程规定的营业期限届满或者公司章程规定的其他解散事由出现；

（二）股东会或者股东大会决议解散；

（三）因公司合并或者分立需要解散；

（四）依法被吊销营业执照、责令关闭或者被撤销；

（五）人民法院依照本法第一百八十二条的规定予以解散。

第一百八十二条　公司经营管理发生严重困难，继续存续会使股东利益受到重大损失，通过其他途径不能解决的，持有公司全部股东表决权百分之十以上的股东，可以请求人民法院解散公司。

第一百八十三条　公司因本法第一百八十条第（一）项、第（二）项、第（四）

项、第（五）项规定而解散的，应当在解散事由出现之日起十五日内成立清算组，开始清算。有限责任公司的清算组由股东组成，股份有限公司的清算组由董事或者股东大会确定的人员组成。逾期不成立清算组进行清算的，债权人可以申请人民法院指定有关人员组成清算组进行清算。人民法院应当受理该申请，并及时组织清算组进行清算。

（二）《最高人民法院关于适用〈中华人民共和国公司法〉若干问题的规定（二）》（法释〔2020〕18 号）

第七条　公司应当依照民法典第七十条、公司法第一百八十三条的规定，在解散事由出现之日起十五日内成立清算组，开始自行清算。

有下列情形之一，债权人、公司股东、董事或其他利害关系人申请人民法院指定清算组进行清算的，人民法院应予受理：

（一）公司解散逾期不成立清算组进行清算的；

（二）虽然成立清算组但故意拖延清算的；

（三）违法清算可能严重损害债权人或者股东利益的。

撰稿人：张婕

 案例 55　公司营业期限届满，虽无书面解散决议，在公司或利害关系人不持异议且逾期未成立清算组的情况下，可直接申请法院强制解散

一、基本案情

甲饮食公司成立于 1989 年 7 月 6 日，登记机关为某区市场监督管理局，性质为股份制企业，注册资本 30 万元，营业期限至 2017 年 12 月 15 日。甲饮食公司营业期限届满后，未依法在营业期限到期之日起十五日内成立清算组开始清算。公司 17 名股东张某等依法向法院提出强制清算申请。

二、争议焦点

公司营业期限届满，无书面解散决议，股东应诉请解散公司还是直接要求清算？

三、事实与解析

甲饮食公司的营业期限于 2017 年 12 月 15 日届满，其法定解散事由已发生，但该公司未在解散事由出现之日起十五日内成立清算组进行清算。且张某等 17 人原是甲饮食公司的股东，至今未办理退股手续，其仍享有对该公司的相关权益。现张某等 17 人向法院申请甲饮食公司强制清算，符合法律规定，法院予以准许。

四、律师说法

根据《公司法》第 180 条的规定，营业期限届满属于公司法定解散的事由之一，该种情况一旦触发，公司应按照《公司法》第 183 条的规定，在解散事由出现之日起十五日内成立清算组，开始清算。因此，公司决议解散与公司营业期限届满是并列的两种公司解散的法定情形。无须再另行通过做出解散决议，或者通过公司解散之诉确认。但是，如果股东、公司和其他权利人针对公司经营期限是否届满存在争议，则应当先通过诉讼的方式解决公司解散问题，此时法院不会直接受理股东强制清算的申请。

五、实务提示

公司经营期限届满后，如果需要继续存续的，股东应当及时召开股东会，通过修改章程的方式延续公司的经营期限。如果无法延续，应当自经营期限届满之日起十五日内成立清算组，依法进行清算。逾期不成立清算组的，股东可以直接申请法院强制清算。

六、关联法规

（一）《公司法》

第一百八十条　公司因下列原因解散：

（一）公司章程规定的营业期限届满或者公司章程规定的其他解散事由出现；

（二）股东会或者股东大会决议解散；

（三）因公司合并或者分立需要解散；

（四）依法被吊销营业执照、责令关闭或者被撤销；

（五）人民法院依照本法第一百八十二条的规定予以解散。

第一百八十三条　公司因本法第一百八十条第（一）项、第（二）项、第（四）项、第（五）项规定而解散的，应当在解散事由出现之日起十五日内成立清算组，开始清算。有限责任公司的清算组由股东组成，股份有限公司的清算组由董事或者股东大会确定的人员组成。逾期不成立清算组进行清算的，债权人可以申请人民法院指定有关人员组成清算组进行清算。人民法院应当受理该申请，并及时组织清算组进行清算。

（二）《最高人民法院关于审理公司强制清算案件工作座谈会纪要》

第十三条　被申请人就申请人对其是否享有债权或者股权，或者对被申请人是否发生解散事由提出异议的，人民法院对申请人提出的强制清算申请应不予受理。申请人可就有关争议单独提起诉讼或者仲裁予以确认后，另行向人民法院提起强制清算申请。……

撰稿人：张婕

第二节　公司司法解散的情形

 案例 56　隐名股东不能直接提出解散公司诉讼

一、基本案情

黄某与何某、赵某签订了股权代持协议，黄某为某机械有限公司的隐名股东，一直以股东身份经营、监管公司。公司存续期间，经营管理发生困难，已经超过两年未召开股东会，公司僵局给黄某造成了严重的经济损失，请求法院判决解散公司。

二、争议焦点

隐名股东或实际出资人是否有权提起公司解散之诉？

三、事实与解析

某机械有限公司的公司章程以及股东名册记载的股东均没有黄某的名字，黄某不具备公司法规定的股东资格；黄某与何某、赵某之间签订的股权代持协议，是三人之间的内部协议，不具备股东会的效力。根据《最高人民法院关于适用〈中华人民共和国公司法〉若干问题的规定（二）》第 1 条规定，"单独或者合计持有公司全部股东表决权百分之十以上的股东，以下列事由之一提起解散公司诉讼，并符合公司法第一百八十二条规定的，人民法院应予受理……"上述规定表明，有权提起公司解散诉讼的主体是股东。工商登记机关登记为公司股东。其与名义股东签订的代持协议不具有对抗第三人的效力，其权益只能通过与公司或名义股东签订的协议来实现，不能直接以自己名义请求。隐名股东未经程序确认前，不具有股东资格。

四、律师说法

提起解散公司诉讼的适格主体应当是显名股东。

隐名股东在经过行政登记或诉讼程序确认其股东身份之前，只享有投资权益，无权对外直接行使显名股东权利。在其经过法定程序确认其股东身份之前，隐名股东实际上是通过与显名股东的协议来行使其股东权益以及实现其对公司的经营管理和控制的，法律并没有赋予其对外直接行使显名股东权利的权利。因此隐名股东想要提起公司解散的诉讼应当首先将"隐名"转为"显名"。

五、实务提示

1. 作为隐名股东，如果想提起公司解散之诉，可尝试先通过公司股东会决议或者提起显名化诉讼等方式，成为显明股东后再提起解散诉讼。

2. 股东提起解散公司诉讼的主体资格限制，除了要求必须是显明股东外，还需要满足持有公诉全部股东表决权百分之十以上，且需符合《公司法》第一百八十三条所列出的公司僵局条件。同时，起诉时应当以公司为被告；原告以其他股东为被告一并提起诉讼的，人民法院应当告知原告将其他股东变更为第三人。

六、关联法规

（一）《公司法》

第一百八十二条　公司经营管理发生严重困难，继续存续会使股东利益受到重大损失，通过其他途径不能解决的，持有公司全部股东表决权百分之十以上的股东，可以请求人民法院解散公司。

（二）《最高人民法院关于适用〈中华人民共和国公司法〉若干问题的规定（二）》

第一条　单独或者合计持有公司全部股东表决权百分之十以上的股东，以下列事由之一提起解散公司诉讼，并符合公司法第一百八十二条规定的，人民法院应予受理：

（一）公司持续两年以上无法召开股东会或者股东大会，公司经营管理发生严重困难的；

（二）股东表决时无法达到法定或者公司章程规定的比例，持续两年以上不能做出有效的股东会或者股东大会决议，公司经营管理发生严重困难的；

（三）公司董事长期冲突，且无法通过股东会或者股东大会解决，公司经营管理发生严重困难的；

（四）经营管理发生其他严重困难，公司继续存续会使股东利益受到重大损失的情形。

股东以知情权、利润分配请求权等权益受到损害，或者公司亏损、财产不足以偿还全部债务，以及公司被吊销企业法人营业执照未进行清算等为由，提起解散公司诉讼的，人民法院不予受理。

第四条　股东提起解散公司诉讼应当以公司为被告。

原告以其他股东为被告一并提起诉讼的，人民法院应当告知原告将其他股东变更为第三人；原告坚持不予变更的，人民法院应当驳回原告对其他股东的起诉。

原告提起解散公司诉讼应当告知其他股东，或者由人民法院通知其参加诉讼。其他股东或者有关利害关系人申请以共同原告或者第三人身份参加诉讼的，人民法院应予准许。

撰稿人：张婕

案例 57　公司超过 2 年未召开股东会并非请求法院解散公司的直接
　　　　事由

一、基本案情

甲公司成立于 2011 年 12 月 8 日，公司注册资本 500 万元，其中曾甲认缴出资 300 万元，出资比例占 60%；曾乙认缴出资 50 万元，出资比例占 10%；宋某认缴出资 50 万元，出资比例占 10%；索某认缴出资 50 万元，出资比例占 10%；蒋某认缴出资 25 万元，出资比例占 5%；杨某认缴出资 25 万元，出资比例占 5%。公司经营期间因股东之间的矛盾，索某、蒋某、宋某三位股东合计出资比例为 25%，向法院起诉以公司持续 2 年未召开股东会、公司已经停业且存在亏损为由，请求法院判决公司解散。

二、争议焦点

甲公司连续 2 年未召开股东会、公司停业亏损是否属于法院判决公司解散的情形？

三、事实与解析

公司不经营、存在亏损，能否对外正常开展经营业务，以及公司的财务与资产损益情形并不等同于公司经营管理发生严重困难，也均非判断是否应予强制解散公司的必然性条件。首先，索某、蒋某、宋某提交的证据无法证明甲公司持续 2 年以上存在召集过股东会而无法召开的情形。甲公司章程规定，股东会会议分定期会议和临时会议，定期会议原则上定为每年召开一次，监事或持有公司股份百分之十以上的股东可以提议召开临时会议。从股东会召开程序看，索某、蒋某、宋某可以提出召开股东会。本案中，索某、蒋某、宋某均认为公司处于清算状态，没必要召开股东会议。但未召开股东会不等同于无法召开股东会。现有证据无法证明甲公司的权力运行机制和内部管理机制因索某、蒋某、宋某与其他股东之间存在矛盾而处于失控状态及公司的经营陷入僵局。股东之间存在矛盾冲突，作为持股比例较低的股东，在公司权利机关能够运行的情况下，若认为公司其他持股比例较高的股东损害自己的利益，可以采用《公司法》规定的其他救济途径进行救济。索某、蒋某、宋某在未通过《公司法》规定的其他救济途径对其权利进行救济的情况下，不宜解散公司。

四、律师说法

《最高人民法院关于适用〈中华人民共和国公司法〉若干问题的规定（二）》第 1 条第 1 款规定："单独或者合计持有公司全部股东表决权百分之十以上的股东，以下列事由之一提起解散公司诉讼，并符合公司法第一百八十二条规定的，人民法院应予受理：（一）公司持续两年以上无法召开股东会或者股东大会，公司经营管理发生严重困难的……"此处的"无法召开股东会"并不等于"公司超过两年未召开股东会"。前者是结果定性，后者是客观状态描述，二者有着明显的差距。公司章程一般都会规定股东会召集程序，即便在无法按照章程规定的程序召集的情况下，《公司法》也规定了持股 10% 以上的股东可以提议并召集临时股东会议。因此，在适用无法召开股东会作为法院判决解散认定的条件时，诉请解散公司的股东持股比例如超过 10%，须举证证明曾经试图依照章程的规定以及法律规定，提请召集过股东会而无果。这也是《公司法》第 182 条关于"通过其他途径不能解决的"的一种表现形式。

五、实务提示

1. 公司多年未召开股东会或董事会，不是解散公司的必然条件。股东需要进一步组织和保留证据，例如：股东会召集机构缺失、股东提议股东会召集机构召开股东会的函件、持股 10% 的股东召集临时股东会的函件。

2. 公司经营管理发生严重困难，侧重点在于公司管理方面存有严重内部障碍，如股东会机制失灵、无法就公司的经营管理进行决策等，不应片面理解为严重亏损等经营性困难或者停业。

六、关联法规

（一）《公司法》

第一百八十二条 公司经营管理发生严重困难，继续存续会使股东利益受到重大损失，通过其他途径不能解决的，持有公司全部股东表决权百分之十以上的股东，可以请求人民法院解散公司。

（二）《最高人民法院关于适用〈中华人民共和国公司法〉若干问题的规定（二）》（法释〔2020〕18 号）

第一条 单独或者合计持有公司全部股东表决权百分之十以上的股东，以下列事由之一提起解散公司诉讼，并符合公司法第一百八十二条规定的，人民法院应予受理：

（一）公司持续两年以上无法召开股东会或者股东大会，公司经营管理发生严重困难的；

（二）股东表决时无法达到法定或者公司章程规定的比例，持续两年以上不能做出有效的股东会或者股东大会决议，公司经营管理发生严重困难的；

（三）公司董事长期冲突，且无法通过股东会或者股东大会解决，公司经营管理发生严重困难的；

（四）经营管理发生其他严重困难，公司继续存续会使股东利益受到重大损失的情形。

股东以知情权、利润分配请求权等权益受到损害，或者公司亏损、财产不足以偿还全部债务，以及公司被吊销企业法人营业执照未进行清算等为由，提起解散公司诉讼的，人民法院不予受理。

撰稿人：张婕

案例 58　通过其他途径不能解决公司僵局中的"其他途径"有哪些

一、基本案情

甲电子公司的股东王某，占注册资本 53.55%，持有 963.9 万股。王某作为大股东已丧失股东的基本权利，甲电子公司董事之间长期存在冲突，根本无法通过股东大会解决，也就是说决策机制已处于失灵状态，经营管理机构亦形同虚设，公司陷入僵局。最为关键的是甲电子公司目前经营管理已发生严重困难，处于严重亏损状态。基于上述情况，王某与第三人郑某、翟某曾委托律师、案外人参与解决，解决方案为其他股东郑某、翟某收购王某股份，但因价格问题最终未能解决，之后已试图通过其他途径解决公司僵局，均未果。因此，王某作为持有 53.55% 股份的股东，提出解散甲电子公司的请求。

二、争议焦点

甲电子公司是否符合法律规定的解散条件？

三、事实与解析

根据《公司法》第 182 条的规定，公司经营管理发生严重困难，继续存续会使股东利益受到重大损失，通过其他途径不能解决的，持有公司全部股东表决权 10% 以上的股东，可以请求人民法院解散公司。本案中，被告以及第三人提交的购销合同等证据证明公司现仍在经营中，虽有亏损，但不能认定公司经营已经发生严重困难。被告提交的年度报告可以证明公司在相关事务的决策上是召开股东会决议的，原告主张管理机制出现僵局，无法对公司经营管理进行决策的主张难以成立，若原告认为股东权益受损可以依法行使股东权利。公司法的立法本意是希望公司通过自治等方式解决股东之间的僵局状态，本案中，各方当事人虽有矛盾，但对于解决办法即调解方案是有协商的意愿的，其收购股权或者对外转让股权的方案具有可行性，因此法院认为现有证据不足以证明原告的主张，故对其要求解散公司的诉讼请求，不予支持。

四、律师说法

法院在判决公司是否符合解散的条件时，需审查股东是否已经穷尽一切救济手段仍不能化解公司僵局。"通过其他途径不能解决"是公司诉讼解散的审查条件，但《公司法》及司法解释对此均未明确解释"其他途径"具体有哪些。根据《公司法》的规定，可通过赋予股东知情权，召开临时董事会、临时股东大会，转让股权，请求公司回购以退出公司等方式，解决股东之间长期存在的分歧和冲突。

虽有上述多种途径，但不能机械地理解为"穷尽其他一切途径"，应综合具体公司的情况对是否有适用其他途径的可能性进行分析。

五、实务提示

公司僵局解决途径，大致可分为：内部会议机制、外部诉讼机制、股东退出机制等。具体体现如下：（一）内部会议机制：股东会、董事会协商解决僵局；（二）外部诉讼机制：股东撤销决议诉讼、决议无效诉讼、损害公司利益诉讼、知情权诉讼等；（三）股东退出机制：股东的退股、除名、转让股权。

六、关联法规

《公司法》

第一百八十二条 公司经营管理发生严重困难，继续存续会使股东利益受到重大损失，通过其他途径不能解决的，持有公司全部股东表决权百分之十以上的股东，可以请求人民法院解散公司。

撰稿人：张婕

第三节 公司行政解散的情形

 案例 59 公司长期失联时，可否被吊销营业执照

一、基本案情

某市工商行政管理局（以下简称工商局）在 2016 年 5 月 23 日对企业进行核查时，发现甲公司未参与 2012 年度企业年度检验且并未按期公示 2013 年度、2014 年度报告，2015 年 7 月 13 日原告被列入经营异常名录。通过登记住所以及留存的联系方式无法与公司取得联系，公司长期失联。工商局认为甲公司的行为违反了《公司法》第 211 条以及《公司登记管理条例》第 67 条，且情节严重，因此拟对其作出吊销营业执照的处罚并公告送达了《行政处罚听证告知书》，甲公司未提出听证申请，随后工商局于 2016 年 6 月 24 日作出《行政处罚决定书》。行政处罚作出后，原告甲公司起诉至法院，称工商局在其完全不知情的情况下作出吊销营业执照的行政处罚决定，违反了《行政处罚法》的规定。

二、争议焦点

公司长期失联可否被吊销营业执照？

三、事实与解析

《公司法》第 211 条规定："公司成立后无正当理由超过六个月未开业的，或者开业后自行停业连续六个月以上的,可以由公司登记机关吊销营业执照。"《公司登记管理条例》第 67 条规定:"公司成立后无正当理由超过 6 个月未开业的,或者开业后自行停业连续 6 个月以上的,可以由公司登记机关吊销营业执照。"本案中,原告甲公司最后年检年度为 2012 年,2013 年后无正常经营情形,无正当理由已自行停业连续六个月以上,且没有到被告工商局办理注销登记,同时也未参加 2013 年度(含)前企业年度检验并且未按期公示 2013 年度、2014 年度报告且通过登记住所(经营场所)以及留存的联系方式无法取得联系。原告的状况符合上述法律、法规吊销营业执照情形。

四、律师说法

《公司法》第 211 条规定:"公司成立后无正当理由超过六个月未开业的,或者开业后自行停业连续六个月以上的,可以由公司登记机关吊销营业执照。"一些股东想当然地认为公司歇业六个月后就可以被吊销营业执照,然后进行清算注销,欲"借"登记机关吊销公司,达到解散公司之目的。但是,国家工商总局对于清理长期停业未经营企业要严格规范程序,规范清理操作。《国家工商总局、税务总局关于清理长期停业未经营企业工作有关问题的通知》要求:"对长期未开展经营活动的企业依法实施吊销营业执照行政处罚的,要严格按照《工商行政管理机关行政处罚程序规定》(工商总局令第 28 号)、《工商行政管理机关行政处罚案件听证规则》(工商总局令第29 号)的要求执行。证据方面,除了连续两年未报送年度报告、在登记的住所或经营场所无法取得联系的现场检查记录、连续两年未报税证明等必要证据外,还可以根据本地区实际情况,收集未更换新版营业执照、未办理工商联络员备案、未按规定缴纳社会保险、银行基本账户半年内未有资金流动记录等其他证据。"由此可见,公司歇业或者停业六个月并非必然会被吊销营业执照。工商行政部门采取吊销营业执照的处罚条件认定时,有更为严格的证据要求,主要体现在:停业、连续 2 年以上未年检、已被纳入异常,甚至还需要在税务、社保、银行等方面收集体现公司失联、未经营的证据。因此,公司股东会决议歇业或者停业六个月后,不能必然导致公司被吊销营业执照。

五、实务提示

公司应慎用通过登记机关吊销营业执照的方式,达到解散公司之目的,该方式证据要求严格,且未来对公司的法定代表人也会造成负面影响。例如:《公司法》明确规定了高管人员的资格禁止,担任因违法被吊销营业执照的法定代表人,并负有个人责任的,自该公司、企业被吊销营业执照之日起未逾三年,不得担任任何公司的董事、监事、高级管理人员。

六、关联法规

(一)《公司法》

第二百一十一条 公司成立后无正当理由超过六个月未开业的,或者开业后自行停业连续六个月以上的，可以由公司登记机关吊销营业执照。

（二）《国家工商总局、税务总局关于清理长期停业未经营企业工作有关问题的通知》

二、清理工作的要求

（一）确定对象，认真核查。

各级工商、市场监管部门（以下简称工商部门）要对连续两个年度未年报企业进行认真梳理，摸清底数，通过发布通知公告、到登记的住所或经营场所现场检查等方式，逐一核实情况，依法开展清理工作。工商部门将连续两年未年报企业信息送税务部门，税务部门将连续两年未报税企业信息送工商部门。

（二）区分情况，分类处置。

对于被列入清理范围的企业，在核实情况的基础上，分类规范处理：一是对于通过登记的住所或经营场所能够取得联系的企业，要督促其及时履行法定义务。二是清理对象存在已办理清算备案或已进入破产程序等情形的，可以从清理范围中剔除。三是对于长期未开展经营活动、经现场检查在其登记的住所或经营场所无法取得联系，且连续两年未报税的公司，工商部门依据《公司法》第二百一十一条规定依法吊销其营业执照。属于"三证合一、一照一码"改革前设立的企业，税务部门可以依据《税收征收管理法》第六十条规定依法提请工商部门吊销其营业执照。

（三）严格程序，规范操作。

各地要严格依法行政，积极稳妥有序地推进清理工作。根据实际情况，对被列入清理范围的企业进行提示性公告，警示相关违法后果。

对长期未开展经营活动的企业依法实施吊销营业执照行政处罚的，要严格按照《工商行政管理机关行政处罚程序规定》（工商总局令第28号）、《工商行政管理机关行政处罚案件听证规则》（工商总局令第29号）的要求执行。证据方面，除了连续两年未报送年度报告、在登记的住所或经营场所无法取得联系的现场检查记录、连续两年未报税证明等必要证据外，还可以根据本地区实际情况，收集未更换新版营业执照、未办理工商联络员备案、未按规定缴纳社会保险、银行基本账户半年内未有资金流动记录等其他证据。

对长期未开展经营活动的企业依法实施吊销营业执照行政处罚的，相关法律文书可以直接在企业信用信息公示系统上公告送达，并在工商机关门户网站上公示。通过企业信用信息公示系统公告的，相关法律文书应在公示系统公告栏和企业名下同时公告。

撰稿人：张婕

第四节　公司自行清算

 案例 60　公司自行清算时，清算组成员必须由全体股东组成

一、基本案情

甲公司的股东由周某、乙公司、王某组成。2014 年 9 月 29 日，甲公司章程规定的经营期限届满，甲公司决定解散。甲公司股东会决议成立清算组，清算组成员为案外人程某、李某某和股东王某。周某认为根据公司法规定，有限责任公司的清算组由股东构成，该规定表明清算组应由全体股东组成，参与清算组是股东固有的权利。该规定可充分保障中小股东通过参与清算组充分了解公司经营情况、债权债务情况和剩余财产分配情况的权利。周某认为其并未放弃成为清算组成员的权利，现有清算组成员组成人员的股东会决议剥夺了原告成为清算组成员的权利，应属无效。因此，周某诉至法院。

二、争议焦点

股东会决议的清算组成员并非全部股东组成，该决议是否有效？

三、事实与解析

根据法律规定，有限责任公司的清算组由股东组成。但上述规定应做以下理解：第一，上述法律条文系对清算组的组成人员身份作出规定，而非对股东的权利作出规定，同时也并未规定必须全体股东参与；第二，根据法律规定，清算组须专门成立，且股东会职权范围包括对公司清算相关事宜作出决议，因此，股东会作为公司的权力机构在公司解散后有权对清算组组成作出决议。对于原告提出召开股东会时其对案外人程某和李某某接受第三人乙公司的委托参与清算组不知情等，法院认为，在股东为法人的情况下，清算组中包括该股东指定的数名人员参加，并不违反法律对清算组组成的规定，因此法院对原告提出的理由不予认可。

四、律师说法

1. 公司自行清算时，清算组成员并非由全体股东组成

《公司法》第 183 条规定"有限责任公司的清算组由股东组成，股份有限公司的清算组由董事或者股东大会确定的人员组成"。上述规定明确了清算组成员的构成和资格要求，需要说明的是，这里并未强调必须由全体有限责任公司股东或者全体股份

有限公司董事组成。公司法要求股东履行清算义务，并非要求股东一定要参加清算组。

2. 对于未参加清算组的股东权益如何保障？

《公司法》第 188 条规定："公司清算结束后，清算组应当制作清算报告，报股东会、股东大会或者人民法院确认，并报送公司登记机关，申请注销公司登记，公告公司终止。"因此，对清算报告的审议和表决，也是股东履行清算义务的一种表现。未参加清算组的股东，可以通过股东知情权、查阅权以及对违法清算申请强制清算、追究清算组成员清算责任等多项救济途径，实现小股东的合法权利不受侵害的目的。

五、实务提示

因清算过程中涉及债权债务的确认清偿催收、资产的核查与处置、人员安置、处理公司未了解的业务等系列问题，结合清算组的职权范围，建议清算组成员由股东指派的熟悉公司业务、财务、人力等人员代表构成，便于清算组在公司清算程序中履职。

六、关联法规

《公司法》

第一百八十三条　公司因本法第一百八十条第（一）项、第（二）项、第（四）项、第（五）项规定而解散的，应当在解散事由出现之日起十五日内成立清算组，开始清算。有限责任公司的清算组由股东组成，股份有限公司的清算组由董事或者股东大会确定的人员组成。逾期不成立清算组进行清算的，债权人可以申请人民法院指定有关人员组成清算组进行清算。人民法院应当受理该申请，并及时组织清算组进行清算。

第一百八十八条　公司清算结束后，清算组应当制作清算报告，报股东会、股东大会或者人民法院确认，并报送公司登记机关，申请注销公司登记，公告公司终止。

撰稿人：张婕

 案例 61　公司解散清算仅经过公告但未直接通知债权人而注销，股东或者清算组成员应当承担赔偿责任

一、基本案情

甲公司于 2005 年 7 月 6 日在某县工商局登记成立，注册资本 200 万元。股东为向某出资 120 万元占 60%，曾某出资 80 万元占 40%。而后注册资本变更为 1000 万元，股东变更为欧某为 92%，蔡某为 8%。2014 年 8 月 20 日甲公司作出投资人决议：决定注销甲公司，成立清算小组，由欧某、蔡某组成清算组对公司债权债务进行清算，由欧某为清算组负责人。2014 年 9 月 5 日甲公司在某报纸上刊登注销公告：甲公司经股东会决议，拟申请注销，请相关债权、债务人自本公告之日起 45 日内与本公司联系。甲公司清算组出具《公司清算报告》：截至 2014 年 11 月 23 日，公司资产总额为 4649895.78 元，其中净资产 4649895.78 元，负债总额为 0 元。公司资产总额为

4649895.78元，并按以下顺序进行清偿：1. 清算费用0元；2. 所欠职工工资、社会保险费用和法定补偿金0元；3. 剩余财产按股东出资比例分配。截至2014年11月23日，公司债权债务已清算完毕，剩余财产已分配完毕，实收资本为0元。2014年11月27日甲公司办理了注销登记。

甲公司存续期间，乙公司与甲公司签订一份《煤炭购销合同》，约定：煤源由乙公司提供，甲公司提供资金。合同履行过程中，乙公司经过核算，甲公司收了乙公司支付的煤炭款后，却未交付相应对价的煤炭，因此应将多收的款项返还给乙公司。鉴于此，乙公司拟起诉甲公司，但发现其已经注销。故，乙公司向法院提起诉讼，认为欧某、蔡某作为股东及清算组成员未履行通知债权人的法定义务，导致乙公司在公司清算时未申报债权，应对本案债务承担赔偿责任。

二、争议焦点

公司清算时仅通过登报公告的方式通知债权人联系清算组，是否符合法定的清算程序？

三、事实与解析

根据《最高人民法院关于适用〈中华人民共和国公司法〉若干问题的规定（二）》第11条第1款关于"公司清算时，清算组应当按照公司法第一百八十五条的规定，将公司解散清算事宜书面通知全体已知债权人，并根据公司规模和营业地域范围在全国或者公司注册登记地省级有影响的报纸上进行公告"之规定，甲公司的清算组成员负有书面通知乙公司参加清算的义务，仅发布公告不符合法律规定。由此，根据《最高人民法院关于适用〈中华人民共和国公司法〉若干问题的规定（二）》第11条第2款关于"清算组未按照前款规定履行通知和公告义务，导致债权人未及时申报债权而未获清偿，债权人主张清算组成员对因此造成的损失承担赔偿责任的，人民法院应依法予以支持"之规定，甲公司清算组成员对乙公司未获清偿的债权承担赔偿责任，符合法律规定。

四、律师说法

市场监管总局在2020年9月30日发布了《关于进一步做好企业注销清算组备案有关工作的通知》，该通知中明确了拟清算注销公司可通过国家企业信用信息公示系统或者注销"一网"服务平台在线办理免费发布债权人公告。这表明国家在简化企业清算注销程序，这也是力推加快市场主体退出打造良好营商环境的政策体现。但是，根据《公司法》第185条规定，法律赋予清算组的义务是通知并公告，不能以公告形式替代通知义务。而公告是对通知义务的有效补充，目的是有效覆盖对未知债权人或无法收到通知的债权人就公司解散清算事宜的知晓程度。

五、实务提示

1. 公司决议解散后，应当在十五日内成立清算组，清算组应当自成立之日起十日内通知债权人，并于六十日内在报纸上公告。

2. 通知债权人的方式有：电话、短信、邮件、书面通知邮寄，通知过程中建议公司保留通知的相关证据材料，如果书面邮寄，建议进行双邮寄：公司注册地址以及主要办事机构地址。

3. 在国家简政放权的大背景之下，出台了很多便易的工商登记政策，提高了效率也降低了办事成本，但公司的股东或清算组切勿掉以轻心，在公司清算注销时，应当严格法律规定基本程序，避免公司违法注销后承担赔偿相关债权而遭受损失的发生。

六、关联法规

（一）《公司法》

第一百八十五条 清算组应当自成立之日起十日内通知债权人，并于六十日内在报纸上公告。债权人应当自接到通知书之日起三十日内，未接到通知书的自公告之日起四十五日内，向清算组申报其债权。

债权人申报债权，应当说明债权的有关事项，并提供证明材料。清算组应当对债权进行登记。

在申报债权期间，清算组不得对债权人进行清偿。

第一百八十九条 清算组成员应当忠于职守，依法履行清算义务。

清算组成员不得利用职权收受贿赂或者其他非法收入，不得侵占公司财产。

清算组成员因故意或者重大过失给公司或者债权人造成损失的，应当承担赔偿责任。

（二）《最高人民法院关于适用〈中华人民共和国公司法〉若干问题的规定（二）》（法释〔2020〕18号）

第十一条 公司清算时，清算组应当按照公司法第一百八十五条的规定，将公司解散清算事宜书面通知全体已知债权人，并根据公司规模和营业地域范围在全国或者公司注册登记地省级有影响的报纸上进行公告。

清算组未按照前款规定履行通知和公告义务，导致债权人未及时申报债权而未获清偿，债权人主张清算组成员对因此造成的损失承担赔偿责任的，人民法院应依法予以支持。

撰稿人：张婕

第五节　公司强制清算的情形

案例 62　法院受理强制清算必须以公司已经发生解散为前置条件，若就是否发生解散事由存在争议，应先诉讼确定公司解散

一、基本案情

甲公司诉称：其作为公司股东，依据乙公司章程的规定，以乙公司经营期限届满，但未依法成立清算组为由，依据《公司法》第 183 条规定，向法院提出强制清算申请。乙公司辩称：股东之间就公司是否发生解散事由存在争议，应就公司是否存在解散事由一事另行向法院起诉，待法院确认乙公司解散后，才能提起强制清算之诉。

二、争议焦点

法院是否应当受理甲公司对乙公司的强制清算申请？

三、事实与解析

根据《最高人民法院关于审理公司强制清算案件工作座谈会纪要》第 13 条规定："被申请人就申请人对其是否享有债权或者股权，或者对被申请人是否发生解散事由提出异议的，人民法院对申请人提出的强制清算申请应不予受理。申请人可就有关争议单独提起诉讼或者仲裁予以确认后，另行向人民法院提起强制清算申请……"甲公司作为乙公司的股东，以乙公司经营期限届满为由，申请强制清算。乙公司对此提出异议，以彼此之间土地权益纠纷并未处理完毕为由不同意解散。因此，甲公司应当先提出公司解散之诉，然后再申请法院强制清算。

四、律师说法

1. 受理强制清算须以公司已经发生解散事由为前置条件

公司解散与公司清算是两个不同的概念、两种不同的程序。二者关系为解散是清算的前提。公司解散是一种法律事实状态，公司解散后应当通过清算程序实现债务清偿、债权清收、职工安置、资产处置、剩余财产分配，最终实现公司主体合法退出，维护及平衡好债权人、股东或者其他利害关系人的利益。

从《公司法》第 182 条的相关规定的内容来看，解散事由大致分为三类：第一类是私权导致解散事由出现，如股东决议解散、公司章程规定的营业期限届满或公司章程规定的其他解散事由出现；第二类是行政权导致解散，如公司被吊销营业执照、被责令关闭或者被撤销；第三类是司法权导致解散，如公司存在僵局，持有表决权百分之十以上的股东请求法院判决解散公司。

申请强制清算时，申请人应当提交证据证明解散事由存在的证明材料。例如，股东会决议、公司章程、吊销处罚决定书或者关于判决公司解散的生效法律文书。

2. 股东、公司就是否发生解散事由存在争议时，应先诉讼确定公司解散

《最高人民法院关于审理公司强制清算案件工作座谈会纪要》第 13 条规定："被申请人就申请人对其是否享有债权或者股权，或者对被申请人是否发生解散事由提出异议的，人民法院对申请人提出的强制清算申请应不予受理。申请人可就有关争议单独提起诉讼或者仲裁予以确认后，另行向人民法院提起强制清算申请。"这一条规定，也建立在《公司法》对于公司清算的前置条件是公司出现解散事由规定的基础上。因为，强制清算申请的案件，是围绕公司清算事务展开的非诉活动，而公司解散在大多数情况下是一种价值判断事项。针对是否发生解散事由存在争议时，拟对强制清算申请进行审查的法院无须超出清算范畴，审查公司是否已经发生解散事由。因此，申请人应当先解决公司解散争议纠纷，通过法院或者仲裁机构的审理，做出判断和明确。当然，如果被申请人就公司被吊销营业执照、被责令关闭或者被撤销，这类行政权导致公司解散的事由提出异议时，《最高人民法院关于审理公司强制清算案件工作座谈会纪要》第 13 条也将此情形排除在外。

五、实务提示

申请强制清算时需要准备的申请文件类型：

1. 强制清算申请书（应当载明申请人、被申请人的基本情况和申请的事实和理由）；

2. 证明被申请人已经发生解散事由的证据，例如：股东会解散决议、能够体现经营期限届满内容的公司章程、人民法院判决公司解散的生效法律文书等；

3. 证明申请人系公司债权人或者股东身份的证据，债权人需要有基础的证据可以证明债权真实、客观存在，针对有争议的债权，必要时需要提供法院判决；

4. 证明已逾期不清算或成立清算组但故意拖延清算或存在其他违法清算可能严重损害债权人或者股东利益的证据。一般来说，公司成立清算组后需要到工商行政部门进行清算组的备案，届时，公示信息就会显示清算组备案情况，强制清算申请人可以查询并提供相应查询结果。

六、关联法规

《最高人民法院关于审理公司强制清算案件工作座谈会纪要》

第十三条　被申请人就申请人对其是否享有债权或者股权，或者对被申请人是否发生解散事由提出异议的，人民法院对申请人提出的强制清算申请应不予受理。申请人可就有关争议单独提起诉讼或者仲裁予以确认后，另行向人民法院提起强制清算申请……

撰稿人：张婕

案例 63　公司出现解散事由，逾期不成立清算组或成立后故意拖延清算，债权人、股东、董事或者其他利害关系人有权申请法院强制清算，指定有关人员成立清算组

一、基本案情

黄某、石某、冯某是甲公司的股东，黄某占有公司 30% 的股权，石某占有公司 40% 的股权，冯某占有公司 30% 的股权，并由股东石某作为公司的法定代表人，控制公司的日常经营以及公章、财务。其后，黄某发现石某利用法定代表人职权的便利，多次侵占公司的财产，损害公司的利益，引发股东之间的矛盾，出现过多次的争执以及意见不合。2014 年 9 月 22 日，股东石某、冯某、黄某全体股东一致同意解散甲公司。但公司解散后，一直未成立清算组，黄某向某区人民法院提出强制清算申请，一审法院认为根据《公司法》第 183 条之规定，在公司出现解散事由之时可自行组成清算组进行清算，逾期不清算的，债权人可以申请人民法院指定有关人员组成清算组进行清算。但黄某是甲公司的股东，其申请强制清算不符合上述法律规定，裁定驳回黄某的清算申请。黄某不服一审裁定，上诉至某市中级人民法院。

二、争议焦点

公司解散后逾期成立清算组，股东是否有权申请法院强制清算？

三、事实与解析

二审法院审查后认为，根据《最高人民法院关于适用〈中华人民共和国公司法〉若干问题的规定（二）》（法释〔2014〕2 号）第 7 条的规定："公司应当依照公司法第一百八十三条的规定，在解散事由出现之日起十五日内成立清算组，开始自行清算。有下列情形之一，债权人申请人民法院指定清算组进行清算的，人民法院应予受理：（一）公司解散逾期不成立清算组进行清算的；（二）虽然成立清算组但故意拖延清算的；（三）违法清算可能严重损害债权人或者股东利益的……"本案具有该条第二款所列情形，而债权人未提起清算申请，公司股东申请人民法院指定清算组对公司进行清算的，人民法院应予受理。

四、律师说法

公司解散后，法律上优先鼓励公司自行清算，当自行清算遇到障碍时，才允许司法适当介入，指定相关人员组成清算组展开工作。《公司法》第 183 条仅明确了逾期不成立清算组的，债权人可以申请法院强制清算，针对股东、董事或者其他利害关系人在此种情况下有无权利申请强制清算未作明确规定。但是，公司清算是一个繁杂的程序工作，这个过程中会涉及清产核资、清收债权、清偿债务、人员安置、分配剩余财产。所以，在公司清算过程中，不仅仅涉及债权人利益，也会涉及股东的利益、其他利害关系人的利益。因此，赋予股东申请强制清算申请的权利，有助于公司解散后快速进入清算程序，完成注销。与此同时，这里需要进一步明确的是，区别于股东申请法院判决解散公司，此时的申请强制清算的股东并没有最低持股比例的限制。

五、实务提示

根据《最高人民法院关于审理公司强制清算案件工作座谈会纪要》的规定，债权人或股东申请强制清算时需根据情况提交如下材料。

1. 逾期未成立清算组：

（1）强制清算申请书（载明申请人、被申请人的基本情况和申请的事实和理由）；

（2）被申请人已经发生解散事由；

（3）申请人对被申请人享有债权或者股权的有关证据。

2. 公司已经自行成立清算组，但故意拖延清算：

（1）强制清算申请书；

（2）被申请人已经成立清算组；

（3）申请人还应当向法院提交公司故意拖延清算，可能严重损害其利益的相应证据材料。

六、关联法规

（一）《公司法》

第一百八十三条　公司因本法第一百八十条第（一）项、第（二）项、第（四）项、第（五）项规定而解散的，应当在解散事由出现之日起十五日内成立清算组，开始清算。有限责任公司的清算组由股东组成，股份有限公司的清算组由董事或者股东大会确定的人员组成。逾期不成立清算组进行清算的，债权人可以申请人民法院指定有关人员组成清算组进行清算。人民法院应当受理该申请，并及时组织清算组进行清算。

（二）《最高人民法院关于适用〈中华人民共和国公司法〉若干问题的规定（二）》（法释〔2020〕18号）

第七条　公司应当依照民法典第七十条、公司法第一百八十三条的规定，在解散事由出现之日起十五日内成立清算组，开始自行清算。

有下列情形之一，债权人、公司股东、董事或其他利害关系人申请人民法院指定清算组进行清算的，人民法院应予受理：

（一）公司解散逾期不成立清算组进行清算的；

（二）虽然成立清算组但故意拖延清算的；

（三）违法清算可能严重损害债权人或者股东利益的。

撰稿人：张婕

第六节　破产清算

 案例 64　公司作为债务人申请破产，需证明不能清偿到期债务并且资不抵债

一、基本案情

申请人甲劳动服务公司于 1990 年 12 月 10 日在某市工商行政管理局登记设立，企业类型为集体所有制企业，注册资本为人民币 500 万元。2018 年以严重资不抵债，无力清偿到期债务为由提出破产申请并向法院提交《资产评估报告》《清产核字专项审计报告书》。法院审查过程中，债权人高某提出异议，认为申请人系"假破产、真逃债"，故意以申请破产作为障碍，阻碍债权人对申请人正在进行的强制执行，严重侵害了债权人的合法权益，故不同意债务人申请破产。

二、争议焦点

1. 申请人甲劳动服务公司提供的证据能否认定其已经具备破产原因？

2. 债权人在法院审查债务人破产申请中，是否有权提出异议？

三、事实与解析

一审法院认为申请人提交的资产评估报告中存在对应收账款、应付账款确认标准不一致，资产评估中对应收账款计提扣除较多、对应付账款未按照相同原则扣除；同时，对某些债权的确认存在明显的错误，导致资产评估报告结论中公司债权资产畸低。经一审法院审查后，认为申请人资产足以抵偿全部债务，不缺乏清偿能力，不予受理债务人的破产申请。

二审法院认为甲劳动服务公司提供的审计报告未能客观、全面反映公司资产状况，原审认定甲劳动服务公司的资产足以清偿全部债务，不缺乏清偿能力，并裁定不予受理并无不当。同时，债权人高某作为申请人的债权人，破产清算案件是否受理会影响其债权的清偿，在法律上与其有直接利害关系，故其提出相关证据以供法院审查并做出合理裁判具有合理性，且在债务人向人民法院申请破产清算过程中债权人提出异议，法律并未禁止，故债权人有权提出异议。

四、律师说法

1. 法院受理债务人申请破产的标准为：不能清偿到期债务并且资不抵债或者明显

缺乏清偿能力。

很多人通常理解公司破产的特点就是资不抵债，《公司法》第187条第1款也规定："清算组在清理公司财产、编制资产负债表和财产清单后，发现公司财产不足以清偿债务的，应当依法向人民法院申请宣告破产。"

但在破产的具体规定中，《企业破产法》第7条第1款规定："债务人有本法第二条规定的情形，可以向人民法院提出重整、和解或者破产清算申请。"第2条第1款规定："企业法人不能清偿到期债务，并且资产不足以清偿全部债务或者明显缺乏清偿能力的，依照本法规定清理债务。"因此，公司不能清偿到期债务且资不抵债或者明显缺乏清偿能力是法院受理破产申请的标准。

2. 公司作为债务人向法院提出破产申请，需要提交资产负债表、审计报告、评估报告证明"资不抵债"条件；需要提交催款通知书、判决书、强制执行裁定书等债务已到期未完全清偿来证明"不能清偿到期债务"条件。

对于"资不抵债""不能清偿到期债务"如何认定，《最高人民法院关于适用〈中华人民共和国企业破产法〉若干问题的规定（一）》也有明确的规定，第2条规定："下列情形同时存在的，人民法院应当认定债务人不能清偿到期债务：（一）债权债务关系依法成立；（二）债务履行期限已经届满；（三）债务人未完全清偿债务。"第3条规定："债务人的资产负债表，或者审计报告、资产评估报告等显示其全部资产不足以偿付全部负债的，人民法院应当认定债务人资产不足以清偿全部债务，但有相反证据足以证明债务人资产能够偿付全部负债的除外。"

3. 在国家加快市场主体退出的大环境下，利用破产案件解决企业经济困境也越来越普遍和被社会接受。但同时也暴露出来一些问题，如一些企业以破产为名，实际在逃避债务，违背诚实信用的基本原则，例如：申请破产前减少可供清偿债务的财产、将公司资产评估值调低等方式降低企业债务的清偿率。为此，《最高人民法院关于审理企业破产案件若干问题的规定》第12条明确："人民法院经审查发现有下列情况的，破产申请不予受理：（一）债务人有隐匿、转移财产等行为，为了逃避债务而申请破产的；（二）债权人借破产申请毁损债务人商业信誉，意图损害公平竞争的。"因此，建议公司充分合法利用法律所赋予的权利，在通过破产程序承担合理责任的同时，也应当充分确保债权人的合法权益。

五、实务提示

公司作为申请人向法院申请破产时，提交材料清单如下：

1. 申请书；

2. 主体资格证明文件；

3. 股东会决议；

4. 资产负债表（并附会计师事务所对公司审计后作出资不抵债的审计报告）、资产评估报告；

    5. 职工名册、安置方案；

    6. 债权、债务清册（抵押债权情况、担保债权情况、对外担保情况）；

    7. 财产清单；

    8. 正在进行的诉讼案件基本情况；

    9. 债务人亏损情况说明。

六、关联法规

（一）《公司法》

第一百八十七条第一款　清算组在清理公司财产、编制资产负债表和财产清单后，发现公司财产不足以清偿债务的，应当依法向人民法院申请宣告破产。

（二）《企业破产法》

第二条第一款　企业法人不能清偿到期债务，并且资产不足以清偿全部债务或者明显缺乏清偿能力的，依照本法规定清理债务。

（三）《最高人民法院关于适用〈中华人民共和国企业破产法〉若干问题的规定（一）》

第二条　下列情形同时存在的，人民法院应当认定债务人不能清偿到期债务：

（一）债权债务关系依法成立；

（二）债务履行期限已经届满；

（三）债务人未完全清偿债务。

第三条　债务人的资产负债表，或者审计报告、资产评估报告等显示其全部资产不足以偿付全部负债的，人民法院应当认定债务人资产不足以清偿全部债务，但有相反证据足以证明债务人资产能够偿付全部负债的除外。

撰稿人：张婕

案例65　债权人申请公司破产，需证明债务人不能清偿到期债务

一、基本案情

邓某作为甲公司的债权人，因甲公司不能清偿借款本金4000万元及相应利息，在法院强制执行无果的情况下，向某市中级人民法院申请破产并提交了债务人甲公司涉及多家法院强制执行的案件信息，上述案件也因债务人暂无其他可供执行的财产，被法院均依法终结本次执行程序。某市中级人民法院审查后以邓某无证据证明甲公司的资产不足以清偿全部债务为由，驳回邓某对甲公司破产清算的申请，邓某不服，向某省高级人民法院提出上诉。

二、争议焦点

债权人申请公司破产是否必须证明债务人"资不抵债"？

三、事实与解析

二审法院审查后，认为《企业破产法》第 2 条第 1 款规定："企业法人不能清偿到期债务，并且资产不足以清偿全部债务或者明显缺乏清偿能力的，依照本法规定清理债务。"同时，《最高人民法院关于适用〈中华人民共和国企业破产法〉若干问题的规定（一）》第 2 条规定，债权债务关系依法成立、债务履行期限已经届满、债务人未完全清偿债务，同时存在上述情况的，人民法院应当认定债务人不能清偿到期债务。第 4 条第 3 项规定，经人民法院强制执行，无法清偿债务的，人民法院应当认定其明显缺乏清偿能力。因此，甲公司不能履行判决确定的给付邓某借款本金 4000 万元和利息的情形应当认定为"不能清偿到期债务"；甲公司除未履行上述给付义务外，尚有多起被法院强制执行且无其他可供执行的财产而终结本次执行程序的情形，应当认定为"明显缺乏清偿能力"。二审法院认为甲公司具备破产原因，一审法院以无法确定甲公司是否能清偿全部债务无法确定为由，驳回邓某对甲公司破产清算的申请应属不当，依法予以纠正。

四、律师说法

根据《企业破产法》第 7 条第 2 款的规定："债务人不能清偿到期债务，债权人可以向人民法院提出对债务人进行重整或者破产清算的申请。"根据该条规定，债权人申请公司债务人破产，只需要证明债务人不能清偿到期债务即可，无须证明债务人"资不抵债"。

《企业破产法》第 2 条第 1 款规定："企业法人不能清偿到期债务，并且资产不足以清偿全部债务或者明显缺乏清偿能力的，依照本法规定清理债务。"该规定似乎在"不能清偿到期债务"的条件上，又增加了"资不抵债"或者"明显缺乏清偿能力"的要求。那么，债权人申请破产时，是否需要具体证明债务人"资不抵债"或者"明显缺乏清偿能力"呢？这里就存在一个举证责任分配的问题。参照（2017）最高法民再 284 号破产清算裁判案例的观点，债权人向人民法院提出破产申请时，只需证明债务人不能清偿到期债务即可，人民法院收到申请材料后，需要按照《企业破产法》第 10 条的规定，通知债务人在法定期限内提出异议。此时的债务人负有举证证明自己既不属于"资不抵债"，也非"明显缺乏清偿能力"，如债务人举证不能的，人民法院应当受理对债权人的破产申请。这样的举证责任分配，对于债权人申请公司债务人破产的举证责任更低，有利于保护债权人的权益。

五、实务提示

债权人申请债务人公司破产时，一般会通过提交法院生效判决书、执行文书材料证明债权发生的事实与证据、债权性质、数额、有无担保、债务人不能清偿到期债务；

另外，也可以通过提供债务人被吊销营业执照、纳入异常经营名录等其他信息来印证债务人无力清偿债务的事实。

六、关联法规

（一）《企业破产法》

第七条　债务人有本法第二条规定的情形，可以向人民法院提出重整、和解或者破产清算申请。

债务人不能清偿到期债务，债权人可以向人民法院提出对债务人进行重整或者破产清算的申请。

企业法人已解散但未清算或者未清算完毕，资产不足以清偿债务的，依法负有清算责任的人应当向人民法院申请破产清算。

（二）《最高人民法院关于适用〈中华人民共和国企业破产法〉若干问题的规定（一）》

第二条　下列情形同时存在的，人民法院应当认定债务人不能清偿到期债务：

（一）债权债务关系依法成立；

（二）债务履行期限已经届满；

（三）债务人未完全清偿债务。

撰稿人：张婕

第七节　违法清算或者不清算的法律后果

案例 66　公司股东怠于履行清算义务，导致公司财产、账册、重要文件灭失，无法清算的，股东对公司债务承担连带清偿责任

一、基本案情

甲文化公司为有限责任公司，注册资本为 2000 万元，成立日期为 2015 年 5 月 18 日，工商登记的股东为乙公司（认缴出资 800 万元）、丙文化公司（认缴出资 1200 万元）。

2015 年，杨某以劳务合同纠纷为由起诉甲文化公司，法院判决甲文化公司支付杨某违约金 12 万元。因甲文化公司未履行生效判决，杨某申请法院强制执行，后法院裁定因未发现被执行人可供执行的财产，终结本次执行程序。

2015 年 12 月，甲文化公司虽就解散、成立清算组在工商行政管理部门进行了备案申请，但未实际展开清算程序。

2019 年 5 月 20 日，某区市场监督管理局依法吊销了甲文化公司的营业执照。

杨某向法院提起诉讼，以丙文化公司怠于履行股东义务，导致甲文化公司的主要财产账册、重要文件等灭失，无法进行清算，要求丙文化公司作为甲文化公司的大股东，就甲文化公司对外债务承担连带清偿责任。

二、争议焦点

丙文化公司是否应对甲文化公司所负担的债务承担连带清偿责任？

三、事实与解析

《最高人民法院关于适用〈中华人民共和国公司法〉若干问题的规定（二）》第 18 条第 2 款规定："有限责任公司的股东、股份有限公司的董事和控股股东因怠于履行义务，导致公司主要财产、账册、重要文件等灭失，无法进行清算，债权人主张其对公司债务承担连带清偿责任的，人民法院应依法予以支持。"根据上述法律规定，丙文化公司就本案债务承担连带清偿责任应具备两个条件，其一为丙文化公司怠于履行清算义务，其二为怠于履行清算义务与公司主要财产、账册、重要文件等灭失，无法进行清算存在因果关系。

关于丙文化公司是否存在怠于履行清算义务问题，根据本案证据显示，2015 年 11 月 27 日甲文化公司已决议解散公司并成立清算组进行清算。作为持股比例 60% 的大股东丙文化公司，应当组织成立清算组，并履行清理公司主要财产以及管理好公司账册、重要文件等义务，但丙文化公司作为大股东，在公司解散事由出现后，并未积极履行清算义务，存在怠于履行清算义务的情形。

关于丙文化公司怠于履行清算义务与公司主要财产、账册、重要文件等灭失，无法进行清算是否存在因果关系问题，法院认为，丙文化公司作为大股东，应当能够全面掌握甲文化公司财产、公司账册等重要文件。因丙文化公司怠于履行清算义务，现甲文化公司主要财产、账簿、重要文件已下落不明，导致无法清算，故丙文化公司怠于履行清算义务与公司主要财产、账册、重要文件等灭失，无法进行清算存在因果关系。故丙文化公司应对甲文化公司所负的涉案债务承担连带清偿责任。

四、律师说法

公司除了因合并分立而注销外，清算程序是公司注销前必经的法定程序，清算程序中要实现清偿债务、清收债权、分配剩余财产等目的。《最高人民法院关于适用〈中华人民共和国公司法〉若干问题的规定（二）》第 18 条所规定的"怠于履行义务"一般是指有限责任公司的股东在法定清算事由出现后，在能够履行清算义务的情况下，故意拖延、拒绝履行清算义务，或者因过失导致无法进行清算的消极行为，其主观上存在不作为的过错。

在司法实践中，《全国法院民商事审判工作会议纪要》（法〔2019〕254号）出台以后，基于对债权人利益的保护，关于"怠于履行义务"的消极不作为与"公司主要财产、账册、重要文件等灭失"的结果之间是否存在因果关系，较多法院在判决书中提出了"举证责任倒置"的观点，认为股东应就怠于履行清算义务与目标公司无法清算之间不存在因果关系提供证据予以证明。《全国法院民商事审判工作会议纪要》也明确了："……股东举证证明其已经为履行清算义务采取了积极措施，或者小股东举证证明其既不是公司董事会或者监事会成员，也没有选派人员担任该机关成员，且从未参与公司经营管理，以不构成怠于履行义务为由，主张其不应当对公司债务承担连带清偿责任的，人民法院依法予以支持。有限责任公司的股东举证证明其怠于履行义务的消极不作为与公司主要财产、账册、重要文件等灭失，无法进行清算的结果之间没有因果关系，主张其不应对公司债务承担连带清偿责任的，人民法院依法予以支持。"

五、实务提示

1. 公司被吊销营业执照或者解散后，股东应当按照法律规定及时成立清算组，妥善保管公司财产、账册、重要文件等。

2. 债权人以公司未及时清算、无法清算为由主张清算义务人承担民事赔偿责任的诉讼时效，自债权人知道或者应当知道公司法定清算事由出现之日起第15日后开始起算。

六、关联法规

《最高人民法院关于适用〈中华人民共和国公司法〉若干问题的规定（二）》（法释〔2020〕18号）

第十八条　有限责任公司的股东、股份有限公司的董事和控股股东未在法定期限内成立清算组开始清算，导致公司财产贬值、流失、毁损或者灭失，债权人主张其在造成损失范围内对公司债务承担赔偿责任的，人民法院应依法予以支持。

有限责任公司的股东、股份有限公司的董事和控股股东因怠于履行义务，导致公司主要财产、账册、重要文件等灭失，无法进行清算，债权人主张其对公司债务承担连带清偿责任的，人民法院应依法予以支持。

上述情形系实际控制人原因造成，债权人主张实际控制人对公司债务承担相应民事责任的，人民法院应依法予以支持。

撰稿人：张婕

案例67　公司未经清算即办理注销登记，导致公司无法进行清算，股东对公司债务承担连带清偿责任

一、基本案情

朱甲、李某、邹某、杨某、朱乙系甲公司的股东，2018年5月法院判决乙公司、甲公司连带清偿丙公司装修免租期费用8420800元、违约金1014800元、逾期付款滞纳金、场地占用费4820300元、实现债权费用100000元，以上共计14355900元及逾期付款滞纳金。

在对乙公司、甲公司的执行过程中，丙公司查询甲公司的工商登记情况，发现甲公司的股东朱甲、李某、邹某、杨某、朱乙在未通知丙公司的情况下，于2018年6月12日召开股东会，以甲公司债权债务已清算完结为由，决议注销甲公司，并于当日向工商登记机构申请注销甲公司。在甲公司的清算组向工商登记机构出具的《甲公司清算报告》中显示甲公司的债务为"0"。2018年6月19日，工商登记机构注销甲公司。

丙公司认为甲公司明知自己对其负有债务，但是甲公司并未进行合法清算即办理了注销登记，未通知已知债权人，导致甲公司无法清算所负丙公司的债务。故要求甲公司的股东朱甲、李某、邹某、杨某、朱乙承担清偿责任。

二、争议焦点

股东朱甲、李某、邹某、杨某、朱乙是否对甲公司的债务承担连带清偿责任？

三、事实与解析

根据《公司法》第185条第1款的规定，"清算组应当自成立之日起十日内通知债权人，并于六十日内在报纸上公告。债权人应当自接到通知书之日起三十日内，未接到通知书的自公告之日起四十五日内，向清算组申报其债权。"《最高人民法院关于适用〈中华人民共和国公司法〉若干问题的规定（二）》第20条第1款规定，"公司解散应当在依法清算完毕后，申请办理注销登记。公司未经清算即办理注销登记，导致公司无法进行清算，债权人主张有限责任公司的股东、股份有限公司的董事和控股股东，以及公司的实际控制人对公司债务承担清偿责任的，人民法院应依法予以支持。"本案中，甲公司的清算组未在成立后十日内通知债权人丙公司，未经合法清算即办理注销登记，导致甲公司无法偿付所负丙公司的债务，甲公司的股东朱甲、李某、邹某、杨某、朱乙对甲公司所负丙公司前述债务应承担清偿责任。

四、律师说法

根据《公司法》的规定，清算是公司注销的前置程序，公司未经清算不得办理注销登记。工商登记部门在公司办理注销登记时，也要求公司必须提交清算报告。但现实中，一些公司的股东、实控人并未重视清算程序，往往通过提供虚假清算报告或者未经合法清算，即骗取工商登记机关办理公司注销登记。2019 年 6 月，国家发改委等13 个部门联合颁发了《加快完善市场主体退出制度改革方案》，进一步提出简化普通注销程序，这无疑对公司经营主体、股东或者公司的实控人提出了更高的自律要求。但是，如果公司股东没有相关法律意识，在公司资不抵债的情况下，以为快速注销就可以逃避债务，通过虚假清算或者未合法清算而直接注销公司，导致公司无法进行清算，根据上述法律规定，股东对此要对全部债务承担连带清偿责任，这恰恰将本应由公司承担有限责任的债务变成由公司股东承担无限责任，得不偿失。

五、实务提示

1. 公司解散、被吊销营业执照后，应当在十五日内成立清算组，开始清算，有限责任公司的清算组由股东组成，股份有限公司的清算组由董事或者股东大会确定的人员组成。

2. 清算组应当自成立之日起十日内通知债权人，并于六十日内在报纸上公告。债权人应当自接到通知书之日起三十日内，未接到通知书的自公告之日起四十五日内，向清算组申报其债权。

3. 公司清算结束后，清算组应当制作清算报告，报股东会、股东大会或者人民法院确认，并报送公司登记机关，申请注销公司登记，公告公司终止。清算报告内容一般包含：公司登记情况、清算组备案情况、通知和公告债权情况、清算时资产负债情况、公司债权债务情况、资产清偿情况、剩余资产及分配情况。

4. 实务中，鉴于工商登记机关侧重申请资料的形式审查，故一般会在公司办理注销登记时，要求股东出具未来对公司可能发现的债务承担连带清偿责任的承诺书。因此，未经有效清算即注销公司，一定程度上破坏了公司有限责任对股东个人资产的保护与隔离作用。

六、关联法规

《最高人民法院关于适用〈中华人民共和国公司法〉若干问题的规定（二）》（法释〔2020〕18 号）

第二十条第一款 公司解散应当在依法清算完毕后，申请办理注销登记。公司未经清算即办理注销登记，导致公司无法进行清算，债权人主张有限责任公司的股东、股份有限公司的董事和控股股东，以及公司的实际控制人对公司债务承担清偿责任的，人民法院应依法予以支持。

撰稿人：张婕

附　录

中华人民共和国公司法

（1993 年 12 月 29 日第八届全国人民代表大会常务委员会第五次会议通过　根据 1999 年 12 月 25 日第九届全国人民代表大会常务委员会第十三次会议《关于修改〈中华人民共和国公司法〉的决定》第一次修正　根据 2004 年 8 月 28 日第十届全国人民代表大会常务委员会第十一次会议《关于修改〈中华人民共和国公司法〉的决定》第二次修正 2005 年 10 月 27 日第十届全国人民代表大会常务委员会第十八次会议修订　根据 2013 年 12 月 28 日第十二届全国人民代表大会常务委员会第六次会议《关于修改〈中华人民共和国海洋环境保护法〉等七部法律的决定》第三次修正　根据 2018 年 10 月 26 日第十三届全国人民代表大会常务委员会第六次会议《关于修改〈中华人民共和国公司法〉的决定》第四次修正）

第一章　总　　则

第一条　为了规范公司的组织和行为，保护公司、股东和债权人的合法权益，维护社会经济秩序，促进社会主义市场经济的发展，制定本法。

第二条　本法所称公司是指依照本法在中国境内设立的有限责任公司和股份有限公司。

第三条　公司是企业法人，有独立的法人财产，享有法人财产权。公司以其全部财产对公司的债务承担责任。

有限责任公司的股东以其认缴的出资额为限对公司承担责任；股份有限公司的股东以其认购的股份为限对公司承担责任。

第四条　公司股东依法享有资产收益、参与重大决策和选择管理者等权利。

第五条　公司从事经营活动，必须遵守法律、行政法规，遵守社会公德、商业道德，诚实守信，接受政府和社会公众的监督，承担社会责任。

公司的合法权益受法律保护，不受侵犯。

第六条　设立公司，应当依法向公司登记机关申请设立登记。符合本法规定的设立条件的，由公司登记机关分别登记为有限责任公司或者股份有限公司；不符合本法规定的设立条件的，不得登记为有限责任公司或者股份有限公司。

法律、行政法规规定设立公司必须报经批准的，应当在公司登记前依法办理批准手续。

公众可以向公司登记机关申请查询

公司登记事项，公司登记机关应当提供查询服务。

第七条 依法设立的公司，由公司登记机关发给公司营业执照。公司营业执照签发日期为公司成立日期。

公司营业执照应当载明公司的名称、住所、注册资本、经营范围、法定代表人姓名等事项。

公司营业执照记载的事项发生变更的，公司应当依法办理变更登记，由公司登记机关换发营业执照。

第八条 依照本法设立的有限责任公司，必须在公司名称中标明有限责任公司或者有限公司字样。

依照本法设立的股份有限公司，必须在公司名称中标明股份有限公司或者股份公司字样。

第九条 有限责任公司变更为股份有限公司，应当符合本法规定的股份有限公司的条件。股份有限公司变更为有限责任公司，应当符合本法规定的有限责任公司的条件。

有限责任公司变更为股份有限公司的，或者股份有限公司变更为有限责任公司的，公司变更前的债权、债务由变更后的公司承继。

第十条 公司以其主要办事机构所在地为住所。

第十一条 设立公司必须依法制定公司章程。公司章程对公司、股东、董事、监事、高级管理人员具有约束力。

第十二条 公司的经营范围由公司章程规定，并依法登记。公司可以修改公司章程，改变经营范围，但是应当办理变更登记。

公司的经营范围中属于法律、行政法规规定须经批准的项目，应当依法经过批准。

第十三条 公司法定代表人依照公司章程的规定，由董事长、执行董事或者经理担任，并依法登记。公司法定代表人变更，应当办理变更登记。

第十四条 公司可以设立分公司。设立分公司，应当向公司登记机关申请登记，领取营业执照。分公司不具有法人资格，其民事责任由公司承担。

公司可以设立子公司，子公司具有法人资格，依法独立承担民事责任。

第十五条 公司可以向其他企业投资；但是，除法律另有规定外，不得成为对所投资企业的债务承担连带责任的出资人。

第十六条 公司向其他企业投资或者为他人提供担保，依照公司章程的规定，由董事会或者股东会、股东大会决议；公司章程对投资或者担保的总额及单项投资或者担保的数额有限额规定的，不得超过规定的限额。

公司为公司股东或者实际控制人提供担保的，必须经股东会或者股东大会决议。

前款规定的股东或者受前款规定的实际控制人支配的股东，不得参加前款规定事项的表决。该项表决由出席会议的其他股东所持表决权的过半数通过。

第十七条 公司必须保护职工的合法权益，依法与职工签订劳动合同，参加社会保险，加强劳动保护，实现安全生产。

公司应当采用多种形式，加强公司职工的职业教育和岗位培训，提高职工素质。

第十八条 公司职工依照《中华人民共和国工会法》组织工会，开展工会活动，维护职工合法权益。公司应当为本公司工会提供必要的活动条件。公司工会代表职工就职工的劳动报酬、工作时间、福利、保险和劳动安全卫生等事项依法与公司签订集体合同。

公司依照宪法和有关法律的规定，通过职工代表大会或者其他形式，实行民主管理。

公司研究决定改制以及经营方面的重大问题、制定重要的规章制度时，应当听取公司工会的意见，并通过职工代表大会或者其他形式听取职工的意见和建议。

第十九条 在公司中，根据中国共产党章程的规定，设立中国共产党的组织，开展党的活动。公司应当为党组织的活动提供必要条件。

第二十条 公司股东应当遵守法律、行政法规和公司章程，依法行使股东权利，不得滥用股东权利损害公司或者其他股东的利益；不得滥用公司法人独立地位和股东有限责任损害公司债权人的利益。

公司股东滥用股东权利给公司或者其他股东造成损失的，应当依法承担赔偿责任。

公司股东滥用公司法人独立地位和股东有限责任，逃避债务，严重损害公司债权人利益的，应当对公司债务承担连带责任。

第二十一条 公司的控股股东、实际控制人、董事、监事、高级管理人员不得利用其关联关系损害公司利益。

违反前款规定，给公司造成损失的，应当承担赔偿责任。

第二十二条 公司股东会或者股东大会、董事会的决议内容违反法律、行政法规的无效。

股东会或者股东大会、董事会的会议召集程序、表决方式违反法律、行政法规或者公司章程，或者决议内容违反公司章程的，股东可以自决议作出之日起六十日内，请求人民法院撤销。

股东依照前款规定提起诉讼的，人民法院可以应公司的请求，要求股东提供相应担保。

公司根据股东会或者股东大会、董事会决议已办理变更登记的，人民法院宣告该决议无效或者撤销该决议后，公司应当向公司登记机关申请撤销变更登记。

第二章 有限责任公司的设立和组织机构

第一节 设 立

第二十三条 设立有限责任公司，应当具备下列条件：

（一）股东符合法定人数；

（二）有符合公司章程规定的全体股东认缴的出资额；

（三）股东共同制定公司章程；

（四）有公司名称，建立符合有限责任公司要求的组织机构；

（五）有公司住所。

第二十四条 有限责任公司由五十个以下股东出资设立。

第二十五条 有限责任公司章程应当载明下列事项：

（一）公司名称和住所；

（二）公司经营范围；

（三）公司注册资本；

（四）股东的姓名或者名称；

（五）股东的出资方式、出资额和出资时间；

（六）公司的机构及其产生办法、职权、议事规则；

（七）公司法定代表人；

（八）股东会会议认为需要规定的其他事项。

股东应当在公司章程上签名、盖章。

第二十六条 有限责任公司的注册资本为在公司登记机关登记的全体股东认缴的出资额。

法律、行政法规以及国务院决定对有限责任公司注册资本实缴、注册资本最低限额另有规定的，从其规定。

第二十七条 股东可以用货币出资，也可以用实物、知识产权、土地使用权等可以用货币估价并可以依法转让的非货币财产作价出资；但是，法律、行政法规规定不得作为出资的财产除外。

对作为出资的非货币财产应当评估作价，核实财产，不得高估或者低估作价。法律、行政法规对评估作价有规定的，从其规定。

第二十八条 股东应当按期足额缴纳公司章程中规定的各自所认缴的出资额。股东以货币出资的，应当将货币出资足额存入有限责任公司在银行开设的账户；以非货币财产出资的，应当依法办理其财产权的转移手续。

股东不按照前款规定缴纳出资的，除应当向公司足额缴纳外，还应当向已按期足额缴纳出资的股东承担违约责任。

第二十九条 股东认足公司章程规定的出资后，由全体股东指定的代表或者共同委托的代理人向公司登记机关报送公司登记申请书、公司章程等文件，申请设立登记。

第三十条 有限责任公司成立后，发现作为设立公司出资的非货币财产的实际价额显著低于公司章程所定价额的，应当由交付该出资的股东补足其差额；公司设立时的其他股东承担连带责任。

第三十一条 有限责任公司成立后，应当向股东签发出资证明书。

出资证明书应当载明下列事项：

（一）公司名称；

（二）公司成立日期；

（三）公司注册资本；

（四）股东的姓名或者名称、缴纳的出资额和出资日期；

（五）出资证明书的编号和核发日期。

出资证明书由公司盖章。

第三十二条 有限责任公司应当置备股东名册，记载下列事项：

（一）股东的姓名或者名称及住所；

（二）股东的出资额；

（三）出资证明书编号。

记载于股东名册的股东，可以依股东名册主张行使股东权利。

公司应当将股东的姓名或者名称向公司登记机关登记；登记事项发生变更的，应当办理变更登记。未经登记或者变更登记的，不得对抗第三人。

第三十三条 股东有权查阅、复制公司章程、股东会会议记录、董事会会议决议、监事会会议决议和财务会计报告。

股东可以要求查阅公司会计账簿。股东要求查阅公司会计账簿的，应当向公司提出书面请求，说明目的。公司有合理根据认为股东查阅会计账簿有不正当目的，可能损害公司合法利益的，可以拒绝提供查阅，并应当自股东提出书面请求之日起十五日内书面答复股东并说明理由。公司拒绝提供查阅的，股东可以请求人民法院要求公司提供查阅。

第三十四条 股东按照实缴的出资比例分取红利；公司新增资本时，股东有权优先按照实缴的出资比例认缴出资。但是，全体股东约定不按照出资比例分取红利或者不按照出资比例优先认缴出资的除外。

第三十五条 公司成立后，股东不得抽逃出资。

第二节 组 织 机 构

第三十六条 有限责任公司股东会由全体股东组成。股东会是公司的权力机构，依照本法行使职权。

第三十七条 股东会行使下列职权：

（一）决定公司的经营方针和投资计划；

（二）选举和更换非由职工代表担任的董事、监事，决定有关董事、监事的报酬事项；

（三）审议批准董事会的报告；

（四）审议批准监事会或者监事的报告；

（五）审议批准公司的年度财务预算方案、决算方案；

（六）审议批准公司的利润分配方案和弥补亏损方案；

（七）对公司增加或者减少注册资本作出决议；

（八）对发行公司债券作出决议；

（九）对公司合并、分立、解散、清算或者变更公司形式作出决议；

（十）修改公司章程；

（十一）公司章程规定的其他职权。

对前款所列事项股东以书面形式一致表示同意的，可以不召开股东会会议，直接作出决定，并由全体股东在决定文件上签名、盖章。

第三十八条 首次股东会会议由出资最多的股东召集和主持，依照本法规定行使职权。

第三十九条 股东会会议分为定期会议和临时会议。

定期会议应当依照公司章程的规定按时召开。代表十分之一以上表决权的股东，三分之一以上的董事，监事会或者不设监事会的公司的监事提议召开临时会议的，应当召开临时会议。

第四十条 有限责任公司设立董事

会的，股东会会议由董事会召集，董事长主持；董事长不能履行职务或者不履行职务的，由副董事长主持；副董事长不能履行职务或者不履行职务的，由半数以上董事共同推举一名董事主持。

有限责任公司不设董事会的，股东会会议由执行董事召集和主持。

董事会或者执行董事不能履行或者不履行召集股东会会议职责的，由监事会或者不设监事会的公司的监事召集和主持；监事会或者监事不召集和主持的，代表十分之一以上表决权的股东可以自行召集和主持。

第四十一条 召开股东会会议，应当于会议召开十五日前通知全体股东；但是，公司章程另有规定或者全体股东另有约定的除外。

股东会应当对所议事项的决定作成会议记录，出席会议的股东应当在会议记录上签名。

第四十二条 股东会会议由股东按照出资比例行使表决权；但是，公司章程另有规定的除外。

第四十三条 股东会的议事方式和表决程序，除本法有规定的外，由公司章程规定。

股东会会议作出修改公司章程、增加或者减少注册资本的决议，以及公司合并、分立、解散或者变更公司形式的决议，必须经代表三分之二以上表决权的股东通过。

第四十四条 有限责任公司设董事会，其成员为三人至十三人；但是，本法第五十条另有规定的除外。

两个以上的国有企业或者两个以上的其他国有投资主体投资设立的有限责任公司，其董事会成员中应当有公司职工代表；其他有限责任公司董事会成员中可以有公司职工代表。董事会中的职工代表由公司职工通过职工代表大会、职工大会或者其他形式民主选举产生。

董事会设董事长一人，可以设副董事长。董事长、副董事长的产生办法由公司章程规定。

第四十五条 董事任期由公司章程规定，但每届任期不得超过三年。董事任期届满，连选可以连任。

董事任期届满未及时改选，或者董事在任期内辞职导致董事会成员低于法定人数的，在改选出的董事就任前，原董事仍应当依照法律、行政法规和公司章程的规定，履行董事职务。

第四十六条 董事会对股东会负责，行使下列职权：

（一）召集股东会会议，并向股东会报告工作；

（二）执行股东会的决议；

（三）决定公司的经营计划和投资方案；

（四）制订公司的年度财务预算方案、决算方案；

（五）制订公司的利润分配方案和弥补亏损方案；

（六）制订公司增加或者减少注册资本以及发行公司债券的方案；

（七）制订公司合并、分立、解散或者变更公司形式的方案；

（八）决定公司内部管理机构的

设置;

（九）决定聘任或者解聘公司经理及其报酬事项，并根据经理的提名决定聘任或者解聘公司副经理、财务负责人及其报酬事项；

（十）制定公司的基本管理制度；

（十一）公司章程规定的其他职权。

第四十七条 董事会会议由董事长召集和主持；董事长不能履行职务或者不履行职务的，由副董事长召集和主持；副董事长不能履行职务或者不履行职务的，由半数以上董事共同推举一名董事召集和主持。

第四十八条 董事会的议事方式和表决程序，除本法有规定的外，由公司章程规定。

董事会应当对所议事项的决定作成会议记录，出席会议的董事应当在会议记录上签名。

董事会决议的表决，实行一人一票。

第四十九条 有限责任公司可以设经理，由董事会决定聘任或者解聘。经理对董事会负责，行使下列职权：

（一）主持公司的生产经营管理工作，组织实施董事会决议；

（二）组织实施公司年度经营计划和投资方案；

（三）拟订公司内部管理机构设置方案；

（四）拟订公司的基本管理制度；

（五）制定公司的具体规章；

（六）提请聘任或者解聘公司副经理、财务负责人；

（七）决定聘任或者解聘除应由董事会决定聘任或者解聘以外的负责管理人员；

（八）董事会授予的其他职权。

公司章程对经理职权另有规定的，从其规定。

经理列席董事会会议。

第五十条 股东人数较少或者规模较小的有限责任公司，可以设一名执行董事，不设董事会。执行董事可以兼任公司经理。

执行董事的职权由公司章程规定。

第五十一条 有限责任公司设监事会，其成员不得少于三人。股东人数较少或者规模较小的有限责任公司，可以设一至二名监事，不设监事会。

监事会应当包括股东代表和适当比例的公司职工代表，其中职工代表的比例不得低于三分之一，具体比例由公司章程规定。监事会中的职工代表由公司职工通过职工代表大会、职工大会或者其他形式民主选举产生。

监事会设主席一人，由全体监事过半数选举产生。监事会主席召集和主持监事会会议；监事会主席不能履行职务或者不履行职务的，由半数以上监事共同推举一名监事召集和主持监事会会议。

董事、高级管理人员不得兼任监事。

第五十二条 监事的任期每届为三年。监事任期届满，连选可以连任。

监事任期届满未及时改选，或者监事在任期内辞职导致监事会成员低于法定人数的，在改选出的监事就任前，原监事仍应当依照法律、行政法规和公司章程的规定，履行监事职务。

第五十三条 监事会、不设监事会的公司的监事行使下列职权：

（一）检查公司财务；

（二）对董事、高级管理人员执行公司职务的行为进行监督，对违反法律、行政法规、公司章程或者股东会决议的董事、高级管理人员提出罢免的建议；

（三）当董事、高级管理人员的行为损害公司的利益时，要求董事、高级管理人员予以纠正；

（四）提议召开临时股东会会议，在董事会不履行本法规定的召集和主持股东会会议职责时召集和主持股东会会议；

（五）向股东会会议提出提案；

（六）依照本法第一百五十一条的规定，对董事、高级管理人员提起诉讼；

（七）公司章程规定的其他职权。

第五十四条 监事可以列席董事会会议，并对董事会决议事项提出质询或者建议。

监事会、不设监事会的公司的监事发现公司经营情况异常，可以进行调查；必要时，可以聘请会计师事务所等协助其工作，费用由公司承担。

第五十五条 监事会每年度至少召开一次会议，监事可以提议召开临时监事会会议。

监事会的议事方式和表决程序，除本法有规定的外，由公司章程规定。

监事会决议应当经半数以上监事通过。

监事会应当对所议事项的决定作成会议记录，出席会议的监事应当在会议记录上签名。

第五十六条 监事会、不设监事会的公司的监事行使职权所必需的费用，由公司承担。

第三节 一人有限责任公司的特别规定

第五十七条 一人有限责任公司的设立和组织机构，适用本节规定；本节没有规定的，适用本章第一节、第二节的规定。

本法所称一人有限责任公司，是指只有一个自然人股东或者一个法人股东的有限责任公司。

第五十八条 一个自然人只能投资设立一个一人有限责任公司。该一人有限责任公司不能投资设立新的一人有限责任公司。

第五十九条 一人有限责任公司应当在公司登记中注明自然人独资或者法人独资，并在公司营业执照中载明。

第六十条 一人有限责任公司章程由股东制定。

第六十一条 一人有限责任公司不设股东会。股东作出本法第三十七条第一款所列决定时，应当采用书面形式，并由股东签名后置备于公司。

第六十二条 一人有限责任公司应当在每一会计年度终了时编制财务会计报告，并经会计师事务所审计。

第六十三条 一人有限责任公司的股东不能证明公司财产独立于股东自己的财产的，应当对公司债务承担连带责任。

第四节 国有独资公司的特别规定

第六十四条 国有独资公司的设立

和组织机构，适用本节规定；本节没有规定的，适用本章第一节、第二节的规定。

本法所称国有独资公司，是指国家单独出资、由国务院或者地方人民政府授权本级人民政府国有资产监督管理机构履行出资人职责的有限责任公司。

第六十五条 国有独资公司章程由国有资产监督管理机构制定，或者由董事会制订报国有资产监督管理机构批准。

第六十六条 国有独资公司不设股东会，由国有资产监督管理机构行使股东会职权。国有资产监督管理机构可以授权公司董事会行使股东会的部分职权，决定公司的重大事项，但公司的合并、分立、解散、增加或者减少注册资本和发行公司债券，必须由国有资产监督管理机构决定；其中，重要的国有独资公司合并、分立、解散、申请破产的，应当由国有资产监督管理机构审核后，报本级人民政府批准。

前款所称重要的国有独资公司，按照国务院的规定确定。

第六十七条 国有独资公司设董事会，依照本法第四十六条、第六十六条的规定行使职权。董事每届任期不得超过三年。董事会成员中应当有公司职工代表。

董事会成员由国有资产监督管理机构委派；但是，董事会成员中的职工代表由公司职工代表大会选举产生。

董事会设董事长一人，可以设副董事长。董事长、副董事长由国有资产监督管理机构从董事会成员中指定。

第六十八条 国有独资公司设经理，由董事会聘任或者解聘。经理依照本法第四十九条规定行使职权。

经国有资产监督管理机构同意，董事会成员可以兼任经理。

第六十九条 国有独资公司的董事长、副董事长、董事、高级管理人员，未经国有资产监督管理机构同意，不得在其他有限责任公司、股份有限公司或者其他经济组织兼职。

第七十条 国有独资公司监事会成员不得少于五人，其中职工代表的比例不得低于三分之一，具体比例由公司章程规定。

监事会成员由国有资产监督管理机构委派；但是，监事会成员中的职工代表由公司职工代表大会选举产生。监事会主席由国有资产监督管理机构从监事会成员中指定。

监事会行使本法第五十三条第（一）项至第（三）项规定的职权和国务院规定的其他职权。

第三章　有限责任公司的股权转让

第七十一条 有限责任公司的股东之间可以相互转让其全部或者部分股权。

股东向股东以外的人转让股权，应当经其他股东过半数同意。股东应就其股权转让事项书面通知其他股东征求同意，其他股东自接到书面通知之日起满三十日未答复的，视为同意转让。其他股东半数以上不同意转让的，不同意的股东应当购买该转让的股权；不购买的，视为同意转让。

经股东同意转让的股权，在同等条件下，其他股东有优先购买权。两个以上股东主张行使优先购买权的，协商确定各自的购买比例；协商不成的，按照转让时各自的出资比例行使优先购买权。

公司章程对股权转让另有规定的，从其规定。

第七十二条　人民法院依照法律规定的强制执行程序转让股东的股权时，应当通知公司及全体股东，其他股东在同等条件下有优先购买权。其他股东自人民法院通知之日起满二十日不行使优先购买权的，视为放弃优先购买权。

第七十三条　依照本法第七十一条、第七十二条转让股权后，公司应当注销原股东的出资证明书，向新股东签发出资证明书，并相应修改公司章程和股东名册中有关股东及其出资额的记载。对公司章程的该项修改不需再由股东会表决。

第七十四条　有下列情形之一的，对股东会该项决议投反对票的股东可以请求公司按照合理的价格收购其股权：

（一）公司连续五年不向股东分配利润，而公司该五年连续盈利，并且符合本法规定的分配利润条件的；

（二）公司合并、分立、转让主要财产的；

（三）公司章程规定的营业期限届满或者章程规定的其他解散事由出现，股东会会议通过决议修改章程使公司存续的。

自股东会会议决议通过之日起六十日内，股东与公司不能达成股权收购协议的，股东可以自股东会会议决议通过之日起九十日内向人民法院提起诉讼。

第七十五条　自然人股东死亡后，其合法继承人可以继承股东资格；但是，公司章程另有规定的除外。

第四章　股份有限公司的设立和组织机构

第一节　设　　立

第七十六条　设立股份有限公司，应当具备下列条件：

（一）发起人符合法定人数；

（二）有符合公司章程规定的全体发起人认购的股本总额或者募集的实收股本总额；

（三）股份发行、筹办事项符合法律规定；

（四）发起人制订公司章程，采用募集方式设立的经创立大会通过；

（五）有公司名称，建立符合股份有限公司要求的组织机构；

（六）有公司住所。

第七十七条　股份有限公司的设立，可以采取发起设立或者募集设立的方式。

发起设立，是指由发起人认购公司应发行的全部股份而设立公司。

募集设立，是指由发起人认购公司应发行股份的一部分，其余股份向社会公开募集或者向特定对象募集而设立公司。

第七十八条　设立股份有限公司，应当有二人以上二百人以下为发起人，其中须有半数以上的发起人在中国境内有住所。

第七十九条 股份有限公司发起人承担公司筹办事务。

发起人应当签订发起人协议,明确各自在公司设立过程中的权利和义务。

第八十条 股份有限公司采取发起设立方式设立的,注册资本为在公司登记机关登记的全体发起人认购的股本总额。在发起人认购的股份缴足前,不得向他人募集股份。

股份有限公司采取募集方式设立的,注册资本为在公司登记机关登记的实收股本总额。

法律、行政法规以及国务院决定对股份有限公司注册资本实缴、注册资本最低限额另有规定的,从其规定。

第八十一条 股份有限公司章程应当载明下列事项:

(一)公司名称和住所;

(二)公司经营范围;

(三)公司设立方式;

(四)公司股份总数、每股金额和注册资本;

(五)发起人的姓名或者名称、认购的股份数、出资方式和出资时间;

(六)董事会的组成、职权和议事规则;

(七)公司法定代表人;

(八)监事会的组成、职权和议事规则;

(九)公司利润分配办法;

(十)公司的解散事由与清算办法;

(十一)公司的通知和公告办法;

(十二)股东大会会议认为需要规定的其他事项。

第八十二条 发起人的出资方式,适用本法第二十七条的规定。

第八十三条 以发起设立方式设立股份有限公司的,发起人应当书面认足公司章程规定其认购的股份,并按照公司章程规定缴纳出资。以非货币财产出资的,应当依法办理其财产权的转移手续。

发起人不依照前款规定缴纳出资的,应当按照发起人协议承担违约责任。

发起人认足公司章程规定的出资后,应当选举董事会和监事会,由董事会向公司登记机关报送公司章程以及法律、行政法规规定的其他文件,申请设立登记。

第八十四条 以募集设立方式设立股份有限公司的,发起人认购的股份不得少于公司股份总数的百分之三十五;但是,法律、行政法规另有规定的,从其规定。

第八十五条 发起人向社会公开募集股份,必须公告招股说明书,并制作认股书。认股书应当载明本法第八十六条所列事项,由认股人填写认购股数、金额、住所,并签名、盖章。认股人按照所认购股数缴纳股款。

第八十六条 招股说明书应当附有发起人制订的公司章程,并载明下列事项:

(一)发起人认购的股份数;

(二)每股的票面金额和发行价格;

(三)无记名股票的发行总数;

（四）募集资金的用途；

（五）认股人的权利、义务；

（六）本次募股的起止期限及逾期未募足时认股人可以撤回所认股份的说明。

第八十七条 发起人向社会公开募集股份，应当由依法设立的证券公司承销，签订承销协议。

第八十八条 发起人向社会公开募集股份，应当同银行签订代收股款协议。

代收股款的银行应当按照协议代收和保存股款，向缴纳股款的认股人出具收款单据，并负有向有关部门出具收款证明的义务。

第八十九条 发行股份的股款缴足后，必须经依法设立的验资机构验资并出具证明。发起人应当自股款缴足之日起三十日内主持召开公司创立大会。创立大会由发起人、认股人组成。

发行的股份超过招股说明书规定的截止期限尚未募足的，或者发行股份的股款缴足后，发起人在三十日内未召开创立大会的，认股人可以按照所缴股款并加算银行同期存款利息，要求发起人返还。

第九十条 发起人应当在创立大会召开十五日前将会议日期通知各认股人或者予以公告。创立大会应有代表股份总数过半数的发起人、认股人出席，方可举行。

创立大会行使下列职权：

（一）审议发起人关于公司筹办情况的报告；

（二）通过公司章程；

（三）选举董事会成员；

（四）选举监事会成员；

（五）对公司的设立费用进行审核；

（六）对发起人用于抵作股款的财产的作价进行审核；

（七）发生不可抗力或者经营条件发生重大变化直接影响公司设立的，可以作出不设立公司的决议。

创立大会对前款所列事项作出决议，必须经出席会议的认股人所持表决权过半数通过。

第九十一条 发起人、认股人缴纳股款或者交付抵作股款的出资后，除未按期募足股份、发起人未按期召开创立大会或者创立大会决议不设立公司的情形外，不得抽回其股本。

第九十二条 董事会应于创立大会结束后三十日内，向公司登记机关报送下列文件，申请设立登记：

（一）公司登记申请书；

（二）创立大会的会议记录；

（三）公司章程；

（四）验资证明；

（五）法定代表人、董事、监事的任职文件及其身份证明；

（六）发起人的法人资格证明或者自然人身份证明；

（七）公司住所证明。

以募集方式设立股份有限公司公开发行股票的，还应当向公司登记机关报送国务院证券监督管理机构的核准文件。

第九十三条 股份有限公司成立后，发起人未按照公司章程的规定缴足出资的，应当补缴；其他发起人承担连带责任。

股份有限公司成立后，发现作为设立公司出资的非货币财产的实际价额显著低于公司章程所定价额的，应当由交付该出资的发起人补足其差额；其他发起人承担连带责任。

第九十四条 股份有限公司的发起人应当承担下列责任：

（一）公司不能成立时，对设立行为所产生的债务和费用负连带责任；

（二）公司不能成立时，对认股人已缴纳的股款，负返还股款并加算银行同期存款利息的连带责任；

（三）在公司设立过程中，由于发起人的过失致使公司利益受到损害的，应当对公司承担赔偿责任。

第九十五条 有限责任公司变更为股份有限公司时，折合的实收股本总额不得高于公司净资产额。有限责任公司变更为股份有限公司，为增加资本公开发行股份时，应当依法办理。

第九十六条 股份有限公司应当将公司章程、股东名册、公司债券存根、股东大会会议记录、董事会会议记录、监事会会议记录、财务会计报告置备于本公司。

第九十七条 股东有权查阅公司章程、股东名册、公司债券存根、股东大会会议记录、董事会会议决议、监事会会议决议、财务会计报告，对公司的经营提出建议或者质询。

第二节 股东大会

第九十八条 股份有限公司股东大会由全体股东组成。股东大会是公司的权力机构，依照本法行使职权。

第九十九条 本法第三十七条第一款关于有限责任公司股东会职权的规定，适用于股份有限公司股东大会。

第一百条 股东大会应当每年召开一次年会。有下列情形之一的，应当在两个月内召开临时股东大会：

（一）董事人数不足本法规定人数或者公司章程所定人数的三分之二时；

（二）公司未弥补的亏损达实收股本总额三分之一时；

（三）单独或者合计持有公司百分之十以上股份的股东请求时；

（四）董事会认为必要时；

（五）监事会提议召开时；

（六）公司章程规定的其他情形。

第一百零一条 股东大会会议由董事会召集，董事长主持；董事长不能履行职务或者不履行职务的，由副董事长主持；副董事长不能履行职务或者不履行职务的，由半数以上董事共同推举一名董事主持。

董事会不能履行或者不履行召集股东大会会议职责的，监事会应当及时召集和主持；监事会不召集和主持的，连续九十日以上单独或者合计持有公司百分之十以上股份的股东可以自行召集和主持。

第一百零二条 召开股东大会会议，应当将会议召开的时间、地点和审议的事项于会议召开二十日前通知各股东；临时股东大会应当于会议召开十五日前通知各股东；发行无记名股票的，应当于会议召开三十日前公告会议召开的时间、地点和审议事项。

单独或者合计持有公司百分之三以上股份的股东，可以在股东大会召开十日前提出临时提案并书面提交董事会；董事会应当在收到提案后二日内通知其他股东，并将该临时提案提交股东大会审议。临时提案的内容应当属于股东大会职权范围，并有明确议题和具体决议事项。

股东大会不得对前两款通知中未列明的事项作出决议。

无记名股票持有人出席股东大会会议的，应当于会议召开五日前至股东大会闭会时将股票交存于公司。

第一百零三条 股东出席股东大会会议，所持每一股份有一表决权。但是，公司持有的本公司股份没有表决权。

股东大会作出决议，必须经出席会议的股东所持表决权过半数通过。但是，股东大会作出修改公司章程、增加或者减少注册资本的决议，以及公司合并、分立、解散或者变更公司形式的决议，必须经出席会议的股东所持表决权的三分之二以上通过。

第一百零四条 本法和公司章程规定公司转让、受让重大资产或者对外提供担保等事项必须经股东大会作出决议的，董事会应当及时召集股东大会会议，由股东大会就上述事项进行表决。

第一百零五条 股东大会选举董事、监事，可以依照公司章程的规定或者股东大会的决议，实行累积投票制。

本法所称累积投票制，是指股东大会选举董事或者监事时，每一股份拥有

与应选董事或者监事人数相同的表决权，股东拥有的表决权可以集中使用。

第一百零六条 股东可以委托代理人出席股东大会会议，代理人应当向公司提交股东授权委托书，并在授权范围内行使表决权。

第一百零七条 股东大会应当对所议事项的决定作成会议记录，主持人、出席会议的董事应当在会议记录上签名。会议记录应当与出席股东的签名册及代理出席的委托书一并保存。

第三节　董事会、经理

第一百零八条 股份有限公司设董事会，其成员为五人至十九人。

董事会成员中可以有公司职工代表。董事会中的职工代表由公司职工通过职工代表大会、职工大会或者其他形式民主选举产生。

本法第四十五条关于有限责任公司董事任期的规定，适用于股份有限公司董事。

本法第四十六条关于有限责任公司董事会职权的规定，适用于股份有限公司董事会。

第一百零九条 董事会设董事长一人，可以设副董事长。董事长和副董事长由董事会以全体董事的过半数选举产生。

董事长召集和主持董事会会议，检查董事会决议的实施情况。副董事长协助董事长工作，董事长不能履行职务或者不履行职务的，由副董事长履行职务；副董事长不能履行职务或者不履行职务

的，由半数以上董事共同推举一名董事履行职务。

第一百一十条 董事会每年度至少召开两次会议，每次会议应当于会议召开十日前通知全体董事和监事。

代表十分之一以上表决权的股东、三分之一以上董事或者监事会，可以提议召开董事会临时会议。董事长应当自接到提议后十日内，召集和主持董事会会议。

董事会召开临时会议，可以另定召集董事会的通知方式和通知时限。

第一百一十一条 董事会会议应有过半数的董事出席方可举行。董事会作出决议，必须经全体董事的过半数通过。

董事会决议的表决，实行一人一票。

第一百一十二条 董事会会议，应由董事本人出席；董事因故不能出席，可以书面委托其他董事代为出席，委托书中应载明授权范围。

董事会应当对会议所议事项的决定作成会议记录，出席会议的董事应当在会议记录上签名。

董事应当对董事会的决议承担责任。董事会的决议违反法律、行政法规或者公司章程、股东大会决议，致使公司遭受严重损失的，参与决议的董事对公司负赔偿责任。但经证明在表决时曾表明异议并记载于会议记录的，该董事可以免除责任。

第一百一十三条 股份有限公司设经理，由董事会决定聘任或者解聘。

本法第四十九条关于有限责任公司经理职权的规定，适用于股份有限公司经理。

第一百一十四条 公司董事会可以决定由董事会成员兼任经理。

第一百一十五条 公司不得直接或者通过子公司向董事、监事、高级管理人员提供借款。

第一百一十六条 公司应当定期向股东披露董事、监事、高级管理人员从公司获得报酬的情况。

第四节 监 事 会

第一百一十七条 股份有限公司设监事会，其成员不得少于三人。

监事会应当包括股东代表和适当比例的公司职工代表，其中职工代表的比例不得低于三分之一，具体比例由公司章程规定。监事会中的职工代表由公司职工通过职工代表大会、职工大会或者其他形式民主选举产生。

监事会设主席一人，可以设副主席。监事会主席和副主席由全体监事过半数选举产生。监事会主席召集和主持监事会会议；监事会主席不能履行职务或者不履行职务的，由监事会副主席召集和主持监事会会议；监事会副主席不能履行职务或者不履行职务的，由半数以上监事共同推举一名监事召集和主持监事会会议。

董事、高级管理人员不得兼任监事。

本法第五十二条关于有限责任公司监事任期的规定，适用于股份有限公司监事。

第一百一十八条 本法第五十三条、第五十四条关于有限责任公司监事会职权的规定，适用于股份有限公司监事会。

监事会行使职权所必需的费用，由公司承担。

第一百一十九条 监事会每六个月至少召开一次会议。监事可以提议召开临时监事会会议。

监事会的议事方式和表决程序，除本法有规定的外，由公司章程规定。

监事会决议应当经半数以上监事通过。

监事会应当对所议事项的决定作成会议记录，出席会议的监事应当在会议记录上签名。

第五节 上市公司组织机构的特别规定

第一百二十条 本法所称上市公司，是指其股票在证券交易所上市交易的股份有限公司。

第一百二十一条 上市公司在一年内购买、出售重大资产或者担保金额超过公司资产总额百分之三十的，应当由股东大会作出决议，并经出席会议的股东所持表决权的三分之二以上通过。

第一百二十二条 上市公司设独立董事，具体办法由国务院规定。

第一百二十三条 上市公司设董事会秘书，负责公司股东大会和董事会会议的筹备、文件保管以及公司股东资料的管理，办理信息披露事务等事宜。

第一百二十四条 上市公司董事与董事会会议决议事项所涉及的企业有关联关系的，不得对该项决议行使表决权，也不得代理其他董事行使表决权。该董事会会议由过半数的无关联关系董事出席即可举行，董事会会议所作决议须经无关联关系董事过半数通过。出席董事会的无关联关系董事人数不足三人的，应将该事项提交上市公司股东大会审议。

第五章 股份有限公司的股份发行和转让

第一节 股份发行

第一百二十五条 股份有限公司的资本划分为股份，每一股的金额相等。

公司的股份采取股票的形式。股票是公司签发的证明股东所持股份的凭证。

第一百二十六条 股份的发行，实行公平、公正的原则，同种类的每一股份应当具有同等权利。

同次发行的同种类股票，每股的发行条件和价格应当相同；任何单位或者个人所认购的股份，每股应当支付相同价额。

第一百二十七条 股票发行价格可以按票面金额，也可以超过票面金额，但不得低于票面金额。

第一百二十八条 股票采用纸面形式或者国务院证券监督管理机构规定的其他形式。

股票应当载明下列主要事项：

（一）公司名称；

（二）公司成立日期；

（三）股票种类、票面金额及代表的股份数；

（四）股票的编号。

股票由法定代表人签名，公司盖章。

发起人的股票，应当标明发起人股

票字样。

第一百二十九条 公司发行的股票，可以为记名股票，也可以为无记名股票。

公司向发起人、法人发行的股票，应当为记名股票，并应当记载该发起人、法人的名称或者姓名，不得另立户名或者以代表人姓名记名。

第一百三十条 公司发行记名股票的，应当置备股东名册，记载下列事项：

（一）股东的姓名或者名称及住所；

（二）各股东所持股份数；

（三）各股东所持股票的编号；

（四）各股东取得股份的日期。

发行无记名股票的，公司应当记载其股票数量、编号及发行日期。

第一百三十一条 国务院可以对公司发行本法规定以外的其他种类的股份，另行作出规定。

第一百三十二条 股份有限公司成立后，即向股东正式交付股票。公司成立前不得向股东交付股票。

第一百三十三条 公司发行新股，股东大会应当对下列事项作出决议：

（一）新股种类及数额；

（二）新股发行价格；

（三）新股发行的起止日期；

（四）向原有股东发行新股的种类及数额。

第一百三十四条 公司经国务院证券监督管理机构核准公开发行新股时，必须公告新股招股说明书和财务会计报告，并制作认股书。

本法第八十七条、第八十八条的规定适用于公司公开发行新股。

第一百三十五条 公司发行新股，可以根据公司经营情况和财务状况，确定其作价方案。

第一百三十六条 公司发行新股募足股款后，必须向公司登记机关办理变更登记，并公告。

第二节 股 份 转 让

第一百三十七条 股东持有的股份可以依法转让。

第一百三十八条 股东转让其股份，应当在依法设立的证券交易场所进行或者按照国务院规定的其他方式进行。

第一百三十九条 记名股票，由股东以背书方式或者法律、行政法规规定的其他方式转让；转让后由公司将受让人的姓名或者名称及住所记载于股东名册。

股东大会召开前二十日内或者公司决定分配股利的基准日前五日内，不得进行前款规定的股东名册的变更登记。但是，法律对上市公司股东名册变更登记另有规定的，从其规定。

第一百四十条 无记名股票的转让，由股东将该股票交付给受让人后即发生转让的效力。

第一百四十一条 发起人持有的本公司股份，自公司成立之日起一年内不得转让。公司公开发行股份前已发行的股份，自公司股票在证券交易所上市交易之日起一年内不得转让。

公司董事、监事、高级管理人员应当向公司申报所持有的本公司的股份及其变动情况，在任职期间每年转让的股份不得超过其所持有本公司股份总数的百分之二十五；所持本公司股份自公司股票上市交易之日起一年内不得转让。上述人员离职后半年内，不得转让其所持有的本公司股份。公司章程可以对公司董事、监事、高级管理人员转让其所持有的本公司股份作出其他限制性规定。

第一百四十二条 公司不得收购本公司股份。但是，有下列情形之一的除外：

（一）减少公司注册资本；

（二）与持有本公司股份的其他公司合并；

（三）将股份用于员工持股计划或者股权激励；

（四）股东因对股东大会作出的公司合并、分立决议持异议，要求公司收购其股份；

（五）将股份用于转换上市公司发行的可转换为股票的公司债券；

（六）上市公司为维护公司价值及股东权益所必需。

公司因前款第（一）项、第（二）项规定的情形收购本公司股份的，应当经股东大会决议；公司因前款第（三）项、第（五）项、第（六）项规定的情形收购本公司股份的，可以依照公司章程的规定或者股东大会的授权，经三分之二以上董事出席的董事会会议决议。

公司依照本条第一款规定收购本公司股份后，属于第（一）项情形的，应当自收购之日起十日内注销；属于第（二）项、第（四）项情形的，应当在六个月内转让或者注销；属于第（三）

项、第（五）项、第（六）项情形的，公司合计持有的本公司股份数不得超过本公司已发行股份总额的百分之十，并应当在三年内转让或者注销。

上市公司收购本公司股份的，应当依照《中华人民共和国证券法》的规定履行信息披露义务。上市公司因本条第一款第（三）项、第（五）项、第（六）项规定的情形收购本公司股份的，应当通过公开的集中交易方式进行。

公司不得接受本公司的股票作为质押权的标的。

第一百四十三条 记名股票被盗、遗失或者灭失，股东可以依照《中华人民共和国民事诉讼法》规定的公示催告程序，请求人民法院宣告该股票失效。人民法院宣告该股票失效后，股东可以向公司申请补发股票。

第一百四十四条 上市公司的股票，依照有关法律、行政法规及证券交易所交易规则上市交易。

第一百四十五条 上市公司必须依照法律、行政法规的规定，公开其财务状况、经营情况及重大诉讼，在每会计年度内半年公布一次财务会计报告。

第六章 公司董事、监事、高级管理人员的资格和义务

第一百四十六条 有下列情形之一的，不得担任公司的董事、监事、高级管理人员：

（一）无民事行为能力或者限制民事行为能力；

（二）因贪污、贿赂、侵占财产、挪用财产或者破坏社会主义市场经济秩序，被判处刑罚，执行期满未逾五年，或者因犯罪被剥夺政治权利，执行期满未逾五年；

（三）担任破产清算的公司、企业的董事或者厂长、经理，对该公司、企业的破产负有个人责任的，自该公司、企业破产清算完结之日起未逾三年；

（四）担任因违法被吊销营业执照、责令关闭的公司、企业的法定代表人，并负有个人责任的，自该公司、企业被吊销营业执照之日起未逾三年；

（五）个人所负数额较大的债务到期未清偿。

公司违反前款规定选举、委派董事、监事或者聘任高级管理人员的，该选举、委派或者聘任无效。

董事、监事、高级管理人员在任职期间出现本条第一款所列情形的，公司应当解除其职务。

第一百四十七条 董事、监事、高级管理人员应当遵守法律、行政法规和公司章程，对公司负有忠实义务和勤勉义务。

董事、监事、高级管理人员不得利用职权收受贿赂或者其他非法收入，不得侵占公司的财产。

第一百四十八条 董事、高级管理人员不得有下列行为：

（一）挪用公司资金；

（二）将公司资金以其个人名义或者以其他个人名义开立账户存储；

（三）违反公司章程的规定，未经股东会、股东大会或者董事会同意，将公司资金借贷给他人或者以公司财产为他人提供担保；

（四）违反公司章程的规定或者未经股东会、股东大会同意，与本公司订立合同或者进行交易；

（五）未经股东会或者股东大会同意，利用职务便利为自己或者他人谋取属于公司的商业机会，自营或者为他人经营与所任职公司同类的业务；

（六）接受他人与公司交易的佣金归为己有；

（七）擅自披露公司秘密；

（八）违反对公司忠实义务的其他行为。

董事、高级管理人员违反前款规定所得的收入应当归公司所有。

第一百四十九条 董事、监事、高级管理人员执行公司职务时违反法律、行政法规或者公司章程的规定，给公司造成损失的，应当承担赔偿责任。

第一百五十条 股东会或者股东大会要求董事、监事、高级管理人员列席会议的，董事、监事、高级管理人员应当列席并接受股东的质询。

董事、高级管理人员应当如实向监事会或者不设监事会的有限责任公司的监事提供有关情况和资料，不得妨碍监事会或者监事行使职权。

第一百五十一条 董事、高级管理人员有本法第一百四十九条规定的情形的，有限责任公司的股东、股份有限公司连续一百八十日以上单独或者合计持有公司百分之一以上股份的股东，可以书面请求监事会或者不设监事会的有限责任公司的监事向人民法院提起诉讼；监事有本法第一百四十九条规定的情形的，前述股东可以书面请求董事会或者不设董事会的有限责任公司的执行董事向人民法院提起诉讼。

监事会、不设监事会的有限责任公司的监事，或者董事会、执行董事收到前款规定的股东书面请求后拒绝提起诉讼，或者自收到请求之日起三十日内未提起诉讼，或者情况紧急、不立即提起诉讼将会使公司利益受到难以弥补的损害的，前款规定的股东有权为了公司的利益以自己的名义直接向人民法院提起诉讼。

他人侵犯公司合法权益，给公司造成损失的，本条第一款规定的股东可以依照前两款的规定向人民法院提起诉讼。

第一百五十二条 董事、高级管理人员违反法律、行政法规或者公司章程的规定，损害股东利益的，股东可以向人民法院提起诉讼。

第七章 公司债券

第一百五十三条 本法所称公司债券，是指公司依照法定程序发行、约定在一定期限还本付息的有价证券。

公司发行公司债券应当符合《中华人民共和国证券法》规定的发行条件。

第一百五十四条 发行公司债券的申请经国务院授权的部门核准后，应当公告公司债券募集办法。

公司债券募集办法中应当载明下列主要事项：

（一）公司名称；

（二）债券募集资金的用途；

（三）债券总额和债券的票面金额；

（四）债券利率的确定方式；

（五）还本付息的期限和方式；

（六）债券担保情况；

（七）债券的发行价格、发行的起止日期；

（八）公司净资产额；

（九）已发行的尚未到期的公司债券总额；

（十）公司债券的承销机构。

第一百五十五条 公司以实物券方式发行公司债券的，必须在债券上载明公司名称、债券票面金额、利率、偿还期限等事项，并由法定代表人签名，公司盖章。

第一百五十六条 公司债券，可以为记名债券，也可以为无记名债券。

第一百五十七条 公司发行公司债券应当置备公司债券存根簿。

发行记名公司债券的，应当在公司债券存根簿上载明下列事项：

（一）债券持有人的姓名或者名称及住所；

（二）债券持有人取得债券的日期及债券的编号；

（三）债券总额，债券的票面金额、利率、还本付息的期限和方式；

（四）债券的发行日期。

发行无记名公司债券的，应当在公司债券存根簿上载明债券总额、利率、偿还期限和方式、发行日期及债券的编号。

第一百五十八条 记名公司债券的登记结算机构应当建立债券登记、存管、付息、兑付等相关制度。

第一百五十九条 公司债券可以转让，转让价格由转让人与受让人约定。

公司债券在证券交易所上市交易的，按照证券交易所的交易规则转让。

第一百六十条 记名公司债券，由债券持有人以背书方式或者法律、行政法规规定的其他方式转让；转让后由公司将受让人的姓名或者名称及住所记载于公司债券存根簿。

无记名公司债券的转让，由债券持有人将该债券交付给受让人后即发生转让的效力。

第一百六十一条 上市公司经股东大会决议可以发行可转换为股票的公司债券，并在公司债券募集办法中规定具体的转换办法。上市公司发行可转换为股票的公司债券，应当报国务院证券监督管理机构核准。

发行可转换为股票的公司债券，应当在债券上标明可转换公司债券字样，并在公司债券存根簿上载明可转换公司债券的数额。

第一百六十二条 发行可转换为股票的公司债券的，公司应当按照其转换办法向债券持有人换发股票，但债券持有人对转换股票或者不转换股票有选择权。

第八章 公司财务、会计

第一百六十三条 公司应当依照法律、行政法规和国务院财政部门的规定建立本公司的财务、会计制度。

第一百六十四条 公司应当在每一会计年度终了时编制财务会计报告，并依法经会计师事务所审计。

财务会计报告应当依照法律、行政法规和国务院财政部门的规定制作。

第一百六十五条 有限责任公司应当依照公司章程规定的期限将财务会计报告送交各股东。

股份有限公司的财务会计报告应当在召开股东大会年会的二十日前置备于本公司，供股东查阅；公开发行股票的股份有限公司必须公告其财务会计报告。

第一百六十六条 公司分配当年税后利润时，应当提取利润的百分之十列入公司法定公积金。公司法定公积金累计额为公司注册资本的百分之五十以上的，可以不再提取。

公司的法定公积金不足以弥补以前年度亏损的，在依照前款规定提取法定公积金之前，应当先用当年利润弥补亏损。

公司从税后利润中提取法定公积金后，经股东会或者股东大会决议，还可以从税后利润中提取任意公积金。

公司弥补亏损和提取公积金后所余税后利润，有限责任公司依照本法第三十四条的规定分配；股份有限公司按照股东持有的股份比例分配，但股份有限公司章程规定不按持股比例分配的除外。

股东会、股东大会或者董事会违反前款规定，在公司弥补亏损和提取法定公积金之前向股东分配利润的，股东必须将违反规定分配的利润退还公司。

公司持有的本公司股份不得分配利润。

第一百六十七条 股份有限公司以超过股票票面金额的发行价格发行股份所得的溢价款以及国务院财政部门规定列入资本公积金的其他收入，应当列为公司资本公积金。

第一百六十八条 公司的公积金用于弥补公司的亏损、扩大公司生产经营或者转为增加公司资本。但是，资本公积金不得用于弥补公司的亏损。

法定公积金转为资本时，所留存的该项公积金不得少于转增前公司注册资本的百分之二十五。

第一百六十九条 公司聘用、解聘承办公司审计业务的会计师事务所，依照公司章程的规定，由股东会、股东大会或者董事会决定。

公司股东会、股东大会或者董事会就解聘会计师事务所进行表决时，应当允许会计师事务所陈述意见。

第一百七十条 公司应当向聘用的会计师事务所提供真实、完整的会计凭证、会计账簿、财务会计报告及其他会计资料，不得拒绝、隐匿、谎报。

第一百七十一条 公司除法定的会计账簿外，不得另立会计账簿。

对公司资产，不得以任何个人名义开立账户存储。

第九章 公司合并、分立、增资、减资

第一百七十二条 公司合并可以采取吸收合并或者新设合并。

一个公司吸收其他公司为吸收合并，被吸收的公司解散。两个以上公司合并设立一个新的公司为新设合并，合并各方解散。

第一百七十三条 公司合并，应当由合并各方签订合并协议，并编制资产负债表及财产清单。公司应当自作出合并决议之日起十日内通知债权人，并于三十日内在报纸上公告。债权人自接到通知书之日起三十日内，未接到通知书的自公告之日起四十五日内，可以要求公司清偿债务或者提供相应的担保。

第一百七十四条 公司合并时，合并各方的债权、债务，应当由合并后存续的公司或者新设的公司承继。

第一百七十五条 公司分立，其财产作相应的分割。

公司分立，应当编制资产负债表及财产清单。公司应当自作出分立决议之日起十日内通知债权人，并于三十日内在报纸上公告。

第一百七十六条 公司分立前的债务由分立后的公司承担连带责任。但是，公司在分立前与债权人就债务清偿达成的书面协议另有约定的除外。

第一百七十七条 公司需要减少注册资本时，必须编制资产负债表及财产清单。

公司应当自作出减少注册资本决议之日起十日内通知债权人，并于三十日内在报纸上公告。债权人自接到通知书之日起三十日内，未接到通知书的自公告之日起四十五日内，有权要求公司清偿债务或者提供相应的担保。

第一百七十八条 有限责任公司增加注册资本时，股东认缴新增资本的出资，依照本法设立有限责任公司缴纳出资的有关规定执行。

股份有限公司为增加注册资本发行新股时，股东认购新股，依照本法设立股份有限公司缴纳股款的有关规定执行。

第一百七十九条 公司合并或者分立，登记事项发生变更的，应当依法向公司登记机关办理变更登记；公司解散的，应当依法办理公司注销登记；设立新公司的，应当依法办理公司设立登记。

公司增加或者减少注册资本，应当依法向公司登记机关办理变更登记。

第十章 公司解散和清算

第一百八十条 公司因下列原因解散：

（一）公司章程规定的营业期限届满或者公司章程规定的其他解散事由出现；

（二）股东会或者股东大会决议解散；

（三）因公司合并或者分立需要解散；

（四）依法被吊销营业执照、责令关闭或者被撤销；

（五）人民法院依照本法第一百八十二条的规定予以解散。

第一百八十一条 公司有本法第一百八十条第（一）项情形的，可以通过修改公司章程而存续。

依照前款规定修改公司章程，有限责任公司须经持有三分之二以上表决权的股东通过，股份有限公司须经出席股东大会会议的股东所持表决权的三分之二以上通过。

第一百八十二条 公司经营管理发生严重困难，继续存续会使股东利益受到重大损失，通过其他途径不能解决的，持有公司全部股东表决权百分之十以上的股东，可以请求人民法院解散公司。

第一百八十三条 公司因本法第一百八十条第（一）项、第（二）项、第（四）项、第（五）项规定而解散的，应当在解散事由出现之日起十五日内成立清算组，开始清算。有限责任公司的清算组由股东组成，股份有限公司的清算组由董事或者股东大会确定的人员组成。逾期不成立清算组进行清算的，债权人可以申请人民法院指定有关人员组成清算组进行清算。人民法院应当受理该申请，并及时组织清算组进行清算。

第一百八十四条 清算组在清算期间行使下列职权：

（一）清理公司财产，分别编制资产负债表和财产清单；

（二）通知、公告债权人；

（三）处理与清算有关的公司未了结的业务；

（四）清缴所欠税款以及清算过程中产生的税款；

（五）清理债权、债务；

（六）处理公司清偿债务后的剩余财产；

（七）代表公司参与民事诉讼活动。

第一百八十五条 清算组应当自成立之日起十日内通知债权人，并于六十日内在报纸上公告。债权人应当自接到通知书之日起三十日内，未接到通知书的自公告之日起四十五日内，向清算组申报其债权。

债权人申报债权，应当说明债权的有关事项，并提供证明材料。清算组应当对债权进行登记。

在申报债权期间，清算组不得对债权人进行清偿。

第一百八十六条 清算组在清理公司财产、编制资产负债表和财产清单后，应当制定清算方案，并报股东会、股东大会或者人民法院确认。

公司财产在分别支付清算费用、职工的工资、社会保险费用和法定补偿金，缴纳所欠税款，清偿公司债务后的剩余财产，有限责任公司按照股东的出资比例分配，股份有限公司按照股东持有的股份比例分配。

清算期间，公司存续，但不得开展与清算无关的经营活动。公司财产在未依照前款规定清偿前，不得分配给股东。

第一百八十七条 清算组在清理公司财产、编制资产负债表和财产清单后，发现公司财产不足清偿债务的，应当依法向人民法院申请宣告破产。

公司经人民法院裁定宣告破产后，清算组应当将清算事务移交给人民法院。

第一百八十八条 公司清算结束后，清算组应当制作清算报告，报股东会、股东大会或者人民法院确认，并报送公司登记机关，申请注销公司登记，公告公司终止。

第一百八十九条 清算组成员应当忠于职守，依法履行清算义务。

清算组成员不得利用职权收受贿赂或者其他非法收入，不得侵占公司财产。

清算组成员因故意或者重大过失给公司或者债权人造成损失的，应当承担赔偿责任。

第一百九十条 公司被依法宣告破产的，依照有关企业破产的法律实施破产清算。

第十一章　外国公司的分支机构

第一百九十一条 本法所称外国公司是指依照外国法律在中国境外设立的公司。

第一百九十二条 外国公司在中国境内设立分支机构，必须向中国主管机关提出申请，并提交其公司章程、所属国的公司登记证书等有关文件，经批准后，向公司登记机关依法办理登记，领取营业执照。

外国公司分支机构的审批办法由国务院另行规定。

第一百九十三条 外国公司在中国境内设立分支机构，必须在中国境内指定负责该分支机构的代表人或者代理人，并向该分支机构拨付与其所从事的经营活动相适应的资金。

对外国公司分支机构的经营资金需要规定最低限额的，由国务院另行规定。

第一百九十四条 外国公司的分支机构应当在其名称中标明该外国公司的国籍及责任形式。

外国公司的分支机构应当在本机构

中置备该外国公司章程。

第一百九十五条　外国公司在中国境内设立的分支机构不具有中国法人资格。

外国公司对其分支机构在中国境内进行经营活动承担民事责任。

第一百九十六条　经批准设立的外国公司分支机构，在中国境内从事业务活动，必须遵守中国的法律，不得损害中国的社会公共利益，其合法权益受中国法律保护。

第一百九十七条　外国公司撤销其在中国境内的分支机构时，必须依法清偿债务，依照本法有关公司清算程序的规定进行清算。未清偿债务之前，不得将其分支机构的财产移至中国境外。

第十二章　法律责任

第一百九十八条　违反本法规定，虚报注册资本、提交虚假材料或者采取其他欺诈手段隐瞒重要事实取得公司登记的，由公司登记机关责令改正，对虚报注册资本的公司，处以虚报注册资本金额百分之五以上百分之十五以下的罚款；对提交虚假材料或者采取其他欺诈手段隐瞒重要事实的公司，处以五万元以上五十万元以下的罚款；情节严重的，撤销公司登记或者吊销营业执照。

第一百九十九条　公司的发起人、股东虚假出资，未交付或者未按期交付作为出资的货币或者非货币财产的，由公司登记机关责令改正，处以虚假出资金额百分之五以上百分之十五以下的罚款。

罚款。

第二百条　公司的发起人、股东在公司成立后，抽逃其出资的，由公司登记机关责令改正，处以所抽逃出资金额百分之五以上百分之十五以下的罚款。

第二百零一条　公司违反本法规定，在法定的会计账簿以外另立会计账簿的，由县级以上人民政府财政部门责令改正，处以五万元以上五十万元以下的罚款。

第二百零二条　公司在依法向有关主管部门提供的财务会计报告等材料上作虚假记载或者隐瞒重要事实的，由有关主管部门对直接负责的主管人员和其他直接责任人员处以三万元以上三十万元以下的罚款。

第二百零三条　公司不依照本法规定提取法定公积金的，由县级以上人民政府财政部门责令如数补足应当提取的金额，可以对公司处以二十万元以下的罚款。

第二百零四条　公司在合并、分立、减少注册资本或者进行清算时，不依照本法规定通知或者公告债权人的，由公司登记机关责令改正，对公司处以一万元以上十万元以下的罚款。

公司在进行清算时，隐匿财产，对资产负债表或者财产清单作虚假记载或者在未清偿债务前分配公司财产的，由公司登记机关责令改正，对公司处以隐匿财产或者未清偿债务前分配公司财产金额百分之五以上百分之十以下的罚款；对直接负责的主管人员和其他直接责任人员处以一万元以上十万元以下的罚款。

第二百零五条　公司在清算期间开

展与清算无关的经营活动的，由公司登记机关予以警告，没收违法所得。

第二百零六条 清算组不依照本法规定向公司登记机关报送清算报告，或者报送清算报告隐瞒重要事实或者有重大遗漏的，由公司登记机关责令改正。

清算组成员利用职权徇私舞弊、谋取非法收入或者侵占公司财产的，由公司登记机关责令退还公司财产，没收违法所得，并可以处以违法所得一倍以上五倍以下的罚款。

第二百零七条 承担资产评估、验资或者验证的机构提供虚假材料的，由公司登记机关没收违法所得，处以违法所得一倍以上五倍以下的罚款，并可以由有关主管部门依法责令该机构停业、吊销直接责任人员的资格证书，吊销营业执照。

承担资产评估、验资或者验证的机构因过失提供有重大遗漏的报告的，由公司登记机关责令改正，情节较重的，处以所得收入一倍以上五倍以下的罚款，并可以由有关主管部门依法责令该机构停业、吊销直接责任人员的资格证书，吊销营业执照。

承担资产评估、验资或者验证的机构因其出具的评估结果、验资或者验证证明不实，给公司债权人造成损失的，除能够证明自己没有过错的外，在其评估或者证明不实的金额范围内承担赔偿责任。

第二百零八条 公司登记机关对不符合本法规定条件的登记申请予以登记，或者对符合本法规定条件的登记申请不予登记的，对直接负责的主管人员和其他直接责任人员，依法给予行政处分。

第二百零九条 公司登记机关的上级部门强令公司登记机关对不符合本法规定条件的登记申请予以登记，或者对符合本法规定条件的登记申请不予登记的，或者对违法登记进行包庇的，对直接负责的主管人员和其他直接责任人员依法给予行政处分。

第二百一十条 未依法登记为有限责任公司或者股份有限公司，而冒用有限责任公司或者股份有限公司名义的，或者未依法登记为有限责任公司或者股份有限公司的分公司，而冒用有限责任公司或者股份有限公司的分公司名义的，由公司登记机关责令改正或者予以取缔，可以并处十万元以下的罚款。

第二百一十一条 公司成立后无正当理由超过六个月未开业的，或者开业后自行停业连续六个月以上的，可以由公司登记机关吊销营业执照。

公司登记事项发生变更时，未依照本法规定办理有关变更登记的，由公司登记机关责令限期登记；逾期不登记的，处以一万元以上十万元以下的罚款。

第二百一十二条 外国公司违反本法规定，擅自在中国境内设立分支机构的，由公司登记机关责令改正或者关闭，可以并处五万元以上二十万元以下的罚款。

第二百一十三条 利用公司名义从事危害国家安全、社会公共利益的严重违法行为的，吊销营业执照。

第二百一十四条 公司违反本法规定，应当承担民事赔偿责任和缴纳罚款、罚金的，其财产不足以支付时，先承担民事赔偿责任。

第二百一十五条 违反本法规定，构成犯罪的，依法追究刑事责任。

第十三章 附　则

第二百一十六条 本法下列用语的含义：

（一）高级管理人员，是指公司的经理、副经理、财务负责人，上市公司董事会秘书和公司章程规定的其他人员。

（二）控股股东，是指其出资额占有限责任公司资本总额百分之五十以上或者其持有的股份占股份有限公司股本总额百分之五十以上的股东；出资额或者持有股份的比例虽然不足百分之五十，但依其出资额或者持有的股份所享有的表决权已足以对股东会、股东大会的决议产生重大影响的股东。

（三）实际控制人，是指虽不是公司的股东，但通过投资关系、协议或者其他安排，能够实际支配公司行为的人。

（四）关联关系，是指公司控股股东、实际控制人、董事、监事、高级管理人员与其直接或者间接控制的企业之间的关系，以及可能导致公司利益转移的其他关系。但是，国家控股的企业之间不仅因为同受国家控股而具有关联关系。

第二百一十七条 外商投资的有限责任公司和股份有限公司适用本法；有关外商投资的法律另有规定的，适用其规定。

第二百一十八条 本法自 2006 年 1 月 1 日起施行。

最高人民法院关于适用《中华人民共和国公司法》若干问题的规定（一）

（2006 年 3 月 27 日最高人民法院审判委员会第 1382 次会议通过 根据 2014 年 2 月 17 日最高人民法院审判委员会第 1607 次会议《关于修改关于适用〈中华人民共和国公司法〉若干问题的规定的决定》修正）

为正确适用 2005 年 10 月 27 日十届全国人大常委会第十八次会议修订的《中华人民共和国公司法》，对人民法院在审理相关的民事纠纷案件中，具体适用公司法的有关问题规定如下：

第一条 公司法实施后，人民法院尚未审结的和新受理的民事案件，其民事行为或事件发生在公司法实施以前的，适用当时的法律法规和司法解释。

第二条 因公司法实施前有关民事行为或者事件发生纠纷起诉到人民法院的，如当时的法律法规和司法解释没有明确规定时，可参照适用公司法的有关规定。

第三条 原告以公司法第二十二条第二款、第七十四条第二款规定事由，向人民法院提起诉讼时，超过公司法规定期限的，人民法院不予受理。

第四条 公司法第一百五十一条规定的 180 日以上连续持股期间，应为股东向人民法院提起诉讼时，已期满的持股时间；规定的合计持有公司百分之一以上股份，是指两个以上股东持股份额的合计。

第五条 人民法院对公司法实施前已经终审的案件依法进行再审时，不适用公司法的规定。

第六条 本规定自公布之日起实施。

最高人民法院关于适用《中华人民共和国公司法》若干问题的规定（二）

（2008年5月5日最高人民法院审判委员会第1447次会议通过 根据2014年2月17日最高人民法院审判委员会第1607次会议《关于修改关于适用〈中华人民共和国公司法〉若干问题的规定的决定》第一次修正 根据2020年12月23日最高人民法院审判委员会第1823次会议通过的《最高人民法院关于修改〈最高人民法院关于破产企业国有划拨土地使用权应否列入破产财产等问题的批复〉等二十九件商事类司法解释的决定》第二次修正）

为正确适用《中华人民共和国公司法》，结合审判实践，就人民法院审理公司解散和清算案件适用法律问题作出如下规定。

第一条 单独或者合计持有公司全部股东表决权百分之十以上的股东，以下列事由之一提起解散公司诉讼，并符合公司法第一百八十二条规定的，人民法院应予受理：

（一）公司持续两年以上无法召开股东会或者股东大会，公司经营管理发生严重困难的；

（二）股东表决时无法达到法定或者公司章程规定的比例，持续两年以上不能做出有效的股东会或者股东大会决议，公司经营管理发生严重困难的；

（三）公司董事长期冲突，且无法通过股东会或者股东大会解决，公司经营管理发生严重困难的；

（四）经营管理发生其他严重困难，公司继续存续会使股东利益受到重大损失的情形。

股东以知情权、利润分配请求权等权益受到损害，或者公司亏损、财产不足以偿还全部债务，以及公司被吊销企业法人营业执照未进行清算等为由，提起解散公司诉讼的，人民法院不予受理。

第二条 股东提起解散公司诉讼，同时又申请人民法院对公司进行清算的，人民法院对其提出的清算申请不予受理。人民法院可以告知原告，在人民法院判决解散公司后，依据民法典第七十条、公司法第一百八十三条和本规定第七条的规定，自行组织清算或者另行申请人民法院对公司进行清算。

第三条 股东提起解散公司诉讼时，向人民法院申请财产保全或者证据保全的，在股东提供担保且不影响公司正常经营的情形下，人民法院可予以保全。

第四条 股东提起解散公司诉讼应当以公司为被告。

原告以其他股东为被告一并提起诉讼的，人民法院应当告知原告将其他股东变更为第三人；原告坚持不予变更的，人民法院应当驳回原告对其他股东的起诉。

原告提起解散公司诉讼应当告知其他股东，或者由人民法院通知其参加诉讼。其他股东或者有关利害关系人申请以共同原告或者第三人身份参加诉讼的，人民法院应予准许。

第五条 人民法院审理解散公司诉讼案件，应当注重调解。当事人协商同意由公司或者股东收购股份，或者以减资等方式使公司存续，且不违反法律、行政法规强制性规定的，人民法院应予支持。当事人不能协商一致使公司存续的，人民法院应当及时判决。

经人民法院调解公司收购原告股份的，公司应当自调解书生效之日起六个月内将股份转让或者注销。股份转让或者注销之前，原告不得以公司收购其股份为由对抗公司债权人。

第六条 人民法院关于解散公司诉讼作出的判决，对公司全体股东具有法律约束力。

人民法院判决驳回解散公司诉讼请求后，提起该诉讼的股东或者其他股东又以同一事实和理由提起解散公司诉讼的，人民法院不予受理。

第七条 公司应当依照民法典第七十条、公司法第一百八十三条的规定，在解散事由出现之日起十五日内成立清算组，开始自行清算。

有下列情形之一，债权人、公司股东、董事或其他利害关系人申请人民法院指定清算组进行清算的，人民法院应予受理：

（一）公司解散逾期不成立清算组进行清算的；

（二）虽然成立清算组但故意拖延清算的；

（三）违法清算可能严重损害债权人或者股东利益的。

第八条 人民法院受理公司清算案件，应当及时指定有关人员组成清算组。

清算组成员可以从下列人员或者机构中产生：

（一）公司股东、董事、监事、高级管理人员；

（二）依法设立的律师事务所、会计师事务所、破产清算事务所等社会中介机构；

（三）依法设立的律师事务所、会计师事务所、破产清算事务所等社会中介机构中具备相关专业知识并取得执业资格的人员。

第九条 人民法院指定的清算组成员有下列情形之一的，人民法院可以根据债权人、公司股东、董事或其他利害关系人的申请，或者依职权更换清算组成员：

（一）有违反法律或者行政法规的行为；

（二）丧失执业能力或者民事行为能力；

（三）有严重损害公司或者债权人利益的行为。

第十条 公司依法清算结束并办理注销登记前，有关公司的民事诉讼，应当以公司的名义进行。

公司成立清算组的，由清算组负责

人代表公司参加诉讼；尚未成立清算组的，由原法定代表人代表公司参加诉讼。

第十一条 公司清算时，清算组应当按照公司法第一百八十五条的规定，将公司解散清算事宜书面通知全体已知债权人，并根据公司规模和营业地域范围在全国或者公司注册登记地省级有影响的报纸上进行公告。

清算组未按照前款规定履行通知和公告义务，导致债权人未及时申报债权而未获清偿，债权人主张清算组成员对因此造成的损失承担赔偿责任的，人民法院应依法予以支持。

第十二条 公司清算时，债权人对清算组核定的债权有异议的，可以要求清算组重新核定。清算组不予重新核定，或者债权人对重新核定的债权仍有异议，债权人以公司为被告向人民法院提起诉讼请求确认的，人民法院应予受理。

第十三条 债权人在规定的期限内未申报债权，在公司清算程序终结前补充申报的，清算组应予登记。

公司清算程序终结，是指清算报告经股东会、股东大会或者人民法院确认完毕。

第十四条 债权人补充申报的债权，可以在公司尚未分配财产中依法清偿。公司尚未分配财产不能全额清偿，债权人主张股东以其在剩余财产分配中已经取得的财产予以清偿的，人民法院应予支持；但债权人因重大过错未在规定期限内申报债权的除外。

债权人或者清算组，以公司尚未分配财产和股东在剩余财产分配中已经取得的财产，不能全额清偿补充申报的债

权为由，向人民法院提出破产清算申请的，人民法院不予受理。

第十五条 公司自行清算的，清算方案应当报股东会或者股东大会决议确认；人民法院组织清算的，清算方案应当报人民法院确认。未经确认的清算方案，清算组不得执行。

执行未经确认的清算方案给公司或者债权人造成损失，公司、股东、董事、公司其他利害关系人或者债权人主张清算组成员承担赔偿责任的，人民法院应依法予以支持。

第十六条 人民法院组织清算的，清算组应当自成立之日起六个月内清算完毕。

因特殊情况无法在六个月内完成清算的，清算组应当向人民法院申请延长。

第十七条 人民法院指定的清算组在清理公司财产、编制资产负债表和财产清单时，发现公司财产不足清偿债务的，可以与债权人协商制作有关债务清偿方案。

债务清偿方案经全体债权人确认且不损害其他利害关系人利益的，人民法院可依清算组的申请裁定予以认可。清算组依据该清偿方案清偿债务后，应当向人民法院申请裁定终结清算程序。

债权人对债务清偿方案不予确认或者人民法院不予认可的，清算组应当依法向人民法院申请宣告破产。

第十八条 有限责任公司的股东、股份有限公司的董事和控股股东未在法定期限内成立清算组开始清算，导致公司财产贬值、流失、毁损或者灭失，债

权人主张其在造成损失范围内对公司债务承担赔偿责任的，人民法院应依法予以支持。

有限责任公司的股东、股份有限公司的董事和控股股东因怠于履行义务，导致公司主要财产、账册、重要文件等灭失，无法进行清算，债权人主张其对公司债务承担连带清偿责任的，人民法院应依法予以支持。

上述情形系实际控制人原因造成，债权人主张实际控制人对公司债务承担相应民事责任的，人民法院应依法予以支持。

第十九条 有限责任公司的股东、股份有限公司的董事和控股股东，以及公司的实际控制人在公司解散后，恶意处置公司财产给债权人造成损失，或者未经依法清算，以虚假的清算报告骗取公司登记机关办理法人注销登记，债权人主张其对公司债务承担相应赔偿责任的，人民法院应依法予以支持。

第二十条 公司解散应当在依法清算完毕后，申请办理注销登记。公司未经清算即办理注销登记，导致公司无法进行清算，债权人主张有限责任公司的股东、股份有限公司的董事和控股股东，以及公司的实际控制人对公司债务承担清偿责任的，人民法院应依法予以支持。

公司未经依法清算即办理注销登记，股东或者第三人在公司登记机关办理注销登记时承诺对公司债务承担责任，债权人主张其对公司债务承担相应民事责任的，人民法院应依法予以支持。

第二十一条 按照本规定第十八条

和第二十条第一款的规定应当承担责任的有限责任公司的股东、股份有限公司的董事和控股股东，以及公司的实际控制人为二人以上的，其中一人或者数人依法承担民事责任后，主张其他人员按照过错大小分担责任的，人民法院应依法予以支持。

第二十二条 公司解散时，股东尚未缴纳的出资均应作为清算财产。股东尚未缴纳的出资，包括到期应缴未缴的出资，以及依照公司法第二十六条和第八十条的规定分期缴纳尚未届满缴纳期限的出资。

公司财产不足以清偿债务时，债权人主张未缴出资股东，以及公司设立时的其他股东或者发起人在未缴出资范围内对公司债务承担连带清偿责任的，人民法院应依法予以支持。

第二十三条 清算组成员从事清算事务时，违反法律、行政法规或者公司章程给公司或者债权人造成损失，公司或者债权人主张其承担赔偿责任的，人民法院应依法予以支持。

有限责任公司的股东、股份有限公司连续一百八十日以上单独或者合计持有公司百分之一以上股份的股东，依据公司法第一百五十一条第三款的规定，以清算组成员有前款所述行为为由向人民法院提起诉讼的，人民法院应予受理。

公司已经清算完毕注销，上述股东参照公司法第一百五十一条第三款的规定，直接以清算组成员为被告、其他股东为第三人向人民法院提起诉讼的，人民法院应予受理。

第二十四条　解散公司诉讼案件和公司清算案件由公司住所地人民法院管辖。公司住所地是指公司主要办事机构所在地。公司办事机构所在地不明确的，由其注册地人民法院管辖。

基层人民法院管辖县、县级市或者区的公司登记机关核准登记公司的解散诉讼案件和公司清算案件；中级人民法院管辖地区、地级市以上的公司登记机关核准登记公司的解散诉讼案件和公司清算案件。

最高人民法院关于适用《中华人民共和国公司法》若干问题的规定（三）

（2010 年 12 月 6 日最高人民法院审判委员会第 1504 次会议通过　根据 2014 年 2 月 17 日最高人民法院审判委员会第 1607 次会议《关于修改关于适用〈中华人民共和国公司法〉若干问题的规定的决定》第一次修正　根据 2020 年 12 月 23 日最高人民法院审判委员会第 1823 次会议通过的《最高人民法院关于修改〈最高人民法院关于破产企业国有划拨土地使用权应否列入破产财产等问题的批复〉等二十九件商事类司法解释的决定》第二次修正）

为正确适用《中华人民共和国公司法》，结合审判实践，就人民法院审理公司设立、出资、股权确认等纠纷案件适用法律问题作出如下规定。

第一条　为设立公司而签署公司章程、向公司认购出资或者股份并履行公司设立职责的人，应当认定为公司的发起人，包括有限责任公司设立时的股东。

第二条　发起人为设立公司以自己名义对外签订合同，合同相对人请求该发起人承担合同责任的，人民法院应予支持；公司成立后合同相对人请求公司承担合同责任的，人民法院应予支持。

第三条　发起人以设立中公司名义对外签订合同，公司成立后合同相对人请求公司承担合同责任的，人民法院应予支持。

公司成立后有证据证明发起人利用设立中公司的名义为自己的利益与相对人签订合同，公司以此为由主张不承担合同责任的，人民法院应予支持，但相对人为善意的除外。

第四条　公司因故未成立，债权人请求全体或者部分发起人对设立公司行为所产生的费用和债务承担连带清偿责任的，人民法院应予支持。

部分发起人依照前款规定承担责任后，请求其他发起人分担的，人民法院应当判令其他发起人按照约定的责任承担比例分担责任；没有约定责任承担比例的，按照约定的出资比例分担责任；没有约定出资比例的，按照均等份额分担责任。

因部分发起人的过错导致公司未成立，其他发起人主张其承担设立行为所产生的费用和债务的，人民法院应当根据过错情况，确定过错一方的责任范围。

第五条　发起人因履行公司设立职责造成他人损害，公司成立后受害人请求公司承担侵权赔偿责任的，人民法院应予支持；公司未成立，受害人请求全体发起人承担连带赔偿责任的，人民法院应予支持。

公司或者无过错的发起人承担赔偿责任后，可以向有过错的发起人追偿。

第六条　股份有限公司的认股人未按期缴纳所认股份的股款，经公司发起人催缴后在合理期间内仍未缴纳，公司发起人对该股份另行募集的，人民法院应当认定该募集行为有效。认股人延期缴纳股款给公司造成损失，公司请求该认股人承担赔偿责任的，人民法院应予支持。

第七条　出资人以不享有处分权的财产出资，当事人之间对于出资行为效力产生争议的，人民法院可以参照民法典第三百一十一条的规定予以认定。

以贪污、受贿、侵占、挪用等违法犯罪所得的货币出资后取得股权的，对违法犯罪行为予以追究、处罚时，应当采取拍卖或者变卖的方式处置其股权。

第八条　出资人以划拨土地使用权出资，或者以设定权利负担的土地使用权出资，公司、其他股东或者公司债权人主张认定出资人未履行出资义务的，人民法院应当责令当事人在指定的合理期间内办理土地变更手续或者解除权利负担；逾期未办理或者未解除的，人民法院应当认定出资人未依法全面履行出资义务。

第九条　出资人以非货币财产出资，未依法评估作价，公司、其他股东或者公司债权人请求认定出资人未履行出资义务的，人民法院应当委托具有合法资格的评估机构对该财产评估作价。评估确定的价额显著低于公司章程所定价额的，人民法院应当认定出资人未依法全面履行出资义务。

第十条　出资人以房屋、土地使用权或者需要办理权属登记的知识产权等财产出资，已经交付公司使用但未办理权属变更手续，公司、其他股东或者公司债权人主张认定出资人未履行出资义务的，人民法院应当责令当事人在指定的合理期间内办理权属变更手续；在前述期间内办理了权属变更手续的，人民法院应当认定其已经履行了出资义务；出资人主张自其实际交付财产给公司使用时享有相应股东权利的，人民法院应予支持。

出资人以前款规定的财产出资，已经办理权属变更手续但未交付给公司使用，公司或者其他股东主张其向公司交付、并在实际交付之前不享有相应股东权利的，人民法院应予支持。

第十一条　出资人以其他公司股权出资，符合下列条件的，人民法院应当认定出资人已履行出资义务：

（一）出资的股权由出资人合法持有并依法可以转让；

（二）出资的股权无权利瑕疵或者权利负担；

（三）出资人已履行关于股权转让的法定手续；

（四）出资的股权已依法进行了价值

评估。

股权出资不符合前款第（一）、（二）、（三）项的规定，公司、其他股东或者公司债权人请求认定出资人未履行出资义务的，人民法院应当责令该出资人在指定的合理期间内采取补正措施，以符合上述条件；逾期未补正的，人民法院应当认定其未依法全面履行出资义务。

股权出资不符合本条第一款第（四）项的规定，公司、其他股东或者公司债权人请求认定出资人未履行出资义务的，人民法院应当按照本规定第九条的规定处理。

第十二条 公司成立后，公司、股东或者公司债权人以相关股东的行为符合下列情形之一且损害公司权益为由，请求认定该股东抽逃出资的，人民法院应予支持：

（一）制作虚假财务会计报表虚增利润进行分配；

（二）通过虚构债权债务关系将其出资转出；

（三）利用关联交易将出资转出；

（四）其他未经法定程序将出资抽回的行为。

第十三条 股东未履行或者未全面履行出资义务，公司或者其他股东请求其向公司依法全面履行出资义务的，人民法院应予支持。

公司债权人请求未履行或者未全面履行出资义务的股东在未出资本息范围内对公司债务不能清偿的部分承担补充赔偿责任的，人民法院应予支持；未履

行或者未全面履行出资义务的股东已经承担上述责任，其他债权人提出相同请求的，人民法院不予支持。

股东在公司设立时未履行或者未全面履行出资义务，依照本条第一款或者第二款提起诉讼的原告，请求公司的发起人与被告股东承担连带责任的，人民法院应予支持；公司的发起人承担责任后，可以向被告股东追偿。

股东在公司增资时未履行或者未全面履行出资义务，依照本条第一款或者第二款提起诉讼的原告，请求未尽公司法第一百四十七条第一款规定的义务而使出资未缴足的董事、高级管理人员承担相应责任的，人民法院应予支持；董事、高级管理人员承担责任后，可以向被告股东追偿。

第十四条 股东抽逃出资，公司或者其他股东请求其向公司返还出资本息、协助抽逃出资的其他股东、董事、高级管理人员或者实际控制人对此承担连带责任的，人民法院应予支持。

公司债权人请求抽逃出资的股东在抽逃出资本息范围内对公司债务不能清偿的部分承担补充赔偿责任、协助抽逃出资的其他股东、董事、高级管理人员或者实际控制人对此承担连带责任的，人民法院应予支持；抽逃出资的股东已经承担上述责任，其他债权人提出相同请求的，人民法院不予支持。

第十五条 出资人以符合法定条件的非货币财产出资后，因市场变化或者其他客观因素导致出资财产贬值，公司、其他股东或者公司债权人请求该出资人

承担补足出资责任的，人民法院不予支持。但是，当事人另有约定的除外。

第十六条 股东未履行或者未全面履行出资义务或者抽逃出资，公司根据公司章程或者股东会决议对其利润分配请求权、新股优先认购权、剩余财产分配请求权等股东权利作出相应的合理限制，该股东请求认定该限制无效的，人民法院不予支持。

第十七条 有限责任公司的股东未履行出资义务或者抽逃全部出资，经公司催告缴纳或者返还，其在合理期间内仍未缴纳或者返还出资，公司以股东会决议解除该股东的股东资格，该股东请求确认该解除行为无效的，人民法院不予支持。

在前款规定的情形下，人民法院在判决时应当释明，公司应当及时办理法定减资程序或者由其他股东或者第三人缴纳相应的出资。在办理法定减资程序或者其他股东或者第三人缴纳相应的出资之前，公司债权人依照本规定第十三条或者第十四条请求相关当事人承担相应责任的，人民法院应予支持。

第十八条 有限责任公司的股东未履行或者未全面履行出资义务即转让股权，受让人对此知道或者应当知道，公司请求该股东履行出资义务、受让人对此承担连带责任的，人民法院应予支持；公司债权人依照本规定第十三条第二款向该股东提起诉讼，同时请求前述受让人对此承担连带责任的，人民法院应予支持。

受让人根据前款规定承担责任后，向该未履行或者未全面履行出资义务的股东追偿的，人民法院应予支持。但是，当事人另有约定的除外。

第十九条 公司股东未履行或者未全面履行出资义务或者抽逃出资，公司或者其他股东请求其向公司全面履行出资义务或者返还出资，被告股东以诉讼时效为由进行抗辩的，人民法院不予支持。

公司债权人的债权未过诉讼时效期间，其依照本规定第十三条第二款、第十四条第二款的规定请求未履行或者未全面履行出资义务或者抽逃出资的股东承担赔偿责任，被告股东以出资义务或者返还出资义务超过诉讼时效期间为由进行抗辩的，人民法院不予支持。

第二十条 当事人之间对是否已履行出资义务发生争议，原告提供对股东履行出资义务产生合理怀疑证据的，被告股东应当就其已履行出资义务承担举证责任。

第二十一条 当事人向人民法院起诉请求确认其股东资格的，应当以公司为被告，与案件争议股权有利害关系的人作为第三人参加诉讼。

第二十二条 当事人之间对股权归属发生争议，一方请求人民法院确认其享有股权的，应当证明以下事实之一：

（一）已经依法向公司出资或者认缴出资，且不违反法律法规强制性规定；

（二）已经受让或者以其他形式继受公司股权，且不违反法律法规强制性规定。

第二十三条 当事人依法履行出资

义务或者依法继受取得股权后，公司未根据公司法第三十一条、第三十二条的规定签发出资证明书、记载于股东名册并办理公司登记机关登记，当事人请求公司履行上述义务的，人民法院应予支持。

第二十四条 有限责任公司的实际出资人与名义出资人订立合同，约定由实际出资人出资并享有投资权益，以名义出资人为名义股东，实际出资人与名义股东对该合同效力发生争议的，如无法律规定的无效情形，人民法院应当认定该合同有效。

前款规定的实际出资人与名义股东因投资权益的归属发生争议，实际出资人以其实际履行了出资义务为由向名义股东主张权利的，人民法院应予支持。名义股东以公司股东名册记载、公司登记机关登记为由否认实际出资人权利的，人民法院不予支持。

实际出资人未经公司其他股东半数以上同意，请求公司变更股东、签发出资证明书、记载于股东名册、记载于公司章程并办理公司登记机关登记的，人民法院不予支持。

第二十五条 名义股东将登记于其名下的股权转让、质押或者以其他方式处分，实际出资人以其对于股权享有实际权利为由，请求认定处分股权行为无效的，人民法院可以参照民法典第三百一十一条的规定处理。

名义股东处分股权造成实际出资人损失，实际出资人请求名义股东承担赔偿责任的，人民法院应予支持。

第二十六条 公司债权人以登记于公司登记机关的股东未履行出资义务为由，请求其对公司债务不能清偿的部分在未出资本息范围内承担补充赔偿责任，股东以其仅为名义股东而非实际出资人为由进行抗辩的，人民法院不予支持。

名义股东根据前款规定承担赔偿责任后，向实际出资人追偿的，人民法院应予支持。

第二十七条 股权转让后尚未向公司登记机关办理变更登记，原股东将仍登记于其名下的股权转让、质押或者以其他方式处分，受让股东以其对于股权享有实际权利为由，请求认定处分股权行为无效的，人民法院可以参照民法典第三百一十一条的规定处理。

原股东处分股权造成受让股东损失，受让股东请求原股东承担赔偿责任、对于未及时办理变更登记有过错的董事、高级管理人员或者实际控制人承担相应责任的，人民法院应予支持；受让股东对于未及时办理变更登记也有过错的，可以适当减轻上述董事、高级管理人员或者实际控制人的责任。

第二十八条 冒用他人名义出资并将该他人作为股东在公司登记机关登记的，冒名登记行为人应当承担相应责任；公司、其他股东或者公司债权人以未履行出资义务为由，请求被冒名登记为股东的承担补足出资责任或者对公司债务不能清偿部分的赔偿责任的，人民法院不予支持。

最高人民法院关于适用《中华人民共和国公司法》若干问题的规定（四）

（2016 年 12 月 5 日最高人民法院审判委员会第 1702 次会议通过 根据 2020 年 12 月 23 日最高人民法院审判委员会第 1823 次会议通过的《最高人民法院关于修改〈最高人民法院关于破产企业国有划拨土地使用权应否列入破产财产等问题的批复〉等二十九件商事类司法解释的决定》修正）

为正确适用《中华人民共和国公司法》，结合人民法院审判实践，现就公司决议效力、股东知情权、利润分配权、优先购买权和股东代表诉讼等案件适用法律问题作出如下规定。

第一条 公司股东、董事、监事等请求确认股东会或者股东大会、董事会决议无效或者不成立的，人民法院应当依法予以受理。

第二条 依据民法典第八十五条、公司法第二十二条第二款请求撤销股东会或者股东大会、董事会决议的原告，应当在起诉时具有公司股东资格。

第三条 原告请求确认股东会或者股东大会、董事会决议不成立、无效或者撤销决议的案件，应当列公司为被告。对决议涉及的其他利害关系人，可以依法列为第三人。

一审法庭辩论终结前，其他有原告资格的人以相同的诉讼请求申请参加前款规定诉讼的，可以列为共同原告。

第四条 股东请求撤销股东会或者股东大会、董事会决议，符合民法典第八十五条、公司法第二十二条第二款规定的，人民法院应当予以支持，但会议召集程序或者表决方式仅有轻微瑕疵，且对决议未产生实质影响的，人民法院不予支持。

第五条 股东会或者股东大会、董事会决议存在下列情形之一，当事人主张决议不成立的，人民法院应当予以支持：

（一）公司未召开会议的，但依据公司法第三十七条第二款或者公司章程规定可以不召开股东会或者股东大会而直接作出决定，并由全体股东在决定文件上签名、盖章的除外；

（二）会议未对决议事项进行表决的；

（三）出席会议的人数或者股东所持表决权不符合公司法或者公司章程规定的；

（四）会议的表决结果未达到公司法或者公司章程规定的通过比例的；

（五）导致决议不成立的其他情形。

第六条 股东会或者股东大会、董事会决议被人民法院判决确认无效或者撤销的，公司依据该决议与善意相对人形成的民事法律关系不受影响。

第七条 股东依据公司法第三十三条、第九十七条或者公司章程的规定，起诉请求查阅或者复制公司特定文件材料的，人民法院应当依法予以受理。

公司有证据证明前款规定的原告在起诉时不具有公司股东资格的,人民法院应当驳回起诉,但原告有初步证据证明在持股期间其合法权益受到损害,请求依法查阅或者复制其持股期间的公司特定文件材料的除外。

第八条 有限责任公司有证据证明股东存在下列情形之一的,人民法院应当认定股东有公司法第三十三条第二款规定的"不正当目的":

(一)股东自营或者为他人经营与公司主营业务有实质性竞争关系业务的,但公司章程另有规定或者全体股东另有约定的除外;

(二)股东为了向他人通报有关信息查阅公司会计账簿,可能损害公司合法利益的;

(三)股东在向公司提出查阅请求之日前的三年内,曾通过查阅公司会计账簿,向他人通报有关信息损害公司合法利益的;

(四)股东有不正当目的的其他情形。

第九条 公司章程、股东之间的协议等实质性剥夺股东依据公司法第三十三条、第九十七条规定查阅或者复制公司文件材料的权利,公司以此为由拒绝股东查阅或者复制的,人民法院不予支持。

第十条 人民法院审理股东请求查阅或者复制公司特定文件材料的案件,对原告诉讼请求予以支持的,应当在判决中明确查阅或者复制公司特定文件材料的时间、地点和特定文件材料的名录。

股东依据人民法院生效判决查阅公司文件材料的,在该股东在场的情况下,可以由会计师、律师等依法或者依据执业行为规范负有保密义务的中介机构执业人员辅助进行。

第十一条 股东行使知情权后泄露公司商业秘密导致公司合法利益受到损害,公司请求该股东赔偿相关损失的,人民法院应当予以支持。

根据本规定第十条辅助股东查阅公司文件材料的会计师、律师等泄露公司商业秘密导致公司合法利益受到损害,公司请求其赔偿相关损失的,人民法院应当予以支持。

第十二条 公司董事、高级管理人员等未依法履行职责,导致公司未依法制作或者保存公司法第三十三条、第九十七条规定的公司文件材料,给股东造成损失,股东依法请求负有相应责任的公司董事、高级管理人员承担民事赔偿责任的,人民法院应当予以支持。

第十三条 股东请求公司分配利润案件,应当列公司为被告。

一审法庭辩论终结前,其他股东基于同一分配方案请求分配利润并申请参加诉讼的,应当列为共同原告。

第十四条 股东提交载明具体分配方案的股东会或者股东大会的有效决议,请求公司分配利润,公司拒绝分配利润且其关于无法执行决议的抗辩理由不成立的,人民法院应当判决公司按照决议载明的具体分配方案向股东分配利润。

第十五条 股东未提交载明具体分配方案的股东会或者股东大会决议,请求公司分配利润的，人民法院应当驳回其诉讼请求，但违反法律规定滥用股东权利导致公司不分配利润，给其他股东造成损失的除外。

第十六条 有限责任公司的自然人股东因继承发生变化时，其他股东主张依据公司法第七十一条第三款规定行使优先购买权的，人民法院不予支持，但公司章程另有规定或者全体股东另有约定的除外。

第十七条 有限责任公司的股东向股东以外的人转让股权，应就其股权转让事项以书面或者其他能够确认收悉的合理方式通知其他股东征求同意。其他股东半数以上不同意转让，不同意的股东不购买的，人民法院应当认定视为同意转让。

经股东同意转让的股权，其他股东主张转让股东应当向其以书面或者其他能够确认收悉的合理方式通知转让股权的同等条件的，人民法院应当予以支持。

经股东同意转让的股权，在同等条件下，转让股东以外的其他股东主张优先购买的，人民法院应当予以支持，但转让股东依据本规定第二十条放弃转让的除外。

第十八条 人民法院在判断是否符合公司法第七十一条第三款及本规定所称的"同等条件"时，应当考虑转让股权的数量、价格、支付方式及期限等因素。

第十九条 有限责任公司的股东主张优先购买转让股权的，应当在收到通知后，在公司章程规定的行使期间内提

出购买请求。公司章程没有规定行使期间或者规定不明确的，以通知确定的期间为准，通知确定的期间短于三十日或者未明确行使期间的，行使期间为三十日。

第二十条 有限责任公司的转让股东，在其他股东主张优先购买后又不同意转让股权的，对其他股东优先购买的主张，人民法院不予支持，但公司章程另有规定或者全体股东另有约定的除外。其他股东主张转让股东赔偿其损失合理的，人民法院应当予以支持。

第二十一条 有限责任公司的股东向股东以外的人转让股权，未就其股权转让事项征求其他股东意见，或者以欺诈、恶意串通等手段，损害其他股东优先购买权，其他股东主张按照同等条件购买该转让股权的，人民法院应当予以支持，但其他股东自知道或者应当知道行使优先购买权的同等条件之日起三十日内没有主张，或者自股权变更登记之日起超过一年的除外。

前款规定的其他股东仅提出确认股权转让合同及股权变动效力等请求，未同时主张按照同等条件购买转让股权的，人民法院不予支持，但其他股东非因自身原因导致无法行使优先购买权，请求损害赔偿的除外。

股东以外的股权受让人，因股东行使优先购买权而不能实现合同目的的，可以依法请求转让股东承担相应民事责任。

第二十二条 通过拍卖向股东以外的人转让有限责任公司股权的，适用公

司法第七十一条第二款、第三款或者第七十二条规定的"书面通知""通知""同等条件"时，根据相关法律、司法解释确定。

在依法设立的产权交易场所转让有限责任公司国有股权的，适用公司法第七十一条第二款、第三款或者第七十二条规定的"书面通知""通知""同等条件"时，可以参照产权交易场所的交易规则。

第二十三条 监事会或者不设监事会的有限责任公司的监事依据公司法第一百五十一条第一款规定对董事、高级管理人员提起诉讼的，应当列公司为原告，依法由监事会主席或者不设监事会的有限责任公司的监事代表公司进行诉讼。

董事会或者不设董事会的有限责任公司的执行董事依据公司法第一百五十一条第一款规定对监事提起诉讼的，或者依据公司法第一百五十一条第三款规定对他人提起诉讼的，应当列公司为原告，依法由董事长或者执行董事代表公司进行诉讼。

第二十四条 符合公司法第一百五十一条第一款规定条件的股东，依据公司法第一百五十一条第二款、第三款规定，直接对董事、监事、高级管理人员或者他人提起诉讼的，应当列公司为第三人参加诉讼。

一审法庭辩论终结前，符合公司法第一百五十一条第一款规定条件的其他股东，以相同的诉讼请求申请参加诉讼的，应当列为共同原告。

第二十五条 股东依据公司法第一百五十一条第二款、第三款规定直接提起诉讼的案件，胜诉利益归属于公司。股东请求被告直接向其承担民事责任的，人民法院不予支持。

第二十六条 股东依据公司法第一百五十一条第二款、第三款规定直接提起诉讼的案件，其诉讼请求部分或者全部得到人民法院支持的，公司应当承担股东因参加诉讼支付的合理费用。

第二十七条 本规定自 2017 年 9 月 1 日起施行。

本规定施行后尚未终审的案件，适用本规定；本规定施行前已经终审的案件，或者适用审判监督程序再审的案件，不适用本规定。

最高人民法院关于适用《中华人民共和国公司法》若干问题的规定（五）

（2019 年 4 月 22 日最高人民法院审判委员会第 1766 次会议审议通过 根据 2020 年 12 月 23 日最高人民法院审判委员会第 1823 次会议通过的《最高人民法院关于修改〈最高人民法院关于破产企业国有划拨土地使用权应否列入破产财产等问题的批复〉等二十九件商事类司法解释的决定》修正）

为正确适用《中华人民共和国公司法》，结合人民法院审判实践，就股东权益保护等纠纷案件适用法律问题作出如下规定。

第一条 关联交易损害公司利益，原告公司依据民法典第八十四条、公司法第二十一条规定请求控股股东、实际控制人、董事、监事、高级管理人员赔偿所造成的损失，被告仅以该交易已经履行了信息披露、经股东会或者股东大会同意等法律、行政法规或者公司章程规定的程序为由抗辩的，人民法院不予支持。

公司没有提起诉讼的，符合公司法第一百五十一条第一款规定条件的股东，可以依据公司法第一百五十一条第二款、第三款规定向人民法院提起诉讼。

第二条 关联交易合同存在无效、可撤销或者对公司不发生效力的情形，公司没有起诉合同相对方的，符合公司法第一百五十一条第一款规定条件的股东，可以依据公司法第一百五十一条第二款、第三款规定向人民法院提起诉讼。

第三条 董事任期届满前被股东会或者股东大会有效决议解除职务，其主张解除不发生法律效力的，人民法院不予支持。

董事职务被解除后，因补偿与公司发生纠纷提起诉讼的，人民法院应当依据法律、行政法规、公司章程的规定或者合同的约定，综合考虑解除的原因、剩余任期、董事薪酬等因素，确定是否补偿以及补偿的合理数额。

第四条 分配利润的股东会或者股东大会决议作出后，公司应当在决议载明的时间内完成利润分配。决议没有载明时间的，以公司章程规定的为准。决议、章程中均未规定时间或者时间超过一年的，公司应当自决议作出之日起一年内完成利润分配。

决议中载明的利润分配完成时间超过公司章程规定时间的，股东可以依据民法典第八十五条、公司法第二十二条第二款规定请求人民法院撤销决议中关于该时间的规定。

第五条 人民法院审理涉及有限责任公司股东重大分歧案件时，应当注重调解。当事人协商一致以下列方式解决分歧，且不违反法律、行政法规的强制性规定的，人民法院应予支持：

（一）公司回购部分股东股份；

（二）其他股东受让部分股东股份；

（三）他人受让部分股东股份；

（四）公司减资；

（五）公司分立；

（六）其他能够解决分歧，恢复公司正常经营，避免公司解散的方式。

第六条 本规定自 2019 年 4 月 29 日起施行。

本规定施行后尚未终审的案件，适用本规定；本规定施行前已经终审的案件，或者适用审判监督程序再审的案件，不适用本规定。

本院以前发布的司法解释与本规定不一致的，以本规定为准。

中华人民共和国企业破产法

（2006 年 8 月 27 日第十届全国人民代表大会常务委员会第二十三次会议通过　2006 年 8 月 27 日中华人民共和国主席令第 54 号公布　自 2007 年 6 月 1 日起施行）

第一章　总　　则

第一条　为规范企业破产程序，公平清理债权债务，保护债权人和债务人的合法权益，维护社会主义市场经济秩序，制定本法。

第二条　企业法人不能清偿到期债务，并且资产不足以清偿全部债务或者明显缺乏清偿能力的，依照本法规定清理债务。

企业法人有前款规定情形，或者有明显丧失清偿能力可能的，可以依照本法规定进行重整。

第三条　破产案件由债务人住所地人民法院管辖。

第四条　破产案件审理程序，本法没有规定的，适用民事诉讼法的有关规定。

第五条　依照本法开始的破产程序，对债务人在中华人民共和国领域外的财产发生效力。

对外国法院作出的发生法律效力的破产案件的判决、裁定，涉及债务人在中华人民共和国领域内的财产，申请或者请求人民法院承认和执行的，人民法院依照中华人民共和国缔结或者参加的国际条约，或者按照互惠原则进行审查，认为不违反中华人民共和国法律的基本原则，不损害国家主权、安全和社会公共利益，不损害中华人民共和国领域内债权人的合法权益的，裁定承认和执行。

第六条　人民法院审理破产案件，应当依法保障企业职工的合法权益，依法追究破产企业经营管理人员的法律责任。

第二章　申请和受理

第一节　申　　请

第七条　债务人有本法第二条规定的情形，可以向人民法院提出重整、和解或者破产清算申请。

债务人不能清偿到期债务，债权人可以向人民法院提出对债务人进行重整或者破产清算的申请。

企业法人已解散但未清算或者未清算完毕，资产不足以清偿债务的，依法负有清算责任的人应当向人民法院申请破产清算。

第八条　向人民法院提出破产申请，应当提交破产申请书和有关证据。

破产申请书应当载明下列事项：

（一）申请人、被申请人的基本情况；

（二）申请目的；

（三）申请的事实和理由；

（四）人民法院认为应当载明的其他事项。

债务人提出申请的，还应当向人民法院提交财产状况说明、债务清册、债权清册、有关财务会计报告、职工安置预案以及职工工资的支付和社会保险费用的缴纳情况。

第九条 人民法院受理破产申请前，申请人可以请求撤回申请。

第二节 受 理

第十条 债权人提出破产申请的，人民法院应当自收到申请之日起五日内通知债务人。债务人对申请有异议的，应当自收到人民法院的通知之日起七日内向人民法院提出。人民法院应当自异议期满之日起十日内裁定是否受理。

除前款规定的情形外，人民法院应当自收到破产申请之日起十五日内裁定是否受理。

有特殊情况需要延长前两款规定的裁定受理期限的，经上一级人民法院批准，可以延长十五日。

第十一条 人民法院受理破产申请的，应当自裁定作出之日起五日内送达申请人。

债权人提出申请的，人民法院应当自裁定作出之日起五日内送达债务人。债务人应当自裁定送达之日起十五日内，向人民法院提交财产状况说明、债务清册、债权清册、有关财务会计报告以及职工工资的支付和社会保险费用的缴纳情况。

第十二条 人民法院裁定不受理破产申请的，应当自裁定作出之日起五日内送达申请人并说明理由。申请人对裁定不服的，可以自裁定送达之日起十日内向上一级人民法院提起上诉。

人民法院受理破产申请后至破产宣告前，经审查发现债务人不符合本法第二条规定情形的，可以裁定驳回申请。申请人对裁定不服的，可以自裁定送达之日起十日内向上一级人民法院提起上诉。

第十三条 人民法院裁定受理破产申请的，应当同时指定管理人。

第十四条 人民法院应当自裁定受理破产申请之日起二十五日内通知已知债权人，并予以公告。

通知和公告应当载明下列事项：

（一）申请人、被申请人的名称或者姓名；

（二）人民法院受理破产申请的时间；

（三）申报债权的期限、地点和注意事项；

（四）管理人的名称或者姓名及其处理事务的地址；

（五）债务人的债务人或者财产持有人应当向管理人清偿债务或者交付财产的要求；

（六）第一次债权人会议召开的时间和地点；

（七）人民法院认为应当通知和公告的其他事项。

第十五条 自人民法院受理破产申请的裁定送达债务人之日起至破产程序终结之日，债务人的有关人员承担下列义务：

（一）妥善保管其占有和管理的财

产、印章和账簿、文书等资料；

（二）根据人民法院、管理人的要求进行工作，并如实回答询问；

（三）列席债权人会议并如实回答债权人的询问；

（四）未经人民法院许可，不得离开住所地；

（五）不得新任其他企业的董事、监事、高级管理人员。

前款所称有关人员，是指企业的法定代表人；经人民法院决定，可以包括企业的财务管理人员和其他经营管理人员。

第十六条 人民法院受理破产申请后，债务人对个别债权人的债务清偿无效。

第十七条 人民法院受理破产申请后，债务人的债务人或者财产持有人应当向管理人清偿债务或者交付财产。

债务人的债务人或者财产持有人故意违反前款规定向债务人清偿债务或者交付财产，使债权人受到损失的，不免除其清偿债务或者交付财产的义务。

第十八条 人民法院受理破产申请后，管理人对破产申请受理前成立而债务人和对方当事人均未履行完毕的合同有权决定解除或者继续履行，并通知对方当事人。管理人自破产申请受理之日起二个月内未通知对方当事人，或者自收到对方当事人催告之日起三十日内未答复的，视为解除合同。

管理人决定继续履行合同的，对方当事人应当履行；但是，对方当事人有权要求管理人提供担保。管理人不提供担保的，视为解除合同。

第十九条 人民法院受理破产申请后，有关债务人财产的保全措施应当解除，执行程序应当中止。

第二十条 人民法院受理破产申请后，已经开始而尚未终结的有关债务人的民事诉讼或者仲裁应当中止；在管理人接管债务人的财产后，该诉讼或者仲裁继续进行。

第二十一条 人民法院受理破产申请后，有关债务人的民事诉讼，只能向受理破产申请的人民法院提起。

第三章　管　理　人

第二十二条 管理人由人民法院指定。

债权人会议认为管理人不能依法、公正执行职务或者有其他不能胜任职务情形的，可以申请人民法院予以更换。

指定管理人和确定管理人报酬的办法，由最高人民法院规定。

第二十三条 管理人依照本法规定执行职务，向人民法院报告工作，并接受债权人会议和债权人委员会的监督。

管理人应当列席债权人会议，向债权人会议报告职务执行情况，并回答询问。

第二十四条 管理人可以由有关部门、机构的人员组成的清算组或者依法设立的律师事务所、会计师事务所、破产清算事务所等社会中介机构担任。

人民法院根据债务人的实际情况，可以在征询有关社会中介机构的意见后，指定该机构具备相关专业知识并取得执业资格的人员担任管理人。

有下列情形之一的，不得担任管理人：

（一）因故意犯罪受过刑事处罚；

（二）曾被吊销相关专业执业证书；

（三）与本案有利害关系；

（四）人民法院认为不宜担任管理人的其他情形。

个人担任管理人的，应当参加执业责任保险。

第二十五条　管理人履行下列职责：

（一）接管债务人的财产、印章和账簿、文书等资料；

（二）调查债务人财产状况，制作财产状况报告；

（三）决定债务人的内部管理事务；

（四）决定债务人的日常开支和其他必要开支；

（五）在第一次债权人会议召开之前，决定继续或者停止债务人的营业；

（六）管理和处分债务人的财产；

（七）代表债务人参加诉讼、仲裁或者其他法律程序；

（八）提议召开债权人会议；

（九）人民法院认为管理人应当履行的其他职责。

本法对管理人的职责另有规定的，适用其规定。

第二十六条　在第一次债权人会议召开之前，管理人决定继续或者停止债务人的营业或者有本法第六十九条规定行为之一的，应当经人民法院许可。

第二十七条　管理人应当勤勉尽责，忠实执行职务。

第二十八条　管理人经人民法院许可，可以聘用必要的工作人员。

管理人的报酬由人民法院确定。债权人会议对管理人的报酬有异议的，有权向人民法院提出。

第二十九条　管理人没有正当理由不得辞去职务。管理人辞去职务应当经人民法院许可。

第四章　债务人财产

第三十条　破产申请受理时属于债务人的全部财产，以及破产申请受理后至破产程序终结前债务人取得的财产，为债务人财产。

第三十一条　人民法院受理破产申请前一年内，涉及债务人财产的下列行为，管理人有权请求人民法院予以撤销：

（一）无偿转让财产的；

（二）以明显不合理的价格进行交易的；

（三）对没有财产担保的债务提供财产担保的；

（四）对未到期的债务提前清偿的；

（五）放弃债权的。

第三十二条　人民法院受理破产申请前六个月内，债务人有本法第二条第一款规定的情形，仍对个别债权人进行清偿的，管理人有权请求人民法院予以撤销。但是，个别清偿使债务人财产受益的除外。

第三十三条　涉及债务人财产的下列行为无效：

（一）为逃避债务而隐匿、转移财产的；

（二）虚构债务或者承认不真实的债务的。

第三十四条 因本法第三十一条、第三十二条或者第三十三条规定的行为而取得的债务人的财产，管理人有权追回。

第三十五条 人民法院受理破产申请后，债务人的出资人尚未完全履行出资义务的，管理人应当要求该出资人缴纳所认缴的出资，而不受出资期限的限制。

第三十六条 债务人的董事、监事和高级管理人员利用职权从企业获取的非正常收入和侵占的企业财产，管理人应当追回。

第三十七条 人民法院受理破产申请后，管理人可以通过清偿债务或者提供为债权人接受的担保，取回质物、留置物。

前款规定的债务清偿或者替代担保，在质物或者留置物的价值低于被担保的债权额时，以该质物或者留置物当时的市场价值为限。

第三十八条 人民法院受理破产申请后，债务人占有的不属于债务人的财产，该财产的权利人可以通过管理人取回。但是，本法另有规定的除外。

第三十九条 人民法院受理破产申请时，出卖人已将买卖标的物向作为买受人的债务人发运，债务人尚未收到且未付清全部价款的，出卖人可以取回在运途中的标的物。但是，管理人可以支付全部价款，请求出卖人交付标的物。

第四十条 债权人在破产申请受理前对债务人负有债务的，可以向管理人主张抵销。但是，有下列情形之一的，不得抵销：

（一）债务人的债务人在破产申请受理后取得他人对债务人的债权的；

（二）债权人已知债务人有不能清偿到期债务或者破产申请的事实，对债务人负担债务的；但是，债权人因为法律规定或者有破产申请一年前所发生的原因而负担债务的除外；

（三）债务人的债务人已知债务人有不能清偿到期债务或者破产申请的事实，对债务人取得债权的；但是，债务人的债务人因为法律规定或者有破产申请一年前所发生的原因而取得债权的除外。

第五章 破产费用和共益债务

第四十一条 人民法院受理破产申请后发生的下列费用，为破产费用：

（一）破产案件的诉讼费用；

（二）管理、变价和分配债务人财产的费用；

（三）管理人执行职务的费用、报酬和聘用工作人员的费用。

第四十二条 人民法院受理破产申请后发生的下列债务，为共益债务：

（一）因管理人或者债务人请求对方当事人履行双方均未履行完毕的合同所产生的债务；

（二）债务人财产受无因管理所产生的债务；

（三）因债务人不当得利所产生的债务；

（四）为债务人继续营业而应支付的劳动报酬和社会保险费用以及由此产生的其他债务；

（五）管理人或者相关人员执行职务致人损害所产生的债务；

（六）债务人财产致人损害所产生的债务。

第四十三条 破产费用和共益债务由债务人财产随时清偿。

债务人财产不足以清偿所有破产费用和共益债务的，先行清偿破产费用。

债务人财产不足以清偿所有破产费用或者共益债务的，按照比例清偿。

债务人财产不足以清偿破产费用的，管理人应当提请人民法院终结破产程序。人民法院应当自收到请求之日起十五日内裁定终结破产程序，并予以公告。

第六章 债 权 申 报

第四十四条 人民法院受理破产申请时对债务人享有债权的债权人，依照本法规定的程序行使权利。

第四十五条 人民法院受理破产申请后，应当确定债权人申报债权的期限。债权申报期限自人民法院发布受理破产申请公告之日起计算，最短不得少于三十日，最长不得超过三个月。

第四十六条 未到期的债权，在破产申请受理时视为到期。

附利息的债权自破产申请受理时起停止计息。

第四十七条 附条件、附期限的债权和诉讼、仲裁未决的债权，债权人可以申报。

第四十八条 债权人应当在人民法院确定的债权申报期限内向管理人申报债权。

债务人所欠职工的工资和医疗、伤残补助、抚恤费用，所欠的应当划入职工个人账户的基本养老保险、基本医疗保险费用，以及法律、行政法规规定应当支付给职工的补偿金，不必申报，由管理人调查后列出清单并予以公示。职工对清单记载有异议的，可以要求管理人更正；管理人不予更正的，职工可以向人民法院提起诉讼。

第四十九条 债权人申报债权时，应当书面说明债权的数额和有无财产担保，并提交有关证据。申报的债权是连带债权的，应当说明。

第五十条 连带债权人可以由其中一人代表全体连带债权人申报债权，也可以共同申报债权。

第五十一条 债务人的保证人或者其他连带债务人已经代替债务人清偿债务的，以其对债务人的求偿权申报债权。

债务人的保证人或者其他连带债务人尚未代替债务人清偿债务的，以其对债务人的将来求偿权申报债权。但是，债权人已经向管理人申报全部债权的除外。

第五十二条 连带债务人数人被裁定适用本法规定的程序的，其债权人有权就全部债权分别在各破产案件中申报债权。

第五十三条　管理人或者债务人依照本法规定解除合同的，对方当事人以因合同解除所产生的损害赔偿请求权申报债权。

第五十四条　债务人是委托合同的委托人，被裁定适用本法规定的程序，受托人不知该事实，继续处理委托事务的，受托人以由此产生的请求权申报债权。

第五十五条　债务人是票据的出票人，被裁定适用本法规定的程序，该票据的付款人继续付款或者承兑的，付款人以由此产生的请求权申报债权。

第五十六条　在人民法院确定的债权申报期限内，债权人未申报债权的，可以在破产财产最后分配前补充申报；但是，此前已进行的分配，不再对其补充分配。为审查和确认补充申报债权的费用，由补充申报人承担。

债权人未依照本法规定申报债权的，不得依照本法规定的程序行使权利。

第五十七条　管理人收到债权申报材料后，应当登记造册，对申报的债权进行审查，并编制债权表。

债权表和债权申报材料由管理人保存，供利害关系人查阅。

第五十八条　依照本法第五十七条规定编制的债权表，应当提交第一次债权人会议核查。

债务人、债权人对债权表记载的债权无异议的，由人民法院裁定确认。

债务人、债权人对债权表记载的债权有异议的，可以向受理破产申请的人民法院提起诉讼。

第七章　债权人会议

第一节　一般规定

第五十九条　依法申报债权的债权人为债权人会议的成员，有权参加债权人会议，享有表决权。

债权尚未确定的债权人，除人民法院能够为其行使表决权而临时确定债权额的外，不得行使表决权。

对债务人的特定财产享有担保权的债权人，未放弃优先受偿权利的，对于本法第六十一条第一款第七项、第十项规定的事项不享有表决权。

债权人可以委托代理人出席债权人会议，行使表决权。代理人出席债权人会议，应当向人民法院或者债权人会议主席提交债权人的授权委托书。

债权人会议应当有债务人的职工和工会的代表参加，对有关事项发表意见。

第六十条　债权人会议设主席一人，由人民法院从有表决权的债权人中指定。

债权人会议主席主持债权人会议。

第六十一条　债权人会议行使下列职权：

（一）核查债权；

（二）申请人民法院更换管理人，审查管理人的费用和报酬；

（三）监督管理人；

（四）选任和更换债权人委员会成员；

（五）决定继续或者停止债务人的营业；

（六）通过重整计划；

（七）通过和解协议；

（八）通过债务人财产的管理方案；

（九）通过破产财产的变价方案；

（十）通过破产财产的分配方案；

（十一）人民法院认为应当由债权人会议行使的其他职权。

债权人会议应当对所议事项的决议作成会议记录。

第六十二条 第一次债权人会议由人民法院召集，自债权申报期限届满之日起十五日内召开。

以后的债权人会议，在人民法院认为必要时，或者管理人、债权人委员会、占债权总额四分之一以上的债权人向债权人会议主席提议时召开。

第六十三条 召开债权人会议，管理人应当提前十五日通知已知的债权人。

第六十四条 债权人会议的决议，由出席会议的有表决权的债权人过半数通过，并且其所代表的债权额占无财产担保债权总额的二分之一以上。但是，本法另有规定的除外。

债权人认为债权人会议的决议违反法律规定，损害其利益的，可以自债权人会议作出决议之日起十五日内，请求人民法院裁定撤销该决议，责令债权人会议依法重新作出决议。

债权人会议的决议，对于全体债权人均有约束力。

第六十五条 本法第六十一条第一款第八项、第九项所列事项，经债权人会议表决未通过的，由人民法院裁定。

本法第六十一条第一款第十项所列事项，经债权人会议二次表决仍未通过的，由人民法院裁定。

对前两款规定的裁定，人民法院可以在债权人会议上宣布或者另行通知债权人。

第六十六条 债权人对人民法院依照本法第六十五条第一款作出的裁定不服的，债权额占无财产担保债权总额二分之一以上的债权人对人民法院依照本法第六十五条第二款作出的裁定不服的，可以自裁定宣布之日或者收到通知之日起十五日内向该人民法院申请复议。复议期间不停止裁定的执行。

第二节 债权人委员会

第六十七条 债权人会议可以决定设立债权人委员会。债权人委员会由债权人会议选任的债权人代表和一名债务人的职工代表或者工会代表组成。债权人委员会成员不得超过九人。

债权人委员会成员应当经人民法院书面决定认可。

第六十八条 债权人委员会行使下列职权：

（一）监督债务人财产的管理和处分；

（二）监督破产财产分配；

（三）提议召开债权人会议；

（四）债权人会议委托的其他职权。

债权人委员会执行职务时，有权要求管理人、债务人的有关人员对其职权范围内的事务作出说明或者提供有关文件。

管理人、债务人的有关人员违反本法规定拒绝接受监督的，债权人委员会有权就监督事项请求人民法院作出决定；人民法院应当在五日内作出决定。

第六十九条 管理人实施下列行为，应当及时报告债权人委员会：

（一）涉及土地、房屋等不动产权益的转让；

（二）探矿权、采矿权、知识产权等财产权的转让；

（三）全部库存或者营业的转让；

（四）借款；

（五）设定财产担保；

（六）债权和有价证券的转让；

（七）履行债务人和对方当事人均未履行完毕的合同；

（八）放弃权利；

（九）担保物的取回；

（十）对债权人利益有重大影响的其他财产处分行为。

未设立债权人委员会的，管理人实施前款规定的行为应当及时报告人民法院。

第八章 重 整

第一节 重整申请和重整期间

第七十条 债务人或者债权人可以依照本法规定，直接向人民法院申请对债务人进行重整。

债权人申请对债务人进行破产清算的，在人民法院受理破产申请后、宣告债务人破产前，债务人或者出资额占债务人注册资本十分之一以上的出资人，可以向人民法院申请重整。

第七十一条 人民法院经审查认为重整申请符合本法规定的，应当裁定债务人重整，并予以公告。

第七十二条 自人民法院裁定债务人重整之日起至重整程序终止，为重整期间。

第七十三条 在重整期间，经债务人申请，人民法院批准，债务人可以在管理人的监督下自行管理财产和营业事务。

有前款规定情形的，依照本法规定已接管债务人财产和营业事务的管理人应当向债务人移交财产和营业事务，本法规定的管理人的职权由债务人行使。

第七十四条 管理人负责管理财产和营业事务的，可以聘任债务人的经营管理人员负责营业事务。

第七十五条 在重整期间，对债务人的特定财产享有的担保权暂停行使。但是，担保物有损坏或者价值明显减少的可能，足以危害担保权人权利的，担保权人可以向人民法院请求恢复行使担保权。

在重整期间，债务人或者管理人为继续营业而借款的，可以为该借款设定担保。

第七十六条 债务人合法占有的他人财产，该财产的双利人在重整期间要求取回的，应当符合事先约定的条件。

第七十七条 在重整期间，债务人的出资人不得请求投资收益分配。

在重整期间，债务人的董事、监事、高级管理人员不得向第三人转让其持有的债务人的股权。但是，经人民法院同意的除外。

第七十八条 在重整期间，有下列情形之一的，经管理人或者利害关系人请求，人民法院应当裁定终止重整程序，并宣告债务人破产：

（一）债务人的经营状况和财产状况继续恶化，缺乏挽救的可能性；

（二）债务人有欺诈、恶意减少债务人财产或者其他显著不利于债权人的行为；

（三）由于债务人的行为致使管理人无法执行职务。

第二节 重整计划的制定和批准

第七十九条 债务人或者管理人应当自人民法院裁定债务人重整之日起六个月内，同时向人民法院和债权人会议提交重整计划草案。

前款规定的期限届满，经债务人或者管理人请求，有正当理由的，人民法院可以裁定延期三个月。

债务人或者管理人未按期提出重整计划草案的，人民法院应当裁定终止重整程序，并宣告债务人破产。

第八十条 债务人自行管理财产和营业事务的，由债务人制作重整计划草案。

管理人负责管理财产和营业事务的，由管理人制作重整计划草案。

第八十一条 重整计划草案应当包括下列内容：

（一）债务人的经营方案；

（二）债权分类；

（三）债权调整方案；

（四）债权受偿方案；

（五）重整计划的执行期限；

（六）重整计划执行的监督期限；

（七）有利于债务人重整的其他方案。

第八十二条 下列各类债权的债权人参加讨论重整计划草案的债权人会议，依照下列债权分类，分组对重整计划草案进行表决：

（一）对债务人的特定财产享有担保权的债权；

（二）债务人所欠职工的工资和医疗、伤残补助、抚恤费用，所欠的应当划入职工个人账户的基本养老保险、基本医疗保险费用，以及法律、行政法规规定应当支付给职工的补偿金；

（三）债务人所欠税款；

（四）普通债权。

人民法院在必要时可以决定在普通债权组中设小额债权组对重整计划草案进行表决。

第八十三条 重整计划不得规定减免债务人欠缴的本法第八十二条第一款第二项规定以外的社会保险费用；该项费用的债权人不参加重整计划草案的表决。

第八十四条 人民法院应当自收到重整计划草案之日起三十日内召开债权人会议，对重整计划草案进行表决。

出席会议的同一表决组的债权人过半数同意重整计划草案，并且其所代表的债权额占该组债权总额的三分之二以上的，即为该组通过重整计划草案。

债务人或者管理人应当向债权人会议就重整计划草案作出说明，并回答询问。

第八十五条 债务人的出资人代表可以列席讨论重整计划草案的债权人会议。

重整计划草案涉及出资人权益调整事项的，应当设出资人组，对该事项进行表决。

第八十六条 各表决组均通过重整计划草案时，重整计划即为通过。

自重整计划通过之日起十日内，债务人或者管理人应当向人民法院提出批准重整计划的申请。人民法院经审查认为符合本法规定的，应当自收到申请之日起三十日内裁定批准，终止重整程序，并予以公告。

第八十七条 部分表决组未通过重整计划草案的，债务人或者管理人可以同未通过重整计划草案的表决组协商。该表决组可以在协商后再表决一次。双方协商的结果不得损害其他表决组的利益。

未通过重整计划草案的表决组拒绝再次表决或者再次表决仍未通过重整计划草案，但重整计划草案符合下列条件的，债务人或者管理人可以申请人民法院批准重整计划草案：

（一）按照重整计划草案，本法第八十二条第一款第一项所列债权就该特定财产将获得全额清偿，其因延期清偿所受的损失将得到公平补偿，并且其担保权未受到实质性损害，或者该表决组已经通过重整计划草案；

（二）按照重整计划草案，本法第八十二条第一款第二项、第三项所列债权将获得全额清偿，或者相应表决组已经通过重整计划草案；

（三）按照重整计划草案，普通债权所获得的清偿比例，不低于其在重整计划草案被提请批准时依照破产清算程序所能获得的清偿比例，或者该表决组已经通过重整计划草案；

（四）重整计划草案对出资人权益的调整公平、公正，或者出资人组已经通过重整计划草案；

（五）重整计划草案公平对待同一表决组的成员，并且所规定的债权清偿顺序不违反本法第一百一十三条的规定；

（六）债务人的经营方案具有可行性。

人民法院经审查认为重整计划草案符合前款规定的，应当自收到申请之日起三十日内裁定批准，终止重整程序，并予以公告。

第八十八条 重整计划草案未获得通过且未依照本法第八十七条的规定获得批准，或者已通过的重整计划未获得批准的，人民法院应当裁定终止重整程序，并宣告债务人破产。

第三节 重整计划的执行

第八十九条 重整计划由债务人负责执行。

人民法院裁定批准重整计划后，已接管财产和营业事务的管理人应当向债务人移交财产和营业事务。

第九十条 自人民法院裁定批准重整计划之日起，在重整计划规定的监督期内，由管理人监督重整计划的执行。

在监督期内，债务人应当向管理人报告重整计划执行情况和债务人财务状况。

第九十一条 监督期届满时，管理人应当向人民法院提交监督报告。自监督报告提交之日起，管理人的监督职责终止。

管理人向人民法院提交的监督报告，重整计划的利害关系人有权查阅。

经管理人申请，人民法院可以裁定延长重整计划执行的监督期限。

第九十二条 经人民法院裁定批准的重整计划，对债务人和全体债权人均有约束力。

债权人未依照本法规定申报债权的，在重整计划执行期间不得行使权利；在重整计划执行完毕后，可以按照重整计划规定的同类债权的清偿条件行使权利。

债权人对债务人的保证人和其他连带债务人所享有的权利，不受重整计划的影响。

第九十三条 债务人不能执行或者不执行重整计划的，人民法院经管理人或者利害关系人请求，应当裁定终止重整计划的执行，并宣告债务人破产。

人民法院裁定终止重整计划执行的，债权人在重整计划中作出的债权调整的承诺失去效力。债权人因执行重整计划所受的清偿仍然有效，债权未受清偿的部分作为破产债权。

前款规定的债权人，只有在其他同顺位债权人同自己所受的清偿达到同一比例时，才能继续接受分配。

有本条第一款规定情形的，为重整

计划的执行提供的担保继续有效。

第九十四条 按照重整计划减免的债务，自重整计划执行完毕时起，债务人不再承担清偿责任。

第九章 和 解

第九十五条 债务人可以依照本法规定，直接向人民法院申请和解；也可以在人民法院受理破产申请后、宣告债务人破产前，向人民法院申请和解。

债务人申请和解，应当提出和解协议草案。

第九十六条 人民法院经审查认为和解申请符合本法规定的，应当裁定和解，予以公告，并召集债权人会议讨论和解协议草案。

对债务人的特定财产享有担保权的权利人，自人民法院裁定和解之日起可以行使权利。

第九十七条 债权人会议通过和解协议的决议，由出席会议的有表决权的债权人过半数同意，并且其所代表的债权额占无财产担保债权总额的三分之二以上。

第九十八条 债权人会议通过和解协议的，由人民法院裁定认可，终止和解程序，并予以公告。管理人应当向债务人移交财产和营业事务，并向人民法院提交执行职务的报告。

第九十九条 和解协议草案经债权人会议表决未获得通过，或者已经债权人会议通过的和解协议未获得人民法院认可的，人民法院应当裁定终止和解程序，并宣告债务人破产。

第一百条 经人民法院裁定认可的和解协议，对债务人和全体和解债权人均有约束力。

和解债权人是指人民法院受理破产申请时对债务人享有无财产担保债权的人。

和解债权人未依照本法规定申报债权的，在和解协议执行期间不得行使权利；在和解协议执行完毕后，可以按照和解协议规定的清偿条件行使权利。

第一百零一条 和解债权人对债务人的保证人和其他连带债务人所享有的权利，不受和解协议的影响。

第一百零二条 债务人应当按照和解协议规定的条件清偿债务。

第一百零三条 因债务人的欺诈或者其他违法行为而成立的和解协议，人民法院应当裁定无效，并宣告债务人破产。

有前款规定情形的，和解债权人因执行和解协议所受的清偿，在其他债权人所受清偿同等比例的范围内，不予返还。

第一百零四条 债务人不能执行或者不执行和解协议的，人民法院经和解债权人请求，应当裁定终止和解协议的执行，并宣告债务人破产。

人民法院裁定终止和解协议执行的，和解债权人在和解协议中作出的债权调整的承诺失去效力。和解债权人因执行和解协议所受的清偿仍然有效，和解债权未受清偿的部分作为破产债权。

前款规定的债权人，只有在其他债权人同自己所受的清偿达到同一比例时，才能继续接受分配。

有本条第一款规定情形的，为和解协议的执行提供的担保继续有效。

第一百零五条 人民法院受理破产申请后，债务人与全体债权人就债权债务的处理自行达成协议的，可以请求人民法院裁定认可，并终结破产程序。

第一百零六条 按照和解协议减免的债务，自和解协议执行完毕时起，债务人不再承担清偿责任。

第十章 破 产 清 算

第一节 破 产 宣 告

第一百零七条 人民法院依照本法规定宣告债务人破产的，应当自裁定作出之日起五日内送达债务人和管理人，自裁定作出之日起十日内通知已知债权人，并予以公告。

债务人被宣告破产后，债务人称为破产人，债务人财产称为破产财产，人民法院受理破产申请时对债务人享有的债权称为破产债权。

第一百零八条 破产宣告前，有下列情形之一的，人民法院应当裁定终结破产程序，并予以公告：

（一）第三人为债务人提供足额担保或者为债务人清偿全部到期债务的；

（二）债务人已清偿全部到期债务的。

第一百零九条 对破产人的特定财产享有担保权的权利人，对该特定财产享有优先受偿的权利。

第一百一十条 享有本法第一百零九条规定权利的债权人行使优先受偿权利未能完全受偿的，其未受偿的债权作为普通债权；放弃优先受偿权利的，其债权作为普通债权。

第二节 变价和分配

第一百一十一条 管理人应当及时拟订破产财产变价方案，提交债权人会议讨论。

管理人应当按照债权人会议通过的或者人民法院依照本法第六十五条第一款规定裁定的破产财产变价方案，适时变价出售破产财产。

第一百一十二条 变价出售破产财产应当通过拍卖进行。但是，债权人会议另有决议的除外。

破产企业可以全部或者部分变价出售。企业变价出售时，可以将其中的无形资产和其他财产单独变价出售。

按照国家规定不能拍卖或者限制转让的财产，应当按照国家规定的方式处理。

第一百一十三条 破产财产在优先清偿破产费用和共益债务后，依照下列顺序清偿：

（一）破产人所欠职工的工资和医疗、伤残补助、抚恤费用，所欠的应当划入职工个人账户的基本养老保险、基本医疗保险费用，以及法律、行政法规规定应当支付给职工的补偿金；

（二）破产人欠缴的除前项规定以外的社会保险费用和破产人所欠税款；

（三）普通破产债权。

破产财产不足以清偿同一顺序的清偿要求的，按照比例分配。

破产企业的董事、监事和高级管理人员的工资按照该企业职工的平均工资计算。

第一百一十四条 破产财产的分配应当以货币分配方式进行。但是，债权人会议另有决议的除外。

第一百一十五条 管理人应当及时拟订破产财产分配方案，提交债权人会议讨论。

破产财产分配方案应当载明下列事项：

（一）参加破产财产分配的债权人名称或者姓名、住所；

（二）参加破产财产分配的债权额；

（三）可供分配的破产财产数额；

（四）破产财产分配的顺序、比例及数额；

（五）实施破产财产分配的方法。

债权人会议通过破产财产分配方案后，由管理人将该方案提请人民法院裁定认可。

第一百一十六条 破产财产分配方案经人民法院裁定认可后，由管理人执行。

管理人按照破产财产分配方案实施多次分配的，应当公告本次分配的财产额和债权额。管理人实施最后分配的，应当在公告中指明，并载明本法第一百一十七条第二款规定的事项。

第一百一十七条 对于附生效条件或者解除条件的债权，管理人应当将其分配额提存。

管理人依照前款规定提存的分配额，

在最后分配公告日，生效条件未成就或者解除条件成就的，应当分配给其他债权人；在最后分配公告日，生效条件成就或者解除条件未成就的，应当交付给债权人。

第一百一十八条 债权人未受领的破产财产分配额，管理人应当提存。债权人自最后分配公告之日起满二个月仍不领取的，视为放弃受领分配的权利，管理人或者人民法院应当将提存的分配额分配给其他债权人。

第一百一十九条 破产财产分配时，对于诉讼或者仲裁未决的债权，管理人应当将其分配额提存。自破产程序终结之日起满二年仍不能受领分配的，人民法院应当将提存的分配额分配给其他债权人。

第三节 破产程序的终结

第一百二十条 破产人无财产可供分配的，管理人应当请求人民法院裁定终结破产程序。

管理人在最后分配完结后，应当及时向人民法院提交破产财产分配报告，并提请人民法院裁定终结破产程序。

人民法院应当自收到管理人终结破产程序的请求之日起十五日内作出是否终结破产程序的裁定。裁定终结的，应当予以公告。

第一百二十一条 管理人应当自破产程序终结之日起十日内，持人民法院终结破产程序的裁定，向破产人的原登记机关办理注销登记。

第一百二十二条 管理人于办理注销登记完毕的次日终止执行职务。但是，

存在诉讼或者仲裁未决情况的除外。

第一百二十三条 自破产程序依照本法第四十三条第四款或者第一百二十条的规定终结之日起二年内，有下列情形之一的，债权人可以请求人民法院按照破产财产分配方案进行追加分配：

（一）发现有依照本法第三十一条、第三十二条、第三十三条、第三十六条规定应当追回的财产的；

（二）发现破产人有应当供分配的其他财产的。

有前款规定情形，但财产数量不足以支付分配费用的，不再进行追加分配，由人民法院将其上交国库。

第一百二十四条 破产人的保证人和其他连带债务人，在破产程序终结后，对债权人依照破产清算程序未受清偿的债权，依法继续承担清偿责任。

第十一章 法律责任

第一百二十五条 企业董事、监事或者高级管理人员违反忠实义务、勤勉义务，致使所在企业破产的，依法承担民事责任。

有前款规定情形的人员，自破产程序终结之日起三年内不得担任任何企业的董事、监事、高级管理人员。

第一百二十六条 有义务列席债权人会议的债务人的有关人员，经人民法院传唤，无正当理由拒不列席债权人会议的，人民法院可以拘传，并依法处以罚款。债务人的有关人员违反本法规定，拒不陈述、回答，或者作虚假陈述、回

答的，人民法院可以依法处以罚款。

第一百二十七条 债务人违反本法规定，拒不向人民法院提交或者提交不真实的财产状况说明、债务清册、债权清册、有关财务会计报告以及职工工资的支付情况和社会保险费用的缴纳情况的，人民法院可以对直接责任人员依法处以罚款。

债务人违反本法规定，拒不向管理人移交财产、印章和账簿、文书等资料的，或者伪造、销毁有关财产证据材料而使财产状况不明的，人民法院可以对直接责任人员依法处以罚款。

第一百二十八条 债务人有本法第三十一条、第三十二条、第三十三条规定的行为，损害债权人利益的，债务人的法定代表人和其他直接责任人员依法承担赔偿责任。

第一百二十九条 债务人的有关人员违反本法规定，擅自离开住所地的，人民法院可以予以训诫、拘留，可以依法并处罚款。

第一百三十条 管理人未依照本法规定勤勉尽责，忠实执行职务的，人民法院可以依法处以罚款；给债权人、债务人或者第三人造成损失的，依法承担赔偿责任。

第一百三十一条 违反本法规定，构成犯罪的，依法追究刑事责任。

第十二章 附 则

第一百三十二条 本法施行后，破产人在本法公布之日前所欠职工的工资

和医疗、伤残补助、抚恤费用，所欠的应当划入职工个人账户的基本养老保险、基本医疗保险费用，以及法律、行政法规规定应当支付给职工的补偿金，依照本法第一百一十三条的规定清偿后不足以清偿的部分，以本法第一百零九条规定的特定财产优先于对该特定财产享有担保权的权利人受偿。

第一百三十三条 在本法施行前国务院规定的期限和范围内的国有企业实施破产的特殊事宜，按照国务院有关规定办理。

第一百三十四条 商业银行、证券公司、保险公司等金融机构有本法第二条规定情形的，国务院金融监督管理机构可以向人民法院提出对该金融机构进行重整或者破产清算的申请。国务院金融监督管理机构依法对出现重大经营风险的金融机构采取接管、托管等措施的，可以向人民法院申请中止以该金融机构为被告或者被执行人的民事诉讼程序或者执行程序。

金融机构实施破产的，国务院可以依据本法和其他有关法律的规定制定实施办法。

第一百三十五条 其他法律规定企业法人以外的组织的清算，属于破产清算的，参照适用本法规定的程序。

第一百三十六条 本法自 2007 年 6 月 1 日起施行，《中华人民共和国企业破产法（试行）》同时废止。

中华人民共和国
市场主体登记管理条例

（2021 年 4 月 14 日国务院第 131
次常务会议通过 2021 年 7 月 27 日
中华人民共和国国务院令第 746 号
公布 自 2022 年 3 月 1 日起施行）

第一章 总 则

第一条 为了规范市场主体登记管理行为，推进法治化市场建设，维护良好市场秩序和市场主体合法权益，优化营商环境，制定本条例。

第二条 本条例所称市场主体，是指在中华人民共和国境内以营利为目的从事经营活动的下列自然人、法人及非法人组织：

（一）公司、非公司企业法人及其分支机构；

（二）个人独资企业、合伙企业及其分支机构；

（三）农民专业合作社（联合社）及其分支机构；

（四）个体工商户；

（五）外国公司分支机构；

（六）法律、行政法规规定的其他市场主体。

第三条 市场主体应当依照本条例办理登记。未经登记，不得以市场主体名义从事经营活动。法律、行政法规规定无需办理登记的除外。

市场主体登记包括设立登记、变更登记和注销登记。

第四条 市场主体登记管理应当遵循依法合规、规范统一、公开透明、便捷高效的原则。

第五条 国务院市场监督管理部门主管全国市场主体登记管理工作。

县级以上地方人民政府市场监督管理部门主管本辖区市场主体登记管理工作，加强统筹指导和监督管理。

第六条 国务院市场监督管理部门应当加强信息化建设，制定统一的市场主体登记数据和系统建设规范。

县级以上地方人民政府承担市场主体登记工作的部门（以下称登记机关）应当优化市场主体登记办理流程，提高市场主体登记效率，推行当场办结、一次办结、限时办结等制度，实现集中办理、就近办理、网上办理、异地可办，提升市场主体登记便利化程度。

第七条 国务院市场监督管理部门和国务院有关部门应当推动市场主体登记信息与其他政府信息的共享和运用，提升政府服务效能。

第二章 登 记 事 项

第八条 市场主体的一般登记事项包括：

（一）名称；

（二）主体类型；

（三）经营范围；

（四）住所或者主要经营场所；

（五）注册资本或者出资额；

（六）法定代表人、执行事务合伙人或者负责人姓名。

除前款规定外，还应当根据市场主体类型登记下列事项：

（一）有限责任公司股东、股份有限公司发起人、非公司企业法人出资人的姓名或者名称；

（二）个人独资企业的投资人姓名及居所；

（三）合伙企业的合伙人名称或者姓名、住所、承担责任方式；

（四）个体工商户的经营者姓名、住所、经营场所；

（五）法律、行政法规规定的其他事项。

第九条 市场主体的下列事项应当向登记机关办理备案：

（一）章程或者合伙协议；

（二）经营期限或者合伙期限；

（三）有限责任公司股东或者股份有限公司发起人认缴的出资数额，合伙企业合伙人认缴或者实际缴付的出资数额、缴付期限和出资方式；

（四）公司董事、监事、高级管理人员；

（五）农民专业合作社（联合社）成员；

（六）参加经营的个体工商户家庭成员姓名；

（七）市场主体登记联络员、外商投资企业法律文件送达接受人；

（八）公司、合伙企业等市场主体受益所有人相关信息；

（九）法律、行政法规规定的其他事项。

第十条 市场主体只能登记一个名称，经登记的市场主体名称受法律保护。

市场主体名称由申请人依法自主申报。

第十一条 市场主体只能登记一个住所或者主要经营场所。

电子商务平台内的自然人经营者可以根据国家有关规定，将电子商务平台提供的网络经营场所作为经营场所。

省、自治区、直辖市人民政府可以根据有关法律、行政法规的规定和本地区实际情况，自行或者授权下级人民政府对住所或者主要经营场所作出更加便利市场主体从事经营活动的具体规定。

第十二条 有下列情形之一的，不得担任公司、非公司企业法人的法定代表人：

（一）无民事行为能力或者限制民事行为能力；

（二）因贪污、贿赂、侵占财产、挪用财产或者破坏社会主义市场经济秩序被判处刑罚，执行期满未逾5年，或者因犯罪被剥夺政治权利，执行期满未逾5年；

（三）担任破产清算的公司、非公司企业法人的法定代表人、董事或者厂长、经理，对破产负有个人责任的，自破产清算完结之日起未逾3年；

（四）担任因违法被吊销营业执照、责令关闭的公司、非公司企业法人的法定代表人，并负有个人责任的，自被吊销营业执照之日起未逾3年；

（五）个人所负数额较大的债务到期未清偿；

（六）法律、行政法规规定的其他情形。

第十三条 除法律、行政法规或者国务院决定另有规定外，市场主体的注册资本或者出资额实行认缴登记制，以人民币表示。

出资方式应当符合法律、行政法规的规定。公司股东、非公司企业法人出资人、农民专业合作社（联合社）成员不得以劳务、信用、自然人姓名、商誉、特许经营权或者设定担保的财产等作价出资。

第十四条 市场主体的经营范围包括一般经营项目和许可经营项目。经营范围中属于在登记前依法须经批准的许可经营项目，市场主体应当在申请登记时提交有关批准文件。

市场主体应当按照登记机关公布的经营项目分类标准办理经营范围登记。

第三章 登 记 规 范

第十五条 市场主体实行实名登记。申请人应当配合登记机关核验身份信息。

第十六条 申请办理市场主体登记，应当提交下列材料：

（一）申请书；

（二）申请人资格文件、自然人身份证明；

（三）住所或者主要经营场所相关文件；

（四）公司、非公司企业法人、农民专业合作社（联合社）章程或者合伙企业合伙协议；

（五）法律、行政法规和国务院市场监督管理部门规定提交的其他材料。

国务院市场监督管理部门应当根据市场主体类型分别制定登记材料清单和文书格式样本，通过政府网站、登记机关服务窗口等向社会公开。

登记机关能够通过政务信息共享平台获取的市场主体登记相关信息，不得要求申请人重复提供。

第十七条 申请人应当对提交材料的真实性、合法性和有效性负责。

第十八条 申请人可以委托其他自然人或者中介机构代其办理市场主体登记。受委托的自然人或者中介机构代为办理登记事宜应当遵守有关规定，不得提供虚假信息和材料。

第十九条 登记机关应当对申请材料进行形式审查。对申请材料齐全、符合法定形式的予以确认并当场登记。不能当场登记的，应当在 3 个工作日内予以登记；情形复杂的，经登记机关负责人批准，可以再延长 3 个工作日。

申请材料不齐全或者不符合法定形式的，登记机关应当一次性告知申请人需要补正的材料。

第二十条 登记申请不符合法律、行政法规规定，或者可能危害国家安全、社会公共利益的，登记机关不予登记并说明理由。

第二十一条 申请人申请市场主体设立登记，登记机关依法予以登记的，签发营业执照。营业执照签发日期为市场主体的成立日期。

法律、行政法规或者国务院决定规

定设立市场主体须经批准的，应当在批准文件有效期内向登记机关申请登记。

第二十二条 营业执照分为正本和副本，具有同等法律效力。

电子营业执照与纸质营业执照具有同等法律效力。

营业执照样式、电子营业执照标准由国务院市场监督管理部门统一制定。

第二十三条 市场主体设立分支机构，应当向分支机构所在地的登记机关申请登记。

第二十四条 市场主体变更登记事项，应当自作出变更决议、决定或者法定变更事项发生之日起 30 日内向登记机关申请变更登记。

市场主体变更登记事项属于依法须经批准的，申请人应当在批准文件有效期内向登记机关申请变更登记。

第二十五条 公司、非公司企业法人的法定代表人在任职期间发生本条例第十二条所列情形之一的，应当向登记机关申请变更登记。

第二十六条 市场主体变更经营范围，属于依法须经批准的项目的，应当自批准之日起 30 日内申请变更登记。许可证或者批准文件被吊销、撤销或者有效期届满的，应当自许可证或者批准文件被吊销、撤销或者有效期届满之日起 30 日内向登记机关申请变更登记或者办理注销登记。

第二十七条 市场主体变更住所或者主要经营场所跨登记机关辖区的，应当在迁入新的住所或者主要经营场所前，向迁入地登记机关申请变更登记。迁出

地登记机关无正当理由不得拒绝移交市场主体档案等相关材料。

第二十八条 市场主体变更登记涉及营业执照记载事项的，登记机关应当及时为市场主体换发营业执照。

第二十九条 市场主体变更本条例第九条规定的备案事项的，应当自作出变更决议、决定或者法定变更事项发生之日起 30 日内向登记机关办理备案。农民专业合作社（联合社）成员发生变更的，应当自本会计年度终了之日起 90 日内向登记机关办理备案。

第三十条 因自然灾害、事故灾难、公共卫生事件、社会安全事件等原因造成经营困难的，市场主体可以自主决定在一定时期内歇业。法律、行政法规另有规定的除外。

市场主体应当在歇业前与职工依法协商劳动关系处理等有关事项。

市场主体应当在歇业前向登记机关办理备案。登记机关通过国家企业信用信息公示系统向社会公示歇业期限、法律文书送达地址等信息。

市场主体歇业的期限最长不得超过 3 年。市场主体在歇业期间开展经营活动的，视为恢复营业，市场主体应当通过国家企业信用信息公示系统向社会公示。

市场主体歇业期间，可以以法律文书送达地址代替住所或者主要经营场所。

第三十一条 市场主体因解散、被宣告破产或者其他法定事由需要终止的，应当依法向登记机关申请注销登记。经登记机关注销登记，市场主体终止。

市场主体注销依法须经批准的，应

当经批准后向登记机关申请注销登记。

第三十二条 市场主体注销登记前依法应当清算的，清算组应当自成立之日起 10 日内将清算组成员、清算组负责人名单通过国家企业信用信息公示系统公告。清算组可以通过国家企业信用信息公示系统发布债权人公告。

清算组应当自清算结束之日起 30 日内向登记机关申请注销登记。市场主体申请注销登记前，应当依法办理分支机构注销登记。

第三十三条 市场主体未发生债权债务或者已将债权债务清偿完结，未发生或者已结清清偿费用、职工工资、社会保险费用、法定补偿金、应缴纳税款（滞纳金、罚款），并由全体投资人书面承诺对上述情况的真实性承担法律责任的，可以按照简易程序办理注销登记。

市场主体应当将承诺书及注销登记申请通过国家企业信用信息公示系统公示，公示期为 20 日。在公示期内无相关部门、债权人及其他利害关系人提出异议的，市场主体可以于公示期届满之日起 20 日内向登记机关申请注销登记。

个体工商户按照简易程序办理注销登记的，无需公示，由登记机关将个体工商户的注销登记申请推送至税务等有关部门，有关部门在 10 日内没有提出异议的，可以直接办理注销登记。

市场主体注销依法须经批准的，或者市场主体被吊销营业执照、责令关闭、撤销，或者被列入经营异常名录的，不适用简易注销程序。

第三十四条 人民法院裁定强制清算或者裁定宣告破产的，有关清算组、破产管理人可以持人民法院终结强制清算程序的裁定或者终结破产程序的裁定，直接向登记机关申请办理注销登记。

第四章 监督管理

第三十五条 市场主体应当按照国家有关规定公示年度报告和登记相关信息。

第三十六条 市场主体应当将营业执照置于住所或者主要经营场所的醒目位置。从事电子商务经营的市场主体应当在其首页显著位置持续公示营业执照信息或者相关链接标识。

第三十七条 任何单位和个人不得伪造、涂改、出租、出借、转让营业执照。

营业执照遗失或者毁坏的，市场主体应当通过国家企业信用信息公示系统声明作废，申请补领。

登记机关依法作出变更登记、注销登记和撤销登记决定的，市场主体应当缴回营业执照。拒不缴回或者无法缴回营业执照的，由登记机关通过国家企业信用信息公示系统公告营业执照作废。

第三十八条 登记机关应当根据市场主体的信用风险状况实施分级分类监管。

登记机关应当采取随机抽取检查对象、随机选派执法检查人员的方式，对市场主体登记事项进行监督检查，并及时向社会公开监督检查结果。

第三十九条 登记机关对市场主体

涉嫌违反本条例规定的行为进行查处，可以行使下列职权：

（一）进入市场主体的经营场所实施现场检查；

（二）查阅、复制、收集与市场主体经营活动有关的合同、票据、账簿以及其他资料；

（三）向与市场主体经营活动有关的单位和个人调查了解情况；

（四）依法责令市场主体停止相关经营活动；

（五）依法查询涉嫌违法的市场主体的银行账户；

（六）法律、行政法规规定的其他职权。

登记机关行使前款第四项、第五项规定的职权的，应当经登记机关主要负责人批准。

第四十条 提交虚假材料或者采取其他欺诈手段隐瞒重要事实取得市场主体登记的，受虚假市场主体登记影响的自然人、法人和其他组织可以向登记机关提出撤销市场主体登记的申请。

登记机关受理申请后，应当及时开展调查。经调查认定存在虚假市场主体登记情形的，登记机关应当撤销市场主体登记。相关市场主体和人员无法联系或者拒不配合的，登记机关可以将相关市场主体的登记时间、登记事项等通过国家企业信用信息公示系统向社会公示，公示期为45日。相关市场主体及其利害关系人在公示期内没有提出异议的，登记机关可以撤销市场主体登记。

因虚假市场主体登记被撤销的市场主体，其直接责任人自市场主体登记被撤销之日起3年内不得再次申请市场主体登记。登记机关应当通过国家企业信用信息公示系统予以公示。

第四十一条 有下列情形之一的，登记机关可以不予撤销市场主体登记：

（一）撤销市场主体登记可能对社会公共利益造成重大损害；

（二）撤销市场主体登记后无法恢复到登记前的状态；

（三）法律、行政法规规定的其他情形。

第四十二条 登记机关或者其上级机关认定撤销市场主体登记决定错误的，可以撤销该决定，恢复原登记状态，并通过国家企业信用信息公示系统公示。

第五章 法 律 责 任

第四十三条 未经设立登记从事经营活动的，由登记机关责令改正，没收违法所得；拒不改正的，处1万元以上10万元以下的罚款；情节严重的，依法责令关闭停业，并处10万元以上50万元以下的罚款。

第四十四条 提交虚假材料或者采取其他欺诈手段隐瞒重要事实取得市场主体登记的，由登记机关责令改正，没收违法所得，并处5万元以上20万元以下的罚款；情节严重的，处20万元以上100万元以下的罚款，吊销营业执照。

第四十五条 实行注册资本实缴登记制的市场主体虚报注册资本取得市场主体登记的，由登记机关责令改正，处虚报注册资本金额 5% 以上 15% 以下的罚款；情节严重的，吊销营业执照。

实行注册资本实缴登记制的市场主体的发起人、股东虚假出资，未交付或者未按期交付作为出资的货币或者非货币财产的，或者在市场主体成立后抽逃出资的，由登记机关责令改正，处虚假出资金额 5% 以上 15% 以下的罚款。

第四十六条 市场主体未依照本条例办理变更登记的，由登记机关责令改正；拒不改正的，处 1 万元以上 10 万元以下的罚款；情节严重的，吊销营业执照。

第四十七条 市场主体未依照本条例办理备案的，由登记机关责令改正；拒不改正的，处 5 万元以下的罚款。

第四十八条 市场主体未依照本条例将营业执照置于住所或者主要经营场所醒目位置的，由登记机关责令改正；拒不改正的，处 3 万元以下的罚款。

从事电子商务经营的市场主体未在其首页显著位置持续公示营业执照信息或者相关链接标识的，由登记机关依照《中华人民共和国电子商务法》处罚。

市场主体伪造、涂改、出租、出借、转让营业执照的，由登记机关没收违法所得，处 10 万元以下的罚款；情节严重的，处 10 万元以上 50 万元以下的罚款，吊销营业执照。

第四十九条 违反本条例规定的，登记机关确定罚款金额时，应当综合考虑市场主体的类型、规模、违法情节等因素。

第五十条 登记机关及其工作人员违反本条例规定未履行职责或者履行职责不当的，对直接负责的主管人员和其他直接责任人员依法给予处分。

第五十一条 违反本条例规定，构成犯罪的，依法追究刑事责任。

第五十二条 法律、行政法规对市场主体登记管理违法行为处罚另有规定的，从其规定。

第六章 附 则

第五十三条 国务院市场监督管理部门可以依照本条例制定市场主体登记和监督管理的具体办法。

第五十四条 无固定经营场所摊贩的管理办法，由省、自治区、直辖市人民政府根据当地实际情况另行规定。

第五十五条 本条例自 2022 年 3 月 1 日起施行。《中华人民共和国公司登记管理条例》、《中华人民共和国企业法人登记管理条例》、《中华人民共和国合伙企业登记管理办法》、《农民专业合作社登记管理条例》、《企业法人法定代表人登记管理规定》同时废止。

中华人民共和国市场主体登记管理条例实施细则

（2022 年 3 月 1 日国家市场监督管理总局令第 52 号公布　自公布之日起施行）

第一章 总 则

第一条 根据《中华人民共和国市

场主体登记管理条例》（以下简称《条例》）等有关法律法规，制定本实施细则。

第二条 市场主体登记管理应当遵循依法合规、规范统一、公开透明、便捷高效的原则。

第三条 国家市场监督管理总局主管全国市场主体统一登记管理工作，制定市场主体登记管理的制度措施，推进登记全程电子化，规范登记行为，指导地方登记机关依法有序开展登记管理工作。

县级以上地方市场监督管理部门主管本辖区市场主体登记管理工作，加强对辖区内市场主体登记管理工作的统筹指导和监督管理，提升登记管理水平。

县级市场监督管理部门的派出机构可以依法承担个体工商户等市场主体的登记管理职责。

各级登记机关依法履行登记管理职责，执行全国统一的登记管理政策文件和规范要求，使用统一的登记材料、文书格式，以及省级统一的市场主体登记管理系统，优化登记办理流程，推行网上办理等便捷方式，健全数据安全管理制度，提供规范化、标准化登记管理服务。

第四条 省级以上人民政府或者其授权的国有资产监督管理机构履行出资人职责的公司，以及该公司投资设立并持有 50% 以上股权或者股份的公司的登记管理由省级登记机关负责；股份有限公司的登记管理由地市级以上地方登记机关负责。

除前款规定的情形外，省级市场监督管理部门依法对本辖区登记管辖作出统一规定；上级登记机关在特定情形下，可以依法将部分市场主体登记管理工作交由下级登记机关承担，或者承担下级登记机关的部分登记管理工作。

外商投资企业登记管理由国家市场监督管理总局或者其授权的地方市场监督管理部门负责。

第五条 国家市场监督管理总局应当加强信息化建设，统一登记管理业务规范、数据标准和平台服务接口，归集全国市场主体登记管理信息。

省级市场监督管理部门主管本辖区登记管理信息化建设，建立统一的市场主体登记管理系统，归集市场主体登记管理信息，规范市场主体登记注册流程，提升政务服务水平，强化部门间信息共享和业务协同，提升市场主体登记管理便利化程度。

第二章 登记事项

第六条 市场主体应当按照类型依法登记下列事项：

（一）公司：名称、类型、经营范围、住所、注册资本、法定代表人姓名、有限责任公司股东或者股份有限公司发起人姓名或者名称。

（二）非公司企业法人：名称、类型、经营范围、住所、出资额、法定代表人姓名、出资人（主管部门）名称。

（三）个人独资企业：名称、类型、经营范围、住所、出资额、投资人姓名及居所。

（四）合伙企业：名称、类型、经营范围、主要经营场所、出资额、执行事务合伙人名称或者姓名，合伙人名称或者姓名、住所、承担责任方式。执行事务合伙人是法人或者其他组织的，登记事项还应当包括其委派的代表姓名。

（五）农民专业合作社（联合社）：名称、类型、经营范围、住所、出资额、法定代表人姓名。

（六）分支机构：名称、类型、经营范围、经营场所、负责人姓名。

（七）个体工商户：组成形式、经营范围、经营场所，经营者姓名、住所。个体工商户使用名称的，登记事项还应当包括名称。

（八）法律、行政法规规定的其他事项。

第七条　市场主体应当按照类型依法备案下列事项：

（一）公司：章程、经营期限、有限责任公司股东或者股份有限公司发起人认缴的出资数额、董事、监事、高级管理人员、登记联络员、外商投资公司法律文件送达接受人。

（二）非公司企业法人：章程、经营期限、登记联络员。

（三）个人独资企业：登记联络员。

（四）合伙企业：合伙协议、合伙期限、合伙人认缴或者实际缴付的出资数额、缴付期限和出资方式、登记联络员、外商投资合伙企业法律文件送达接受人。

（五）农民专业合作社（联合社）：章程、成员、登记联络员。

（六）分支机构：登记联络员。

（七）个体工商户：家庭参加经营的家庭成员姓名、登记联络员。

（八）公司、合伙企业等市场主体受益所有人相关信息。

（九）法律、行政法规规定的其他事项。

上述备案事项由登记机关在设立登记时一并进行信息采集。

受益所有人信息管理制度由中国人民银行会同国家市场监督管理总局另行制定。

第八条　市场主体名称由申请人依法自主申报。

第九条　申请人应当依法申请登记下列市场主体类型：

（一）有限责任公司、股份有限公司；

（二）全民所有制企业、集体所有制企业、联营企业；

（三）个人独资企业；

（四）普通合伙（含特殊普通合伙）企业、有限合伙企业；

（五）农民专业合作社、农民专业合作社联合社；

（六）个人经营的个体工商户、家庭经营的个体工商户。

分支机构应当按所属市场主体类型注明分公司或者相应的分支机构。

第十条　申请人应当根据市场主体类型依法向其住所（主要经营场所、经营场所）所在地具有登记管辖权的登记机关办理登记。

第十一条　申请人申请登记市场主

体法定代表人、执行事务合伙人（含委派代表），应当符合章程或者协议约定。

合伙协议未约定或者全体合伙人未决定委托执行事务合伙人的，除有限合伙人外，申请人应当将其他合伙人均登记为执行事务合伙人。

第十二条 申请人应当按照国家市场监督管理总局发布的经营范围规范目录，根据市场主体主要行业或者经营特征自主选择一般经营项目和许可经营项目，申请办理经营范围登记。

第十三条 申请人申请登记的市场主体注册资本（出资额）应当符合章程或者协议约定。

市场主体注册资本（出资额）以人民币表示。外商投资企业的注册资本（出资额）可以用可自由兑换的货币表示。

依法以境内公司股权或者债权出资的，应当权属清楚、权能完整，依法可以评估、转让，符合公司章程规定。

第三章 登记规范

第十四条 申请人可以自行或者指定代表人、委托代理人办理市场主体登记、备案事项。

第十五条 申请人应当在申请材料上签名或者盖章。

申请人可以通过全国统一电子营业执照系统等电子签名工具和途径进行电子签名或者电子签章。符合法律规定的可靠电子签名、电子签章与手写签名或者盖章具有同等法律效力。

第十六条 在办理登记、备案事项时，申请人应当配合登记机关通过实名认证系统，采用人脸识别等方式对下列人员进行实名验证：

（一）法定代表人、执行事务合伙人（含委派代表）、负责人；

（二）有限责任公司股东、股份有限公司发起人、公司董事、监事及高级管理人员；

（三）个人独资企业投资人、合伙企业合伙人、农民专业合作社（联合社）成员、个体工商户经营者；

（四）市场主体登记联络员、外商投资企业法律文件送达接受人；

（五）指定的代表人或者委托代理人。

因特殊原因，当事人无法通过实名认证系统核验身份信息的，可以提交经依法公证的自然人身份证明文件，或者由本人持身份证件到现场办理。

第十七条 办理市场主体登记、备案事项，申请人可以到登记机关现场提交申请，也可以通过市场主体登记注册系统提出申请。

申请人对申请材料的真实性、合法性、有效性负责。

办理市场主体登记、备案事项，应当遵守法律法规，诚实守信，不得利用市场主体登记，牟取非法利益，扰乱市场秩序，危害国家安全、社会公共利益。

第十八条 申请材料齐全、符合法定形式的，登记机关予以确认，并当场登记，出具登记通知书，及时制发营业执照。

不予当场登记的，登记机关应当向申请人出具接收申请材料凭证，并在 3 个工作日内对申请材料进行审查；情形复杂的，经登记机关负责人批准，可以延长 3 个工作日，并书面告知申请人。

申请材料不齐全或者不符合法定形式的，登记机关应当将申请材料退还申请人，并一次性告知申请人需要补正的材料。申请人补正后，应当重新提交申请材料。

不属于市场主体登记范畴或者不属于本登记机关登记管辖范围的事项，登记机关应当告知申请人向有关行政机关申请。

第十九条 市场主体登记申请不符合法律、行政法规或者国务院决定规定，或者可能危害国家安全、社会公共利益的，登记机关不予登记，并出具不予登记通知书。

利害关系人就市场主体申请材料的真实性、合法性、有效性或者其他有关实体权利提起诉讼或者仲裁，对登记机关依法登记造成影响的，申请人应当在诉讼或者仲裁终结后，向登记机关申请办理登记。

第二十条 市场主体法定代表人依法受到任职资格限制的，在申请办理其他变更登记时，应当依法及时申请办理法定代表人变更登记。

市场主体因通过登记的住所（主要经营场所、经营场所）无法取得联系被列入经营异常名录的，在申请办理其他变更登记时，应当依法及时申请办理住所（主要经营场所、经营场所）变更

登记。

第二十一条 公司或者农民专业合作社（联合社）合并、分立的，可以通过国家企业信用信息公示系统公告，公告期 45 日，应当于公告期届满后申请办理登记。

非公司企业法人合并、分立的，应当经出资人（主管部门）批准，自批准之日起 30 日内申请办理登记。

市场主体设立分支机构的，应当自决定作出之日起 30 日内向分支机构所在地登记机关申请办理登记。

第二十二条 法律、行政法规或者国务院决定规定市场主体申请登记、备案事项前需要审批的，在办理登记、备案时，应当在有效期内提交有关批准文件或者许可证书。有关批准文件或者许可证书未规定有效期限，自批准之日起超过 90 日的，申请人应当报审批机关确认其效力或者另行报批。

市场主体设立后，前款规定批准文件或者许可证书内容有变化、被吊销、撤销或者有效期届满的，应当自批准文件、许可证书重新批准之日或者被吊销、撤销、有效期届满之日起 30 日内申请办理变更登记或者注销登记。

第二十三条 市场主体营业执照应当载明名称、法定代表人（执行事务合伙人、个人独资企业投资人、经营者或者负责人）姓名、类型（组成形式）、注册资本（出资额）、住所（主要经营场所、经营场所）、经营范围、登记机关、成立日期、统一社会信用代码。

电子营业执照与纸质营业执照具有

同等法律效力，市场主体可以凭电子营业执照开展经营活动。

市场主体在办理涉及营业执照记载事项变更登记或者申请注销登记时，需要在提交申请时一并缴回纸质营业执照正、副本。对于市场主体营业执照拒不缴回或者无法缴回的，登记机关在完成变更登记或者注销登记后，通过国家企业信用信息公示系统公告营业执照作废。

第二十四条 外国投资者在中国境内设立外商投资企业，其主体资格文件或者自然人身份证明应当经所在国家公证机关公证并经中国驻该国使（领）馆认证。中国与有关国家缔结或者共同参加的国际条约对认证另有规定的除外。

香港特别行政区、澳门特别行政区和台湾地区投资者的主体资格文件或者自然人身份证明应当按照专项规定或者协议，依法提供当地公证机构的公证文件。按照国家有关规定，无需提供公证文件的除外。

第四章 设立登记

第二十五条 申请办理设立登记，应当提交下列材料：

（一）申请书；

（二）申请人主体资格文件或者自然人身份证明；

（三）住所（主要经营场所、经营场所）相关文件；

（四）公司、非公司企业法人、农民专业合作社（联合社）章程或者合伙企业合伙协议。

第二十六条 申请办理公司设立登记，还应当提交法定代表人、董事、监事和高级管理人员的任职文件和自然人身份证明。

除前款规定的材料外，募集设立股份有限公司还应当提交依法设立的验资机构出具的验资证明；公开发行股票的，还应当提交国务院证券监督管理机构的核准或者注册文件。涉及发起人首次出资属于非货币财产的，还应当提交已办理财产权转移手续的证明文件。

第二十七条 申请设立非公司企业法人，还应当提交法定代表人的任职文件和自然人身份证明。

第二十八条 申请设立合伙企业，还应当提交下列材料：

（一）法律、行政法规规定设立特殊的普通合伙企业需要提交合伙人的职业资格文件的，提交相应材料；

（二）全体合伙人决定委托执行事务合伙人的，应当提交全体合伙人的委托书和执行事务合伙人的主体资格文件或者自然人身份证明。执行事务合伙人是法人或者其他组织的，还应当提交其委派代表的委托书和自然人身份证明。

第二十九条 申请设立农民专业合作社（联合社），还应当提交下列材料：

（一）全体设立人签名或者盖章的设立大会纪要；

（二）法定代表人、理事的任职文件和自然人身份证明；

（三）成员名册和出资清单，以及成员主体资格文件或者自然人身份证明。

第三十条 申请办理分支机构设立

登记，还应当提交负责人的任职文件和自然人身份证明。

第五章 变更登记

第三十一条 市场主体变更登记事项，应当自作出变更决议、决定或者法定变更事项发生之日起 30 日内申请办理变更登记。

市场主体登记事项变更涉及分支机构登记事项变更的，应当自市场主体登记事项变更登记之日起 30 日内申请办理分支机构变更登记。

第三十二条 申请办理变更登记，应当提交申请书，并根据市场主体类型及具体变更事项分别提交下列材料：

（一）公司变更事项涉及章程修改的，应当提交修改后的章程或者章程修正案；需要对修改章程作出决议决定的，还应当提交相关决议决定；

（二）合伙企业应当提交全体合伙人或者合伙协议约定的人员签署的变更决定书；变更事项涉及修改合伙协议的，应当提交由全体合伙人签署或者合伙协议约定的人员签署修改或者补充的合伙协议；

（三）农民专业合作社（联合社）应当提交成员大会或者成员代表大会作出的变更决议；变更事项涉及章程修改的应当提交修改后的章程或者章程修正案。

第三十三条 市场主体更换法定代表人、执行事务合伙人（含委派代表）、负责人的变更登记申请由新任法定代表人、执行事务合伙人（含委派代表）、负责人签署。

第三十四条 市场主体变更名称，可以自主申报名称并在保留期届满前申请变更登记，也可以直接申请变更登记。

第三十五条 市场主体变更住所（主要经营场所、经营场所），应当在迁入新住所（主要经营场所、经营场所）前向迁入地登记机关申请变更登记，并提交新的住所（主要经营场所、经营场所）使用相关文件。

第三十六条 市场主体变更注册资本或者出资额的，应当办理变更登记。

公司增加注册资本，有限责任公司股东认缴新增资本的出资和股份有限公司的股东认购新股的，应当按照设立时缴纳出资和缴纳股款的规定执行。股份有限公司以公开发行新股方式或者上市公司以非公开发行新股方式增加注册资本，还应当提交国务院证券监督管理机构的核准或者注册文件。

公司减少注册资本，可以通过国家企业信用信息公示系统公告，公告期 45 日，应当于公告期届满后申请变更登记。法律、行政法规或者国务院决定对公司注册资本有最低限额规定的，减少后的注册资本应当不少于最低限额。

外商投资企业注册资本（出资额）币种发生变更，应当向登记机关申请变更登记。

第三十七条 公司变更类型，应当按照拟变更公司类型的设立条件，在规定的期限内申请变更登记，并提交有关材料。

非公司企业法人申请改制为公司，应当按照拟变更的公司类型设立条件，在规定期限内申请变更登记，并提交有关材料。

个体工商户申请转变为企业组织形式，应当按照拟变更的企业类型设立条件申请登记。

第三十八条 个体工商户变更经营者，应当在办理注销登记后，由新的经营者重新申请办理登记。双方经营者同时申请办理的，登记机关可以合并办理。

第三十九条 市场主体变更备案事项的，应当按照《条例》第二十九条规定办理备案。

农民专业合作社因成员发生变更，农民成员低于法定比例的，应当自事由发生之日起 6 个月内采取吸收新的农民成员入社等方式使农民成员达到法定比例。农民专业合作社联合社成员退社，成员数低于联合社设立法定条件的，应当自事由发生之日起 6 个月内采取吸收新的成员入社等方式使农民专业合作社联合社成员达到法定条件。

第六章　歇　业

第四十条 因自然灾害、事故灾难、公共卫生事件、社会安全事件等原因造成经营困难的，市场主体可以自主决定在一定时期内歇业。法律、行政法规另有规定的除外。

第四十一条 市场主体决定歇业，应当在歇业前向登记机关办理备案。登记机关通过国家企业信用信息公示系统

向社会公示歇业期限、法律文书送达地址等信息。

以法律文书送达地址代替住所（主要经营场所、经营场所）的，应当提交法律文书送达地址确认书。

市场主体延长歇业期限，应当于期限届满前 30 日内按规定办理。

第四十二条 市场主体办理歇业备案后，自主决定开展或者已实际开展经营活动的，应当于 30 日内在国家企业信用信息公示系统上公示终止歇业。

市场主体恢复营业时，登记、备案事项发生变化的，应当及时办理变更登记或者备案。以法律文书送达地址代替住所（主要经营场所、经营场所）的，应当及时办理住所（主要经营场所、经营场所）变更登记。

市场主体备案的歇业期限届满，或者累计歇业满 3 年，视为自动恢复经营，决定不再经营的，应当及时办理注销登记。

第四十三条 歇业期间，市场主体以法律文书送达地址代替原登记的住所（主要经营场所、经营场所）的，不改变歇业市场主体的登记管辖。

第七章　注销登记

第四十四条 市场主体因解散、被宣告破产或者其他法定事由需要终止的，应当依法向登记机关申请注销登记。依法需要清算的，应当自清算结束之日起 30 日内申请注销登记。依法不需要清算的，应当自决定作出之日起 30 日内申请注销登记。市场主体申请注销后，不得从事与注

销无关的生产经营活动。自登记机关予以注销登记之日起，市场主体终止。

第四十五条 市场主体注销登记前依法应当清算的，清算组应当自成立之日起10日内将清算组成员、清算组负责人名单通过国家企业信用信息公示系统公告。清算组可以通过国家企业信用信息公示系统发布债权人公告。

第四十六条 申请办理注销登记，应当提交下列材料：

（一）申请书；

（二）依法作出解散、注销的决议或者决定，或者被行政机关吊销营业执照、责令关闭、撤销的文件；

（三）清算报告、负责清理债权债务的文件或者清理债务完结的证明；

（四）税务部门出具的清税证明。

除前款规定外，人民法院指定清算人、破产管理人进行清算的，应当提交人民法院指定证明；合伙企业分支机构申请注销登记，还应当提交全体合伙人签署的注销分支机构决定书。

个体工商户申请注销登记的，无需提交第二项、第三项材料；因合并、分立而申请市场主体注销登记的，无需提交第三项材料。

第四十七条 申请办理简易注销登记，应当提交申请书和全体投资人承诺书。

第四十八条 有下列情形之一的，市场主体不得申请办理简易注销登记：

（一）在经营异常名录或者市场监督管理严重违法失信名单中的；

（二）存在股权（财产份额）被冻结、出质或者动产抵押，或者对其他市场主体存在投资的；

（三）正在被立案调查或者采取行政强制措施，正在诉讼或者仲裁程序中的；

（四）被吊销营业执照、责令关闭、撤销的；

（五）受到罚款等行政处罚尚未执行完毕的；

（六）不符合《条例》第三十三条规定的其他情形。

第四十九条 申请办理简易注销登记，市场主体应当将承诺书及注销登记申请通过国家企业信用信息公示系统公示，公示期为20日。

在公示期内无相关部门、债权人及其他利害关系人提出异议的，市场主体可以于公示期届满之日起20日内向登记机关申请注销登记。

第八章 撤销登记

第五十条 对涉嫌提交虚假材料或者采取其他欺诈手段隐瞒重要事实取得市场主体登记的行为，登记机关可以根据当事人申请或者依职权主动进行调查。

第五十一条 受虚假登记影响的自然人、法人和其他组织，可以向登记机关提出撤销市场主体登记申请。涉嫌冒用自然人身份的虚假登记，被冒用人应当配合登记机关通过线上或者线下途径核验身份信息。

涉嫌虚假登记市场主体的登记机关发生变更的，由现登记机关负责处理撤销登记，原登记机关应当协助进行调查。

第五十二条 登记机关收到申请后，应当在 3 个工作日内作出是否受理的决定，并书面通知申请人。

有下列情形之一的，登记机关可以不予受理：

（一）涉嫌冒用自然人身份的虚假登记，被冒用人未能通过身份信息核验的；

（二）涉嫌虚假登记的市场主体已注销的，申请撤销注销登记的除外；

（三）其他依法不予受理的情形。

第五十三条 登记机关受理申请后，应当于 3 个月内完成调查，并及时作出撤销或者不予撤销市场主体登记的决定。情形复杂的，经登记机关负责人批准，可以延长 3 个月。

在调查期间，相关市场主体和人员无法联系或者拒不配合的，登记机关可以将涉嫌虚假登记市场主体的登记时间、登记事项，以及登记机关联系方式等信息通过国家企业信用信息公示系统向社会公示，公示期 45 日。相关市场主体及其利害关系人在公示期内没有提出异议的，登记机关可以撤销市场主体登记。

第五十四条 有下列情形之一的，经当事人或者其他利害关系人申请，登记机关可以中止调查：

（一）有证据证明与涉嫌虚假登记相关的民事权利存在争议的；

（二）涉嫌虚假登记的市场主体正在诉讼或者仲裁程序中的；

（三）登记机关收到有关部门出具的书面意见，证明涉嫌虚假登记的市场主体或者其法定代表人、负责人存在违法案件尚未结案，或者尚未履行相关法定义务的。

第五十五条 有下列情形之一的，登记机关可以不予撤销市场主体登记：

（一）撤销市场主体登记可能对社会公共利益造成重大损害；

（二）撤销市场主体登记后无法恢复到登记前的状态；

（三）法律、行政法规规定的其他情形。

第五十六条 登记机关作出撤销登记决定后，应当通过国家企业信用信息公示系统向社会公示。

第五十七条 同一登记包含多个登记事项，其中部分登记事项被认定为虚假，撤销虚假的登记事项不影响市场主体存续的，登记机关可以仅撤销虚假的登记事项。

第五十八条 撤销市场主体备案事项的，参照本章规定执行。

第九章 档案管理

第五十九条 登记机关应当负责建立市场主体登记管理档案，对在登记、备案过程中形成的具有保存价值的文件依法分类，有序收集管理，推动档案电子化、影像化，提供市场主体登记管理档案查询服务。

第六十条 申请查询市场主体登记管理档案，应当按照下列要求提交材料：

（一）公安机关、国家安全机关、检察机关、审判机关、纪检监察机关、审计机关等国家机关进行查询，应当出具本部门公函及查询人员的有效证件；

（二）市场主体查询自身登记管理档案，应当出具授权委托书及查询人员的有效证件；

（三）律师查询与承办法律事务有关市场主体登记管理档案，应当出具执业证书、律师事务所证明以及相关承诺书。

除前款规定情形外，省级以上市场监督管理部门可以结合工作实际，依法对档案查询范围以及提交材料作出规定。

第六十一条 登记管理档案查询内容涉及国家秘密、商业秘密、个人信息的，应当按照有关法律法规规定办理。

第六十二条 市场主体发生住所（主要经营场所、经营场所）迁移的，登记机关应当于 3 个月内将所有登记管理档案移交迁入地登记机关管理。档案迁出、迁入应当记录备案。

第十章 监督管理

第六十三条 市场主体应当于每年 1 月 1 日至 6 月 30 日，通过国家企业信用信息公示系统报送上一年度年度报告，并向社会公示。

个体工商户可以通过纸质方式报送年度报告，并自主选择年度报告内容是否向社会公示。

歇业的市场主体应当按时公示年度报告。

第六十四条 市场主体应当将营业执照（含电子营业执照）置于住所（主要经营场所、经营场所）的醒目位置。

从事电子商务经营的市场主体应当在其首页显著位置持续公示营业执照信息或者其链接标识。

营业执照记载的信息发生变更时，市场主体应当于 15 日内完成对应信息的更新公示。市场主体被吊销营业执照的，登记机关应当将吊销情况标注于电子营业执照中。

第六十五条 登记机关应当对登记注册、行政许可、日常监管、行政执法中的相关信息进行归集，根据市场主体的信用风险状况实施分级分类监管，并强化信用风险分类结果的综合应用。

第六十六条 登记机关应当随机抽取检查对象、随机选派执法检查人员，对市场主体的登记备案事项、公示信息情况等进行抽查，并将抽查检查结果通过国家企业信用信息公示系统向社会公示。必要时可以委托会计师事务所、税务师事务所、律师事务所等专业机构开展审计、验资、咨询等相关工作，依法使用其他政府部门作出的检查、核查结果或者专业机构作出的专业结论。

第六十七条 市场主体被撤销设立登记、吊销营业执照、责令关闭，6 个月内未办理清算组公告或者未申请注销登记的，登记机关可以在国家企业信用信息公示系统上对其作出特别标注并予以公示。

第十一章 法律责任

第六十八条 未经设立登记从事一般经营活动的，由登记机关责令改正，没收违法所得；拒不改正的，处 1 万元以上 10 万元以下的罚款；情节严重的，依法责令关闭停业，并处 10 万元以上 50

万元以下的罚款。

第六十九条 未经设立登记从事许可经营活动或者未依法取得许可从事经营活动的，由法律、法规或者国务院决定规定的部门予以查处；法律、法规或者国务院决定没有规定或者规定不明确的，由省、自治区、直辖市人民政府确定的部门予以查处。

第七十条 市场主体未按照法律、行政法规规定的期限公示或者报送年度报告的，由登记机关列入经营异常名录，可以处 1 万元以下的罚款。

第七十一条 提交虚假材料或者采取其他欺诈手段隐瞒重要事实取得市场主体登记的，由登记机关依法责令改正，没收违法所得，并处 5 万元以上 20 万元以下的罚款；情节严重的，处 20 万元以上 100 万元以下的罚款，吊销营业执照。

明知或者应当知道申请人提交虚假材料或者采取其他欺诈手段隐瞒重要事实进行市场主体登记，仍接受委托代为办理，或者协助其进行虚假登记的，由登记机关没收违法所得，处 10 万元以下的罚款。

虚假市场主体登记的直接责任人自市场主体登记被撤销之日起 3 年内不得再次申请市场主体登记。登记机关应当通过国家企业信用信息公示系统予以公示。

第七十二条 市场主体未按规定办理变更登记的，由登记机关责令改正；拒不改正的，处 1 万元以上 10 万元以下的罚款；情节严重的，吊销营业执照。

第七十三条 市场主体未按规定办理备案的，由登记机关责令改正；拒不

改正的，处 5 万元以下的罚款。

依法应当办理受益所有人信息备案的市场主体，未办理备案的，按照前款规定处理。

第七十四条 市场主体未按照本实施细则第四十二条规定公示终止歇业的，由登记机关责令改正；拒不改正的，处 3 万元以下的罚款。

第七十五条 市场主体未按规定将营业执照置于住所（主要经营场所、经营场所）醒目位置的，由登记机关责令改正；拒不改正的，处 3 万元以下的罚款。

电子商务经营者未在首页显著位置持续公示营业执照信息或者相关链接标识的，由登记机关依照《中华人民共和国电子商务法》处罚。

市场主体伪造、涂改、出租、出借、转让营业执照的，由登记机关没收违法所得，处 10 万元以下的罚款；情节严重的，处 10 万元以上 50 万元以下的罚款，吊销营业执照。

第七十六条 利用市场主体登记，牟取非法利益，扰乱市场秩序，危害国家安全、社会公共利益的，法律、行政法规有规定的，依照其规定；法律、行政法规没有规定的，由登记机关处 10 万元以下的罚款。

第七十七条 违反本实施细则规定，登记机关确定罚款幅度时，应当综合考虑市场主体的类型、规模、违法情节等因素。

情节轻微并及时改正，没有造成危害后果的，依法不予行政处罚。初次违法且危害后果轻微并及时改正的，可以

不予行政处罚。当事人有证据足以证明没有主观过错的，不予行政处罚。

第十二章 附 则

第七十八条 本实施细则所指申请人，包括设立登记时的申请人、依法设立后的市场主体。

第七十九条 人民法院办理案件需要登记机关协助执行的，登记机关应当按照人民法院的生效法律文书和协助执行通知书，在法定职责范围内办理协助执行事项。

第八十条 国家市场监督管理总局根据法律、行政法规、国务院决定及本实施细则，制定登记注册前置审批目录、登记材料和文书格式。

第八十一条 法律、行政法规或者国务院决定对登记管理另有规定的，从其规定。

第八十二条 本实施细则自公布之日起施行。1988 年 11 月 3 日原国家工商行政管理局令第 1 号公布的《中华人民共和国企业法人登记管理条例施行细则》，2000 年 1 月 13 日原国家工商行政管理局令第 94 号公布的《个人独资企业登记管理办法》，2011 年 9 月 30 日原国家工商行政管理总局令第 56 号公布的《个体工商户登记管理办法》，2014 年 2 月 20 日原国家工商行政管理总局令第 64 号公布的《公司注册资本登记管理规定》，2015 年 8 月 27 日原国家工商行政管理总局令第 76 号公布的《企业经营范围登记管理规定》同时废止。

后　记

"法律的生命不在于逻辑，而在于经验。"律师既是中国特色社会主义法治工作者之一，也是全面依法治国的一支重要力量，承担着不可替代的职责使命。律师在每一个案件的办理中所展现的智慧和积累的经验，是将严谨枯燥的法律条文进行生动化演示的创造性工作。作为法律专业服务的实践者，执业律师研习经典案例并适时地进行总结提炼，既是职业快速成长的必经之途，也是促进法治进步的重要推动力。因此，对相关案例的分析、研究既可为自身积累经验，亦可为同道中人提供类案办理的不同视角。

盈科第四届公司法专委会成员多年潜心于公司法实务研究及公司诉讼纠纷解决，通过实践，我们深感公司法原理及法条的博大精深、纷繁复杂。本书立足于公司法律制度，系统总结"与公司有关的纠纷"的风险点及办理要点，包括公司在设立、经营、注销过程中，与公司股东、董事、监事、高级管理人员、债权人等诸多利益主体相关的问题。

《公司法律实务案例指引》所收录的案例，通过对案例内容的高度提炼，剔除无效信息，突出争议焦点，在有限的篇幅内尽量为读者提供有效、有益的信息。同时，本书注重对裁判要旨的整理，并由案件的承办律师撰写"实务提示"，高度提炼、总结案例要点，力求为读者解惑释疑。

本书以"基本案情""争议焦点""事实与解析""律师说法""实务提示""关联法规"的体例编写，涉及的相关策略、提示等都是承办律师及其团队成员集体讨论的精华。通过"基本案情"部分让读者了解本案的基本情况，思考本案的办案思路；通过"争议焦点"部分使读者明确本案核心问题所在，有的放矢；通过"事实与解析"部分让读者知悉本案的承办律师是如何组织策划和应对的，从而研究比较自己的承办思路有何不同；通过"律师说法"部分，引导读者去全面审视案件，进而准确、高效地了解和把握相关案件；而"实务提示"

部分使得读者能够在今后遇到类似案件时作为参考，使读者有更大的收获和进一步提高的目的。

《公司法律实务案例指引》既可以作为一本工具书，置于手边案头，在有诉讼需要时翻阅，随时寻找实体法和程序法上的办案思路，为准确处理案件提供参考意见；也可以作为体系性学习公司法的借鉴指引，经常翻读，根据本书的章节体例开展深入的学习，结合具体案例，对照相应规定，最终达到对公司法的整体融会贯通，提升处理公司纠纷的实务水平。

本书案例作者和编辑在编写过程中也难以一步到位地实现编写愿望，客观上可能会存在各种不足甚至错误，欢迎读者批评指正。我们愿听取各方建议，不断精进办案实操能力，推动我国律师制度的进一步发展。

感谢在本书编写过程中提供支持的所有盈科第四届全国公司法专委会秘书处人员，感谢北京市盈科律师事务所所有同事的支持，特别鸣谢施正文教授及支持本书出版的所有朋友们。

邬锦梅

2023 年 10 月

图书在版编目（CIP）数据

公司法律实务案例指引：股权治理、投融资、破产
清算、争议解决 / 邬锦梅编著 . —北京：中国法制出
版社，2023.11
（企业管理与法律实用系列）
ISBN 978-7-5216-2714-5

Ⅰ . ①公… Ⅱ . ①邬… Ⅲ . ①公司法–研究–中国
Ⅳ . ①D922.291.914

中国版本图书馆 CIP 数据核字（2022）第 091935 号

策划编辑：杨　智（yangzhibnulaw@ 126.com）
责任编辑：马春芳　　　　　　　　　　　　　　封面设计：周黎明

公司法律实务案例指引：股权治理、投融资、破产清算、争议解决
GONGSI FALÜ SHIWU ANLI ZHIYIN：GUQUAN ZHILI、TOURONGZI、POCHAN QINGSUAN、ZHENGYI JIEJUE

编著/邬锦梅
经销/新华书店
印刷/三河市紫恒印装有限公司
开本/730 毫米×1030 毫米　16 开　　　　　　印张/ 17.75　字数/ 286 千
版次/2023 年 11 月第 1 版　　　　　　　　　2023 年 11 月第 1 次印刷

中国法制出版社出版
书号 ISBN 978-7-5216-2714-5　　　　　　　　　　　　定价：68.00 元

北京市西城区西便门西里甲 16 号西便门办公区
邮政编码：100053　　　　　　　　　　　　　　传真：010-63141600
网址：http：//www.zgfzs.com　　　　　　　　编辑部电话：**010-63141793**
市场营销部电话：010-63141612　　　　　　　印务部电话：**010-63141606**

（如有印装质量问题，请与本社印务部联系。）